揭开丝路面纱：金融机构并购发展与稳定

高向阳◎著

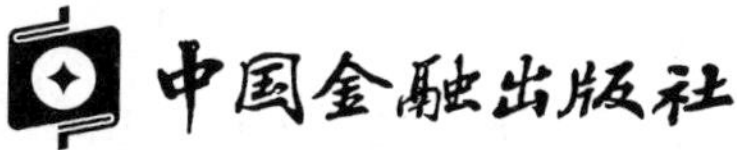

责任编辑：黄海清　白子彤
责任校对：潘　洁
责任印制：张也男

图书在版编目（CIP）数据

揭开丝路面纱：金融机构并购发展与稳定/高向阳著．—北京：中国金融出版社，2021. 11

ISBN 978 - 7 - 5220 - 1156 - 1

Ⅰ. ①揭…　Ⅱ. ①高…　Ⅲ. ①工商银行—银行发展—研究—中国
Ⅳ. ①F832. 33

中国版本图书馆 CIP 数据核字（2021）第 080842 号

揭开丝路面纱：金融机构并购发展与稳定
JIEKAI SILU MIANSHA：JINRONG JIGOU BINGGOU FAZHAN YU WENDING

出版发行　中国金融出版社
社址　北京市丰台区益泽路 2 号
市场开发部　（010）66024766，63805472，63439533（传真）
网 上 书 店　www. cfph. cn
（010）66024766，63372837（传真）
读者服务部　（010）66070833，62568380
邮编　100071
经销　新华书店
印刷　保利达印务有限公司
尺寸　169 毫米 × 239 毫米
印张　13. 75
字数　196 千
版次　2021 年 12 月第 1 版
印次　2021 年 12 月第 1 次印刷
定价　50. 00 元
ISBN 978 - 7 - 5220 - 1156 - 1

目　录

1. 绪论

2015 年，中国与土耳其签署“一带一路”倡议与“中间走廊”计划对接谅解备忘录。同年，中国工商银行收购土耳其当地一家中小银行，设立中国工商银行（土耳其）股份有限公司（以下简称工银土耳其），成为中国在土耳其开展经营的第一家商业银行。6 年来，伴随着该行建设“一带一路”项目领先银行战略的实施，工银土耳其在当地经济系统性风险频发的情况下，实现穿越周期的稳健发展：为当地一系列“一带一路”重大建设项目提供金融服务，资产规模持续增长，年均增幅达到28%；资产质量持续优化，不良贷款率由最初同业排名倒数的6.5%，降低至大幅领先当地同业的0.12%；盈利能力在经济周期的考验下不降反升，名列行业前茅。2017 年以来，工银土耳其连年获得“土耳其最佳商业银行”“土耳其年度外资商业银行”“土耳其最佳投资银行”等多项大奖。

工银土耳其的发展历程，正是其建设“一带一路”的奋斗历程。其成功有力地证明，“一带一路”倡议不仅是政府层面的政策倡议，更拥有坚实的微观商业基础；“一带一路”沿线国家虽然存在不同的经济风险，但银行、企业等商业主体能够通过自身的卓越经营，遵循商业可行性原则，有效管控风险，获得成功；中国国有商业银行通过自觉执行国家战略，开展卓有成效的国际化经营，成为“一带一路”资金融通的中流砥柱。

为了及时总结经验，为更多中资商业银行和企业投身“一带一路”建设提供实践和理论参考，本书对工银土耳其的经营发展进行了系统性的案例研究。本书发现，成功的并购整合、战略转型和不断深化的公司治理是该行从前身脱胎换骨，实现凤凰涅槃的关键支撑。而与工银集团网络的高效协同、并购双方优势的有效运用、以及“大、全、稳、新、优、强”的战略定位是其成功开拓“一带一路”市场的核心竞争力。秉承中国工商银行的“稳健”基因，该行导入严格的全面风险管理，形成与当地同业迥异的商业模式，在周期性风险的多轮冲击下，展现出穿越周期的高资产质量和高盈利能力。不忘“一带一路”建设初心，该行在做好金融服务的同时，努力发挥自身独特影响力，积极推动中土人文交流，促进两国民心相通；进而营造了更有利于其业务发展的社会环境，形成正反馈、正循环。研究发现，中资商业银行的商业文化、管理制度、经验模式有其自身独特的优势，经得起“一带一路”市场的检验；在“一带一路”建设中，本书同样要坚定“四个自信”。本书第1章将对研究意义和背景作系统分析介绍。第2章至第7章对工银土耳其经营发展的主要经验做法分别开展讨论。第8章形成研究结论。

1.1 研究意义

1.1.1 合作共赢是“一带一路”倡议的核心要义

2013年9月和10月，中国国家主席习近平先后提出建设“丝绸之路经济带”和“21世纪海上丝绸之路”的合作倡议，简称共建“一带一路”倡议。该倡议旨在顺应世界多极化、经济全球化、文化多样化、社会信息化的潮流，借用古代丝绸之路的历史符号，秉持开放的区域合作精神，促进经济要素有序自由流动、资源高效配置和市场深度融合，推动沿线各国实现经济政策协调，共同打造开发、包容、均衡、普惠的区域经济合作框架。依靠中国与有关国家既有的双多边机制，借助既有的、行之有效的区域合作平台，推动构建以合作共赢为核心的新型国际关系，共同打造政治互信、经济融合、文化包容的利益共同体、命运共同体和责任共同体。

共建“一带一路”倡议致力于亚欧非大陆及附近海洋的互联互通，建立和加强沿线各国互联互通伙伴关系，实现沿线各国多元、自主、平衡、可持续的发展。“一带一路”的互联互通项目将推动沿线各国发展战略的对接与耦合，发掘区域内市场的潜力，促进投资和消费，创造需求和就业，增进沿线各国人民的人文交流与文明互鉴。共建“一带一路”倡议覆盖了全球70个国家和地区、超过48亿人口和全球GDP的62%。[①] 世界银行的一项仅针对交通和经济的研究认为，如果“一带一路”倡议得以实现，仅其交通基础设施互联互通将使沿线国家的交通运输时间减少12%，将促进沿线国家的贸易增长2.7%～9.7%，促进世界贸易增长1.7%～6.2%；将提高沿线国家实际收入1.2～3.4个百分点，提高全球实际收入水平0.7～2.9个百分点；将使760万人摆脱极端贫困，3200万人口摆脱中度贫穷[②]。

什么是丝绸之路

丝绸之路是古代贯通欧亚大陆的商贸和文化交流之路。公元前6世纪中叶，波斯（古代伊朗）崛起，成为横跨亚欧非的庞大帝国，为三大洲道路连接提供了条件。公元前4世纪，随着亚历山大东征，贯穿东西的交通线得以连通，由欧洲、中亚进入中国的交通线也基本畅通，形成丝绸之路的西段。公元前138年，汉武帝派遣张骞出使西域，正式贯通了中国腹地至西域的通道，形成丝绸之路东段。中国的丝绸、茶叶、瓷器等经波斯湾畔的安息国等中转，进入大秦（罗马）；而欧洲、中亚的珠宝、香料等也源源不断地输往中国。

与此同时，东西方的海上贸易线路——海上丝绸之路也逐渐形成。西汉中叶，汉武帝遣使远航，到达锡兰（今斯里兰卡）。东汉时，大秦（罗马）商人由海路经越南来到中国。而至唐朝时，文献记载的中国航海贸易线路已有7条。明朝的郑和则七下西洋，其中4次远及非洲。

德国地理学家李希霍芬1877年在《中国旅行日记》中将中国与中亚、印度间丝绸贸易形成的交通线称为“丝绸之路”，后被广泛运用。后来，国际学术界将包括西方在内的整个东西方文明交往之路都称为“丝绸之路”。2014年，经中国、吉尔吉斯斯坦、哈萨克斯坦三国联合申报，丝绸之路东段“丝绸之路：长安—天山廊道的路网”被联合国确认为世界文化遗产。

（依据以下文献整理：李国强．古代丝绸之路的历史价值及对共建“一带一路”的启示［J］．求是，2019（1）；张象．论古丝绸之路历史对现实的启示［J］．安徽史学，2018（3）.）

① 资料来源：中国一带一路网，https://eng.yidaiyilu.gov.cn/qwyw/rdxw/68452.htm.

② 资料来源：世界银行，《一带一路经济学：交通走廊的机遇与风险》，2019。

1.1.2 企业是“一带一路”倡议的最终践行者

根据共建“一带一路”倡议的官方文件，“一带一路”倡议的共建原则是恪守联合国宪章的宗旨和原则，坚持开放合作、坚持和谐包容、坚持市场运作、坚持互利共赢。其中，坚持市场运作指出了共建合作的最终实现方式，即遵循市场规律和国际通行规则，充分发挥市场在资源配置中的决定性作用和各类企业的主体作用，同时发挥好政府的作用。① 人民银行行长易纲指出，顺应“一带一路”倡议建设市场化运作的需求，资金支持以商业性资金为主；私人部门投资是主力，政府投资主要发挥杠杆作用，撬动并引导私人部门投资。② 所以，企业是主体，市场起决定性作用。

从共建“一带一路”倡议列出的 5 个具体合作建设内容来看，除了“政策沟通”以外，“设施联通”“贸易畅通”“资金融通”均主要通过企业的市场化经营完成建设落实，即使是“民心相通”，也离不开企业的大力推动。这里的“设施联通”包括铁路、公路、港口、航空、邮政、能源、信息基础设施和质量技术体系衔接等；“贸易畅通”包括投资贸易便利化，自贸区网络、国际产能合作、境外园区建设、中欧班列等；“资金融通”包括建立新型金融合作平台，与多边银行合作，与现有金融合作机制对接，鼓励开放性、政策性金融机构参与，央行推动等。“民心相通”则包括文化交流、旅游往来、教育科技、生态环保、卫生健康、援助减贫等。因此，如果说政府间合作是共建“一带一路”倡议的宏观框架，企业间的商业交往则是共建“一带一路”倡议的微观机制，企业是微观载体。

“一带一路”的地理范围

共建“一带一路”倡议坚持开放合作的原则，国别不限于古代丝绸之路

① 资料来源：中国发展与改革委员会、外交部、商务部，《推动共建丝绸之路经济带和 21 世纪海上丝绸之路的愿景与行动》，2015。

② 资料来源：王延春，《中国财长　央行行长谈债务风险：一带一路不是债务陷阱》，https://finance.sina.com.cn/china/gncj/2019-04-25/doc-ihvhiewr8174004.shtml。

的范围，各国和国际组织均可参与，共商、共建、共享。“丝绸之路经济带”的三大重点走向：一是中国经中亚、俄罗斯至欧洲（波罗的海）；二是中国经中亚、西亚至波斯湾、地中海；三是中国至东南亚、南亚、印度洋。“21 世纪海上丝绸之路”的两大重点走向：一是中国到印度洋，至欧洲；二是中国至南太平洋。共建“一带一路”倡议规划的六大经济走廊：

1. 中蒙俄走廊：中国、蒙古国、俄罗斯。

2. 新亚欧大陆桥：由中国东部沿海向西延伸，经中国西北和中亚、俄罗斯抵达中东欧。相关研究认为包括中国、哈萨克斯坦、吉尔吉斯斯坦、俄罗斯、白俄罗斯、波兰、捷克、罗马尼亚、乌克兰、斯洛伐克、摩尔多瓦等。

3. 中国、中亚、西亚走廊：由中国西北向西经中亚至波斯湾、阿拉伯半岛和地中海沿岸。包括中国、哈萨克斯坦、吉尔吉斯斯坦、塔吉克斯坦、乌兹别克斯坦、土库曼斯坦、阿富汗、伊朗、土耳其等。其延伸线可以通过阿塞拜疆、格鲁吉亚、俄罗斯至乌克兰。

4. 中国、中南半岛走廊：中国西南至中南半岛各国，包括中国、越南、柬埔寨、老挝、泰国、马来西亚、新加坡等。

5. 中巴走廊：中国、巴基斯坦。

6. 孟中印缅走廊：连接东亚、南亚、东南亚三大次区域。包括中国、印度、孟加拉国、缅甸等。

注：六大经济走廊的定义来自中国一带一路网；相关国家依据世界银行研究报告：*Connectivity Along Overland Corridors of the Belt and Road Initiative*（2018）和 *Foreign Investment across the Belt and Road*（2018）.

1.1.3 共建“一带一路”孕育商业银行重大发展机遇

秉承“共商、共建、共享”原则，践行“和平合作、开放包容、互学互鉴、互利共赢”理念，共建“一带一路”已从理念转化为行动，从愿景转化为现实，从倡议转化为全球广受欢迎的公共产品。6 年多来，137 个国家和 130 个国际组织与中国签署了共建“一带一路”合作文件 199 份，涵盖联合国193个成员国中的71%。贯穿新欧亚大陆桥的中欧班列已通达欧洲18个国家、55个城市，6年累计开行逾2万列，中国与沿线国家货物贸易进出口总额超过6万亿美元。2019年，中国国家主席习近平指出，面向未来，要聚焦重点、深耕细作，共同绘制精谨细腻的“工笔画”，推动共建“一带一路”沿着高质量发展方向不断前进，意味着今后的工作重点转向“一带一路”沿线的具体企业经营、具体建设项目、政府间的具体共建合作机制，做更多研究，解决技术细节和更多项目落地问题。为此，深入研究中资企业在“一带一路”沿线国家的经营策略、经营行为，对于今后共建“一带一路”具有重要参考价值和深远意义。

一、共建“一带一路”孕育的发展机遇

共建“一带一路”为全球企业都提供了巨大的市场机遇。“丝绸之路经济带”即“一带”，是连接欧亚的陆路物流通道，欧亚两个全球最大经济板块物流效率的提高，将产生巨大经济效益。而物流通道对于沿线中亚国家的经济发展将产生更加深远的影响。“海上丝绸之路”即“一路”，连接东南亚、南亚、中东、东非等地，这一地区已是重要的新兴市场，其市场价值不言而喻。据研究估计，2018—2022年中国“一带一路”项目的价值将达到3500亿美元。① 巨大的商业机遇正在且必将吸引越来越多的企业投身“一带一路”建设。

二、共建“一带一路”面临的风险和挑战

正如开展跨国经营面临的风险一样，中资企业参与“一带一路”建设，将会面对一系列风险和挑战。

世界银行学者鲁塔（Michele Ruta）认为，共建“一带一路”可能面临部分国家债务负担过重，以及项目的潜在环境风险、社会风险、腐败风险、政策法律风险等。实务界的相关研究具体提出了以下八种风险来源②。一是项目选择：“一带一路”沿线国家和与中国签订“一带一路”相关合作协议的国

---

① 贝克麦坚时国际律师事务所，《“一带一路”：机遇与风险｜建设中国新丝绸之路的前景和挑战》，2017。

② 贝克麦坚时国际律师事务所，《“一带一路”：机遇与风险｜建设中国新丝绸之路的前景和挑战》，2017。

家（以下简称“一带一路”国家和地区）可能存在一些没有经过严格项目筛选的投资项目。中国承包商投资的项目可能出现拖延风险，特别是在较小的前沿市场。项目赞助商可能把不可行的项目推荐给中国承包商和银行，造成潜在风险。提高严密的项目可行性分析能力是赢得高质量、高利润项目的关键。二是项目融资：考虑到政策性银行不可能为“一带一路”建设提供全额资金，中资工程总承包（Engineering Procurement Construction，EPC）需要调整项目以吸引私人资本，而不是依赖政策性银行填补空缺。三是项目生命周期：基础设施项目是跨年度项目。政府可能在建设过程中出现变化，当地的劳动力管理可能遇到强势的工会代表，或土地收购可能遭到当地社区的反对。在项目的整个生命周期中，管理风险将是一个关键的挑战，寻找有信誉的本地合作伙伴或从预先计划阶段到完成的良好建议将使企业受益非浅。四是法律和监管风险：“一带一路”国家和地区的法域各不相同（普通法、大陆法和伊斯兰法），所以在各国复制项目的挑战很大。法治欠发达的国家和地区可能会阻碍投资，司法腐败会给法律争议的解决带来更多问题。依靠政府关系来解决法律冲突可能遇到困难。五是政治和安全：“一带一路”国家和地区市场规模较小或不稳定，往往存在政治动荡或军事冲突的历史问题。中资 EPC 曾遇到类似挑战。出于政治风险考虑，一些企业可能会更多关注该地区最稳定的市场。六是并购尽职调查：中国的企业将会收购更多“一带一路”国家和地区企业（以下简称“一带一路”企业），以加速进入市场。但是，并购的过程具有挑战性，因为这些企业的高利润可能并不是由于业务发展好，而是因为现任的企业所有人和政府关系很好。民营企业很容易夸大他们的真实经营活动。企业交易后的企业文化整合也是艰难的，因为相比全球性企业，“一带一路”企业通常有强烈的本地文化。七是信用风险：诸多因素造成在“一带一路”国家和地区评估信用风险的挑战很大，这在一定程度上解释了为什么主权担保或信用保险的要求如此之高。但是，担保和保险都不能替代充分的尽职调查和审慎的信用风险评估。八是劳动力和企业社会责任：对很多中国企业来说，劳动关系及企业社会责任是新的挑战，特别是那些社会活动和政治对立比较活跃的地方。外国政府越来越多地要求综合的环境和社会影响评估，要求投资项目符合严格的环境法和工作地法律。如果不符合标准或者产生争议，外国政府可能没有能力或者不愿意进行干预，迫使中国承包商直接和工会以及当地社区谈判，这样风险更高。项目拖延可能造成成本过高，而且使承包商未来难以在该国赢得更多项目。

美国彼得森国际经济研究所（Peterson Institute for International Economics）认为“一带一路”倡议自身存在三大挑战。首先，最容易应对的挑战是项目的实施。中国公司有过一些众所周知的成功经验，如扭转希腊比雷埃夫斯港的颓势，将其打造成为一个运作良好并且盈利的集装箱码头；但也不乏惨痛的失败教训，如波兰 A2 高速公路项目。其次，是资助项目的选择。由于项目审查经验不及其对手，中国企业更有可能投资一些不可靠的高风险项目。例如，行业分析师警告说，如果旅客和货物运载量远远低于可接受的水平，则穿越中亚的铁路和公路项目可能无法带来预期收益。最后，也是最重要的挑战是，区别经济利益和政治考量，切忌主要基于政治动因支持某些项目。若不能进行有效区分，则会带来双重不利影响：（1）投资将无法带来预期收益，（2）投资可能令其他某些国家反对中国的新倡议。[①]

中国学者，如张明（2015）、魏琪嘉（2015）等也分别从宏观和微观、政策和市场等方面提出了共建“一带一路”存在的风险与挑战。2019 年 4 月，中国在第二届“一带一路”国际合作高峰论坛期间发布了“一带一路”债务可持续性分析框架，防范化解债务风险，反映了正视和防控有关共建“一带一路”风险的行动。

因此，从风险防控的角度看，深入研究中资企业在“一带一路”沿线国家和地区的经营策略、经营行为，对于今后避免“一带一路”市场上的中资企业经营失败同样具有重要借鉴意义。

1.2 研究方法

本书采用案例研究方法，对在“一带一路”国家和地区开展共建“一带

① 资料来源：美国彼得森国际经济研究所，《“一带一路”倡议：动机、范围与挑战》，2016。

一路”商业活动的中资企业进行案例研究。管理学大师彼得·德鲁克（Peter F. Drucker）指出，管理是一种实践，其本质不在于知，而在于行；其验证不在于逻辑，而在于成果；其唯一的权威性就是成就。因此，研究“一带一路”中资企业的经营实践，更具有现实的借鉴意义；同时，案例研究又为理论的归纳总结提供了可能，同样可能产生重要的理论价值。

本书以一家成功开展“一带一路”建设的中资银行作为对象，开展案例研究。虽然是针对同一家银行，但本书选取了该行经营管理中的多个关键主题（银行治理整合、“一带一路”项目建设、审慎风险管理、组织再造、抵御汇率冲击、跨文化沟通等）并针对每个主题，总结编制一个或多个子案例。具体的数据收集过程如下：课题组针对每个主题，设计了结构化的问卷，对该行高管层和相关业务部门进行了访谈，并收回书面答复的问卷；调阅全行业务会议文件、发展规划、各个业务条线的年度或季度总结报告、部分规章制度等；考察特定业务的办理过程，对经办人的访谈等。通过对每一主题的相关业务的描述整理，最终形成多个案例，并通过跨案例的综合分析，归纳出相应的实践经验和理论规律。关于该行的具体情况将在下一节讨论。

1.3 研究对象

“一带一路”沿线国家众多，《“一带一路”贸易合作大数据报告 2015》① 中列出了 71 个国家，难以通过一项研究穷尽所有。因此，本研究选取了沿线国家中较有代表性的国别——土耳其，以及较有代表性的企业——中国工商银行（土耳其）股份有限公司（以下简称工银土耳其），作为研究对象，通过“解剖麻雀”，详细探究企业参与“一带一路”建设的经验规律。

1.3.1 为什么选择土耳其

“一带一路”沿线国家的经济社会发展水平差异较大，这也导致“一带一

① 本报告发表于 2018 年 5 月，数据统计截至 2018 年 3 月。

路”建设难以在各个沿线国家同时落地实施。市场条件更成熟的国家，更有可能先行开展“一带一路”项目建设。本书的研究对象也应首先选择此类国家。

从这个角度看，土耳其是连接欧亚的枢纽，“一带一路”的重要节点；是重要的新兴市场国家，2017 年 GDP 位列全球第 17 位；在 71 个“一带一路”国家中经济基础和市场环境相对较好，与我国政治和经贸关系发展潜力较大。土耳其还是世俗化的穆斯林国家，作为“一带一路”的穆斯林国家具有一定的代表性。

一、土耳其与其他沿线国家的经济比较

本书将“一带一路”国家限定于中国一带一路网（www. yidaiyilu. gov. cn）上列出的 71 个“一带一路”国家（不含中国）；并依据世界银行数据库，考察以上各国 2017 年的 GDP、人口、通货膨胀水平、债务水平、失业水平等方面的发展状况。

首先从各国 GDP 水平来看，71 个国家中 GDP 达到 1000 亿美元以上的国家为 29 个，主要集中在亚太地区、西亚地区及东欧地区。

表 1. 1　“一带一路”沿线各国 GDP 情况　单位：个

地区	GDP 总额在 1000 亿美元以上的国家	GDP 增速高于 3% 的国家	人均 GDP 在 10000 美元以上的国家	地区国家数量
东欧地区	6	14	11	20
非洲及拉美地区	3	5	1	6
南亚地区	3	7	1	8
西亚地区	8	7	8	18
亚洲及大洋洲地区	8	12	4	14
中亚地区	1	5	0	5
总计	29	50	25	71

资料来源：世界银行数据库（截至 2017 年 12 月 31 日）。下同。

GDP 总量最高的国家（印度，2. 6 万亿美元）与收入最低的国家（不丹，25 亿美元）之间，整体收入差距近 1000 倍。2017 年 GDP 增长率在 3% 以上的国家有 22 个，多数集中在亚洲及大洋洲地区。其中，增速最高的国家为埃塞俄比亚，2017 年增长率达到 10. 25% 。这主要得益于其在有利的内外部环

境下确立了适宜的发展政策，利用其自身的劳动力优势，大力发展工业、引进外资，近 10 年经济基本保持两位数增长。[①] 而西亚多个国家（如伊拉克、科威特、也门、阿曼等）和亚洲的东帝汶因长期战乱，GDP 处于负增长。沙特阿拉伯则受油价暴跌影响，2010 年以来首现负增长。人均 GDP 在 10000 美元以上的国家主要集中在东欧地区及西亚地区，中亚地区没有，人均最高的国家为西亚地区的卡塔尔（6.3 万美元），人均最低的为非洲地区的马达加斯加（449 美元），约有 140 倍的差距，但各国的人均 GDP 均为正增长，显示出整体生活质量的普遍改善。GDP 数据反映出“一带一路”国家整体的发展程度差距较大，同时部分地区局势仍不稳定，不适宜进行市场拓展（数据详见附表 1）。相比之下，2017 年土耳其 GDP 总量 8515 亿美元，在“一带一路”国家中排名第五，经济增速 7.44%，排名第十一，人均 GDP 也在 10000 美元以上，属于中高等收入国家。

从人口情况来看，“一带一路”国家人口达到 1 亿以上的总共有 7 个，南亚地区 3 个（印度、孟加拉国和巴基斯坦），亚洲及大洋洲地区 2 个（菲律宾与印度尼西亚），非洲（埃塞俄比亚）与东欧地区（俄罗斯）各 1 个。其中，南亚地区整体人口达到 17 亿，占“一带一路”地区总人口数的 50%，有非常庞大的市场潜力。相比之下，土耳其的人口总数为 8000 万人左右，属于“一带一路”国家中人口大国之一，排名第十一位。

从失业率数据来看，部分“一带一路”国家存在失业率高企的现象，71 个国家中有 17 个国家失业率在 10% 以上，主要集中在西亚和东欧地区，其中年轻人失业状况尤甚。这对该地区的社会安全构成威胁，也加剧了流向欧洲的非法移民。世界劳工组织预计，尽管 2018—2019 年西亚和东欧地区的真实 GDP 增长约为 3.5%，但并不能显著改善当地的失业率，这主要是因为这些国家产业结构单一，集中于几个大宗商品领域，经济增长所带来的就业岗位增加并不显著。[②] 土耳其的失业率也超过了 11%，属于“一带一路”国家中失业率较高的国家。

---

① 资料来源：新华网，http://www.xinhuanet.com/globe/2017-01/24/c_136000274.htm。

② 资料来源：世界劳工组织发布，*World Employment and Social Outlook - Trends* 2018。

从通货膨胀率情况来看，各国的通货膨胀率基本处于6%以下相对健康的水平，仅有土耳其（11.14%）和埃塞俄比亚（9.85%）[①]两个国家的通货膨胀率较高。这两个国家都是比较依赖外部投资增长的新兴市场经济体，外汇储备较低，长期面临国际贸易赤字的不平衡状态，形成输入型通货膨胀。

从外商直接投资（FDI）净流入在GDP中占比情况来看，比例最高的三个国家新加坡、蒙古国、柬埔寨均在10%以上。新加坡一向以其完善的基础设施、健全的法制环境和廉洁高效的政府系统吸引着世界各地的投资者，2017年中企在新加坡的并购活动快速增长，让新加坡成为2017年中国海外并购第一大目的地，其中运输、科技、电信以及生命科学行业最受中国投资者青睐[②]。在德勤研究2018年公布的《"一带一路"投资指数报告》提到，中亚七国中，蒙古国位于投资吸引力第一梯队，其吸引力主要在于丰富的能源资源、发达的畜牧业、较低的税负压力，以及不断提高的金融开放度。2017年柬埔寨一共取得约27.32亿美元外商直接投资，中国是当年柬埔寨最大的资本流入地区，占柬埔寨FDI的22%，主要投资房地产行业。中国香港紧随其后，占比约为11%。土耳其的外商直接投资净流入为-8亿美元，其中大部分来自欧洲、北美及海湾国家，中介和制造业吸引的外商直接投资最多，但受近年来政局动荡及整体国际环境的影响，土耳其出现了大量的外资撤离。数据详见附表2。

从各国家和地区储蓄在GDP中占比的均值可以看到，亚洲及大洋洲地区的储蓄比例遥遥领先，中亚和非洲地区储蓄比例较低，西亚地区虽然均值处于中位，但高储蓄和低储蓄比例的国家之前差距较大。

---

① 埃塞俄比亚国家银行于2017年10月宣布本币比尔兑美元汇率一次性贬值15%，引发该国通货膨胀水平大幅上升。

② 资料来源：安永，2018年5月23日《新加坡投资分析》。

表 1.2　　各地区储蓄在 GDP 中占比的均值　　单位：%

地区	国内总储蓄占 GDP 的百分比的均值
东欧地区	21
中亚地区	15
亚洲及大洋洲地区	33
南亚地区	20
西亚地区	24
非洲及拉美地区	20

对于各个国家与地区间的储蓄率差异成因，以往的研究通过文化、宗教等因素进行解释，如中国经济学者万光彩和肖正根（2013）的研究基于新经济人模型有关效用源泉的扩充，将儒家文化特征整合进偏好函数之中，通过实证证据表明，儒家文化因素导致了国别层面的储蓄率差异。① 中国经济学者路继业和张冲（2012）利用 1975—2013 年 19 个经济合作与发展组织（OECD）国家的面板数据，把宗教信仰作为文化的代理变量，引入储蓄率决定方程，得到实证结论，新教对国民储蓄具有显著正向影响，伊斯兰教对国民储蓄率具有显著负向影响。② 土耳其作为伊斯兰国家整体储蓄率为 26%，在西亚地区属于中等水平，但在“一带一路”国家中，储蓄率偏低。塔吉克斯坦的国内总储蓄为负值，主要原因是塔吉克斯坦国内的贫困状况及其金融体系的薄弱，其本身不能有效吸纳居民存款，且存在大量的影子经济③，大量国民在境外工作。这些国家的外资银行较难从当地居民储蓄中获得稳定的资金来源。

从总税率（占商业利润的百分比）来看，“一带一路”国家税率为 8% ~ 71.4%，其中文莱最低、阿富汗最高。低税率（20% 以下）国家主要集中在西亚地区，但西亚以北地区如土耳其、阿塞拜疆、伊朗等税率仍高达 40%。

① 资料来源：万光彩、肖正根，《文化特征与储蓄率差异——基于世代交替模型的分析》，载《软科学》杂志，2013 年 3 月。

② 资料来源：路继业、张冲，《欧美国家宗教文化与储蓄率差异研究——来自 OECD 国家的证据》，载《理论经济研究》杂志，2017 年第 1 期。

③ 根据 2012 年国际货币基金组织估算，影子经济占塔吉克斯坦国内生产总值的 30%。其总储蓄（占国民总收入的百分比）为正值。

东欧（除马其顿外）、中亚、非洲及亚太地区则普遍税率高于 20%。目前，我国签订的多边税收条约包括《多边税收征管互助公约》以及《金融账户涉税信息自动交换多边主管当局间协议》。此外，我国与 102 个国家和地区签订了避免双重征税协定，涵盖了"一带一路"倡议所涉及的国家和地区。税收协定主要涉及所得税，对于居民、常设机构、不动产所得、营业利润、股息、利息、特许权使用费、独立个人劳务、非独立个人劳务等方面均有详细的规定。税收协定对于"一带一路"中"走出去"的企业及个人避免重复征税起到积极的作用。数据详见附表 3。

根据中国国家信息中心发布的《2018 年"一带一路"大数据报告》可以了解到，中国与"一带一路"各区域合作有如下特点：亚洲、大洋洲是中国与"一带一路"国家开展贸易合作的主要区域，进出口额比重均最大。各区域贸易均呈现增长态势，尤以中亚地区最为显著。机电类是主要贸易商品，机电类商品持续保持最重要的出口商品，如电话机、计算机等，出口增速明显；矿物燃料（如原油）、电机电气设备（如集成电路）等则是最主要的进口商品，其中燃料进口增幅显著。总体来看，在中国与"一带一路"国家的贸易合作中，一般贸易进出口总额占比最高。2017 年，一般贸易进出口额 8407.6 亿美元，占中国与"一带一路"国家贸易额的 58.4%，其次为进料加工贸易（19.5%）、其他贸易（14.5%）、来料加工装配贸易（5.0%）、边境小额贸易（2.6%）；而从增速来看，2017 年，边境小额贸易进出口总额达 379.5 亿美元，较 2016 年增长 17.3%，增幅排名第一。在中国对"一带一路"国家出口中，以水路运输的出口额占比最高，占中国对"一带一路"国家出口额的 73.4%，其次为航空运输（12.3%）、公路运输（11.9%）、铁路运输（2.0%）、其他运输（0.4%）、邮件运输（0.1%）。但铁路运输的出口额增速最快，较 2016 年增长 34.5%。

为进一步衡量"一带一路"地区银行面临的整体市场环境，本书取银行集中度、存贷利差、净息差、不良率、银行资本回报率（税前）、贷存比、监管资本充足率 7 个指标进行综合比较。

表 1.3 各地区银行指标均值对比

地区	银行集中度（%）	银行存贷利差（%）	净息差（NIM，%）	不良率（%）	银行资本回报率（税前）（%）	银行贷存比（%）	银行监管资本充足率（%）
东欧地区	60	5	4	7	12	90	19
中亚地区	55	20	5	4	9	104	20
亚洲及大洋洲地区	53	5	3	2	13	100	17
南亚地区	48	4	4	9	23	78	16
西亚地区	67	3	3	3	12	93	17
非洲及拉美地区	70	5	4	3	29	72	15

注：因部分国家数据缺失，各指标在此取该地区各国中位数。

从数据可以看出，各地区银行集中度①最高的是非洲及拉美地区，这主要是受南非及埃塞俄比亚等国整体银行数量较少，大银行资产占比高的影响。南非共有注册银行 31 家，其中四大商业银行②总资产占南非银行业总资产的 84.6%。埃塞俄比亚本身只有 3 家国有银行和 12 家私营银行。银行业集中度最低的是南亚地区③，该地区除不丹和马尔代夫外，整体银行业集中度均在 60% 以下。在其他几个指标上，中亚地区的存贷利差、净息差、贷存比及监管资本充足率较高。中亚五国整体金融市场规模很小，且集中度高，基本上没有建立资本市场，中小银行比重大，金融机构整体市场竞争力较弱④。此外，中亚国家在政策制定和执行方面具有很强的随意性，政府运行效率低下。根据透明国际（Transparency International）发布的全球清廉指数排行榜来看（180 个国家和地区的排名），情况最好的哈萨克斯坦在 2018 年仅排名第 124 位，吉尔吉斯斯坦（第 132 位）和塔吉克斯坦（第 152 位）处于第 130 位之

① 该指标通过计算各国排名前三的商业银行资产总和占总银行业资产总额的比来计算。

② 四大商业银行分别是第一兰特银行（First Rand Bank）、南非联合银行（Amalganated Bank of South African Group）、标准银行（Standard Bank）、莱利银行（NedBank Limited）。

③ 资料来源：中国驻两国大使馆官方网站。

④ 资料来源：《特区经济》，2010 年第 3 期。

后，而乌兹别克斯坦（第158位）和土库曼斯坦（第161位）则多处于后30位的位置[①]。一般上述指标较高的国家普遍存在融资渠道少、非浮动利率等影响因素，这与银行的非市场化竞争优势有关（Bankscope数据库，1994—2001年）。不良率最高的是南亚和东欧地区。实际上，“一带一路”国家整体不良率偏高，71个国家中不良率在3%以上的国家有31个，深陷危机的乌克兰更是高达54.54%。亚太和西亚地区银行业不良贷款比例相对较低，土耳其银行业的不良率在2017年底为2.84%，但在2019年一路反弹至5%左右，潜在风险及关注类客户比例也超过10%，这主要是由经济衰退下的中小企业破产潮引起，风险在逐步释放。印度2017年底坏账率高达9.98%，对于银行体系中形成大规模不良贷款的原因，美国财经媒体CNBC将其归咎于印度国有银行对印度国有企业的“过分慷慨”。CNBC称，印度的国有银行控制着整个国家超过70%的银行资产，但这些国有银行的不良贷款敞口高达1500亿美元。印度政府拟通过启动“资产质量评估”，通过提供约2.11万亿印度卢比的资金帮助银行调整资本结构并设立资产管理公司接管这些不良资产等方式解决这一危机。此外东欧地区的20个国家中，有8个国家的不良率在10%以上，仍深陷债务危机当中。尽管这些地区的国家在通过不良资产出售、债转股及债务核销等方式大幅处置不良贷款，但仍有较多历史遗留包袱亟待处理。非洲及拉美地区银行资本回报率较高，南亚也在20%以上，相对来说中亚地区的回报率较低，其余地区基本都在10%以上。土耳其银行业资本回报率（税后）为12.774%，税前为16%，超过一半以上的“一带一路”国家。

二、土耳其的基本国情

土耳其国土面积为78.36万平方公里，其中97%位于亚洲的小亚细亚半岛，3%位于欧洲的巴尔干半岛。地跨亚、欧两洲，邻格鲁吉亚、亚美尼亚、阿塞拜疆、伊朗、伊拉克、叙利亚、希腊和保加利亚，濒地中海、爱琴海、马尔马拉海和黑海。海岸线长7200公里，陆地边境线长2648公里。南部沿

① 土耳其排名第七十八位，中国排名第八十七位。

海地区属亚热带地中海式气候，内陆为大陆型气候。2017 年末人口为 8081 万人，土耳其族占 80% 以上、库尔德族约占 15%。土耳其语为国语。99% 的居民信奉伊斯兰教，其中 85% 属逊尼派，其余为什叶派（阿拉维派）；少数人信仰基督教和犹太教。首都为安卡拉（Ankara）。1919 年，凯末尔（Mustafa Kemal Atatürk）领导民族解放战争反抗侵略并取得胜利，1923 年 10 月 29 日建立土耳其共和国，凯末尔当选首任总统。2017 年 4 月，经修宪公投，土耳其政体由议会制改为总统制。2018 年 6 月，土耳其举行总统和议会选举，埃尔多安（Recep Tayyip Erdogan）当选实行总统制后的首任总统，正发党牵头的政党联盟获得议会半数以上议席。土耳其既是重要的伊斯兰国家，又是北约成员国及欧盟候选国，同时也是 OECD 创始成员国及二十国集团（G20）的成员国，现为世界第十八大经济体，同时是全球发展最快的国家之一。近年来，土耳其深度介入叙利亚、伊拉克等热点问题，以提升自身对地区事务的影响力和塑造力。土耳其共有 81 个省，首都安卡拉为全国政治中心、第二大城市，位于安纳托利亚高原中部。伊斯坦布尔为全国工业、贸易、金融、文化中心，是最大城市。土耳其矿产资源丰富，主要有天然碱、大理石、硼矿、铬、钍和煤等，总值超过 2 万亿美元。其中，天然碱和大理石储量占世界的 40%，品种和数量均居世界第一。但土耳其石油、天然气资源匮乏，需大量进口。[①] 土耳其的重点或特色产业包括纺织业、汽车制造、农业、旅游业、钢铁、建材、机械制造等，其中机械制造是土耳其经济主要增长动力之一，该行业对其较大规模制造业的发展发挥了至关重要的作用。机电是土耳其吸引外商直接投资的重要领域。土耳其机械制造业以研发密集著称，土耳其每年工程师毕业生超过 45 万人，2014 年机械制造研发支出达 6 亿美元，约占土耳其总研发支出的 10%。2016 年，机械行业出口总额为 134 亿美元，机械产品出口至 200 多个国家和地区。

为正确反映土耳其的发展水平，本书引入了联合国开发计划署（UNDP）所设计统计的人类发展指数（Human Development Index，HDI），该指数将每

① 资料来源：商务部国际贸易经济合作研究院、中国驻土耳其大使馆经济商务参赞处、商务部对外投资和经济合作司，《对外投资合作国别（地区）指南——土耳其》2018 年版。

个国家人民的健康、教育及收入三个维度的信息统筹为一个数据用于衡量人类进步，本书将通过土耳其该指数的高低及与其他国家的对比来进一步揭示土耳其当前发展水平。以下数据全部引用自 UNDP《人类发展指数与指标：2018 年统计更新》，2018 年更新报告应用 2017 年的最新数据。

表 1.4　　人类发展指数及其构成

	人类发展指数（HDI）	出生时预期寿命（岁）	预期受教育年限（年）	平均受教育年限（年）	人均国民总收入（GNI）（2011 年购买力平价美元）	人均 GNI 位次减去 HDI 位次	HDI 位次
HDI 位次	2017 年	2017 年	2017 年	2017 年	2017 年	2017 年	2016 年
64 土耳其	0.791	76	15.2	8	24804	−14	65

在 189 个国家和地区的人类发展指数中，土耳其该项得分为 0.791，排名第 64 位，属于高人类发展水平梯队，较上年下降了 4 位[①]。从指数具体构成情况来看，土耳其的出生时预期寿命，预期受教育年限及人均国民总收入均处于较高水平，但平均受教育年限略显落后。

表 1.5　　1990—2017 年人类发展指数趋势

HDI 位次	人类发展指数值								HDI 位次变化	HDI 年均增长率（%）			
	1990 年	2000 年	2010 年	2012 年	2014 年	2015 年	2016 年	2017 年	2012—2017a	1990—2000 年	2000—2010 年	2010—2017 年	1990—2017 年
64 土耳其	0.579	0.655	0.734	0.76	0.778	0.783	0.787	0.791	8	1.26	1.14	1.06	1.16

综合比较土耳其 1990—2017 年人类发展指数的变化情况，土耳其的指标基本处于稳步上升的状态，年增长率达到 1.16%。

① 中国得分为 0.752，排名第 86 位，较上年上升 5 位。

表 1.6　　人口趋势

<table>
<tr><td rowspan="3">HDI 位次</td><td colspan="9">人口</td><td colspan="2">总抚养（赡养）比率</td><td colspan="2" rowspan="2">总和生育率（每名妇女所生孩子数）（%）</td></tr>
<tr><td colspan="2">总人口（百万人）</td><td colspan="2">年均增长率（%）</td><td>城市人口（%）</td><td>5 岁以下人口（百万人）</td><td>15 ~ 64 岁人口（百万人）</td><td>65 岁以上人口（百万人）</td><td>年龄中位数（岁）</td><td colspan="2">每 100 名 15 ~ 64 岁人口
儿童（0 ~ 14 岁）（%）｜老年人（65 岁及以上）（%）</td></tr>
<tr><td>2017b</td><td>2030b</td><td>2005/2010</td><td>2015/2020b</td><td>2017</td><td>2017b</td><td>2017b</td><td>2017b</td><td>2015</td><td>2017b</td><td>2017b</td><td>2005/2010</td><td>2015/2020</td></tr>
<tr><td>64 土耳其</td><td>80.7</td><td>88.4</td><td>1.3</td><td>1.4</td><td>74.6</td><td>6.7</td><td>54</td><td>6.6</td><td>29.9</td><td>37.3</td><td>12.2</td><td>2.2</td><td>2</td></tr>
</table>

从人口趋势来看，土耳其的人口年均正增长，且增长率在同等人口规模国家中相对较高。城市人口占比达到 70% 以上，高于中国的城市人口占比（58%），年龄中位数不到 30 岁（中国为 37 岁），人口中青壮年占比较高，劳动力供应充足。

表 1.7　　教育成果

<table>
<tr><td rowspan="4">HDI 位次</td><td colspan="3">识字率</td><td rowspan="2">至少接受过中等教育的人口</td><td colspan="7">总入学率</td></tr>
<tr><td>成人（占 15 岁及以上人口的百分比）</td><td colspan="2">青少年（占 15 ~ 24 岁人口的百分比）</td><td>学前教育</td><td>初等教育</td><td>中等教育</td><td>高等教育</td><td>小学辍学率</td><td>初级中等普通教育最后年级读完率</td><td>政府教育支出</td></tr>
<tr><td></td><td>女性</td><td>男性</td><td>（占 25 岁及以上人口的百分比）</td><td>（占学前适龄儿童的百分比）</td><td>（占初等教育适龄人口的百分比）</td><td>（占中等教育适龄人口的百分比）</td><td>（占高等教育适龄人口的百分比）</td><td>（辍学儿童占小学适龄儿童的百分比）</td><td>（%）</td><td>（占 GDP 的百分比）</td></tr>
<tr><td>2006—2016a</td><td>2006—2016a</td><td>2006—2016a</td><td>2006—2017a</td><td>2012—2017a</td><td>2012—2017a</td><td>2012—2017a</td><td>2012—2017a</td><td>2007—2016a</td><td>2006—2016a</td><td>2012—2017a</td></tr>
<tr><td>64 土耳其</td><td>95.6</td><td>99.2</td><td>99.8</td><td>52.2</td><td>29</td><td>103</td><td>103</td><td>95</td><td>12</td><td>90</td><td>4.4</td></tr>
</table>

从教育成果的数据来看，土耳其成人的识字率较高，中高等教育入学率虽然比较高，但接受过中等教育以上的人口在25岁以上人口中占比偏低（中国为77%），学前教育的入学率也偏低。政府教育支出占GDP比例整体处于中等水平，反映出劳动力素质有待进一步提升。

表1.8　　　　国民收入与资源组成

HDI位次	国内生产总值（GDP）			固定资本形成总值	政府最终消费支出		税收总额	收入、利润及资本所得税	债务		价格
	总值	人均							金融部门提供的国内信贷	偿债总额	消费物价指数
	（2011年购买力平价，十亿美元）	（2011年购买力平价，美元）	年增长率（%）	（占GDP的百分比）	总额（占GDP的百分比）	年均增长率（%）	（占GDP的百分比）	（占税收总额百分比）	（占GDP的百分比）	（占GNI的百分比）	（2010年=100）
	2017年	2017年	2017年	2012—2017a	2012—2017a	2012—2017a	2007—2017a	2007—2017a	2012—2017a	2016年	2017年
64 土耳其	2029.10	25129	5.8	29.8	14.5	5	18.3	16.3	77.9	8.9	175

2017年土耳其GDP在2万亿美元左右，约为中国的十分之一，但人均GDP 2.5万美元，约为中国的1.64倍。年增长率为5.8%，处于高速增长阶段。2017年，土耳其第一、第二、第三产业分布的比例分别为6.7%、31.8%和61.4%，[①] 继续呈现服务业占主体地位的发达国家式经济结构。在GDP形成占比中，家庭消费占GDP的比重为59.1%。私营经济，特别是居民消费成为经济增长的主要动力。土耳其固定资本形成总值占GDP的百分比为29.8%，远低于中国，但与其他生产总值规模相当的国家相比处于中等偏高水平。政府最终消费支出处于中等水平，但年均增长较快，体现了政府在社会福利和公共服务投入上的逐步增加。近年来，土耳其提出要在司法和行政方面实现一系列改革以促进投资、生产、出口和就业。世界银行《2019年营商环境报告》提到，改善最显著的经济体包括土耳其，其整体营商环境便利

① 因四舍五入，百分比加总不为100%。下同。

度排名第43位。土耳其为改善营商环境所进行改革的方面包括企业开办手续、办理施工许可、获得信贷、纳税、跨境贸易、执行合同、办理破产等，报告中提到“土耳其政府的改革主要集中在改进文件的电子处理和提供更多具体的法规信息。伊斯坦布尔和全国其他城市在其网站上公布了与建筑许可证有关的所有相关法规、收费表和预申请要求。司法部公布了2014年以来伊斯坦布尔商业法院、知识产权民事法院、工业权利民事法院以及伊斯坦布尔地区法院与商业、知识产权和工业权利有关的法律纠纷作出的所有判决。此外，土耳其风险中心银行协会开始与七家电信公司共享信用信息”。

土耳其的税收在GDP中占比为16.3%，处于中等水平。土耳其有着OECD国家中最具竞争力的企业税收制度。实行属地税法与属人税法相结合的税收体系。外国投资者与土耳其当地公司和自然人一样同等纳税。土耳其的税收制度主要分为三大类：所得税（企业营业利润所得税征收的基本税率是20%）、消费税和财产税，共计14种税。其中，直接税有两种，即收入税和公司税，包括个人所得税、公司所得税；间接税有12种，包括增值税、印花税、交通工具税、金融保险交易税、博彩税、遗产与赠与税、房地产税、财产税、通信税、教育贡献费、关税、特别消费税。①

土耳其的偿债总额占国民总收入（GNI）的百分比为8.9%，高于中国的1.1%，也高于巴西、墨西哥等同体量国家，高于通常认为5%的安全线。土耳其面临着短期债务比重大、经常性项目长期赤字、外汇储备低的问题。2005年以来，土耳其经常项目便基本处于常年赤字的境地，经常项目赤字意味着土耳其不能通过出口赚取足够的外汇来支付进口，于是只能通过借外债来弥补，这就导致土耳其外债不断增加。截至2017年底，土耳其中央政府债务总额8765亿里拉②，占当年GDP的比重为28.2%。其中，内债5354亿里拉，外债3411亿里拉。而其外汇储备却仅为826亿美元左右。这导致投资者对土耳其货币缺乏信心，稍有外部事件刺激会争相外逃，这也是2018年5月

① 资料来源：中国驻土耳其大使馆经济参赞处官网，http：//tr.mofcom.gov.cn/article/ddfg/200203/20020300006551.shtml。

② 本书中里拉，若无特殊说明，即土耳其里拉。

土耳其里拉出现暴跌的重要原因，存在较高的外汇风险隐患。

土耳其当前物价指数为175，通货膨胀率自2001年的广泛改革之后曾一度下降至个位数水平，但近年来又逐渐回升。土耳其当地加大的信贷投放和政府投资都使市场货币投放量有大幅上升。2017年，土耳其通货膨胀率为11.14%，仍远高于政府制定的5%的中期通货膨胀目标。

2018年9月20日，土耳其国库与财政部长阿尔巴依拉克（Berat Albayrak）发布政府2019—2021年新的中期经济规划，提出这一时期内三大经济政策支柱和主要经济发展目标：一是平衡经济。为实现可持续发展，主动调降经济增长目标。2018—2021年的目标分别为3.8%、2.3%、3.5%和5%。二是财政纪律。将执行严明的财政纪律、采取适当的财政措施，确保财政安全和稳定，控制通货膨胀。2018—2021年的通货膨胀控制目标分别为20.8%、15.9%、9.8%和6%。三是经济转型。重点围绕高附加值产业提升出口和长期生产制造能力，并增加就业。2018—2021年的失业率目标分别为11.3%、12.1%、11.9%和10.8%。在土耳其的中期经济规划中列示了非常多的政府投入项目，包括公路、铁路、海港、能源等，土耳其鼓励外国投资者参与基础设施投资。由于向当地银行融资的成本较高，土耳其政府采购项下的基础设施工程项目绝大多数要求投标商提供融资安排。以中国企业承建的安卡拉—伊斯坦布尔高速铁路二期工程为例，项目总金额12.7亿美元，由中国进出口银行提供7.2亿美元贷款，欧洲开发银行提供其余5.5亿美元贷款。

从2005年开始，土耳其开始推行全方位的对华经贸发展政策，土耳其外贸部还专门推出了“中国市场促进计划”，通过在中国举行贸易洽谈会、派出贸易代表团、在北京设立贸易商会办事处等一系列举措促进对华贸易，减少贸易逆差。2010年中国与土耳其进一步宣布建立战略合作伙伴关系，并最早明确支持“一带一路”倡议，在2015年就已与中国签署“一带一路”倡议与“中间走廊”计划对接谅解备忘录。中土在基础设施等领域签订了多项协议，并且达成了货币互换协议，贸易结算使用中土两国的货币进行，通过优化货币流通环境来促进贸易发展。2017年，中国为土耳其第一大进口来源地，全年土耳其自中国进口额为233.7亿美元，对华出口额为29.4亿美元，中国为其仅次于德国的第二大贸易伙伴国和第一大贸易逆差来源地。

三、土耳其的代表意义

地缘位置的代表意义。土耳其是一个拥有多种身份和影响力的关键性地区大国，处于地缘政治和经济交汇中心，既是中东地区与伊斯兰世界的重要国家，又是西方式的世俗化主义民主国家。在地理上，作为欧洲和亚洲的桥梁和交汇处，土耳其东邻伊朗，东北部与阿塞拜疆为邻，在东南方向同叙利亚和伊拉克接壤，它的欧洲部分同保加利亚、希腊毗连。地处“四海三洲”（里海、黑海、地中海、红海、波斯湾以及欧洲、亚洲、非洲）的核心地带，无论陆上还是海上都有着数条通道与其相连，并经其联系环地中海及周边的中亚、中东、北非、中东欧等地区。土耳具在地理上的这种特殊性，使其成为东西合璧、南北荟萃之地，起着举足轻重的作用。因为多方的影响都在这里汇集，并形成市场反应，实际上能为其他“一带一路”国家的研究提供地缘政治影响输出和传播上的参考。

文化融合的代表意义。“一带一路”国家大多在文化、历史和宗教方面与土耳其有着千丝万缕的联系。以中亚—高加索地区为例，土耳其人的先祖突厥人也是借助陆上丝绸之路向西迁移并最终在地中海区域建立奥斯曼土耳其帝国。苏联解体后，中亚出现众多突厥语国家，如哈萨克斯坦、土库曼斯坦和阿塞拜疆。土耳其政府通过召开“突厥语国家合作峰会”、建立“突厥文化国际组织”等形式巩固和扩大与相关国家的文化联系。土耳其99%的民众信仰伊斯兰教，与“一路”上的南亚、东南亚地区和中东地区的一些国家同属伊斯兰文化圈。2015年，土耳其成为伊斯兰合作组织轮值主席国，凭借相似的伊斯兰文化认同，土耳其提出“2023百年愿景”，既是提升其在中东、北非的枢纽地位，也便于扩大其在南亚、东南亚的辐射影响力。对土耳其文化融合方向的研究，便于本书加深对中亚—高加索地区及伊斯兰文化圈的理解，对可能面临的文化冲突提供有实证经验的解决思路。

外交合作的代表意义。伙伴关系是国际行为体间基于共同利益、通过共同行动、为实现共同目标而建立的一种独立自主的国际合作关系。基于维护国家利益和拓展国际影响的需要，中国构建了以和平共处五项原则为基础，通过双边关系改善带动全球战略拓展的伙伴关系战略。[①] 截至 2018 年 10 月，与中国建立伙伴关系的"一带一路"国家达到了 43 个，占沿线国家总数的三分之二以上。这 43 个国家中，战略性关系（指关系表述中包含"战略"一词，如战略协作、战略合作等）占到了总数的三分之二以上。[②] 土耳其作为中国战略合作伙伴关系国，从外交层面具有一定的代表性，而中国工商银行作为国有大行所承担的商业项目也有双方外交政策落实的表现。近年来，中土合作关系的密切及众多大项目的落实，为"战略合作伙伴关系"的表现提供了生动的诠释。对于其他商业银行如何通过合理利用外交契机推动业务发展，实现在"一带一路"国家的落地生根，不失为一个很好的参考。

风险与挑战的代表意义。工银土耳其并购后的这段时间正是世界局势风云变幻，土耳其当地政治、经济等问题丛生的阶段。工银土耳其在这一环境下所面对的汇率大幅波动、政局不稳定、高通货膨胀、不良率攀升、失业率高企等现象在"一带一路"沿线国家都不是个例，而且土耳其本身的问题成因和应对方式也相当具有代表性。例如，土耳其当地过度依赖外债、经常性项目长期赤字、外汇储备低导致的汇率不稳定，这在"一带一路"国家中是普遍问题，而这个时候政府可能通过提高利率来稳定币值，也有可能采取外汇管制策略，这也要求本书必须高度关注汇率风险在经营中的影响并提出合理的应对之策。例如，土耳其当地政党选举造成经济政策变动导致对经济政策层面的影响，这在"一带一路"同样政体的国家中也屡见不鲜，本书在业务操作中如何把握政府项目的风险和比例、如何合理维护银行权益并形成长久的发展对策，这些应对方案，都对其他"一带一路"国家的类似问题处理具有借鉴意义。

1.3.2 为什么选择工银土耳其

本书选择工银土耳其作为具体研究对象，不仅仅因为该行恰好是在土耳

① 资料来源：门洪华、刘笑阳，《中国伙伴关系战略评估与展望》，载《世界经济与政治》，2015 年第 2 期。

② 资料来源：史泽华，《红旗文稿》，2019 年。

其开展经营的两家中资商业银行之一，更主要的是该行2015年设立开业之际正值中土两国签署“一带一路”倡议与“中间走廊”计划对接谅解备忘录之时，可以说该行近6年的奋斗历程恰好是其在土耳其建设“一带一路”的奋斗历程。工银土耳其是中国工商银行通过收购当地一家中小银行而设立的，凭借其良好的银行治理模式，在当地颇为动荡的宏观经济环境中，成功实现稳健发展，为中资商业银行乃至中资企业的“一带一路”建设发展提供了典型范例。

1.3.2.1 工银土耳其的经营环境

一、银行业竞争较激烈

土耳其银行业是土耳其金融业最重要的组成部分，银行业总资产占比超过95%。保险公司、租赁公司、融资公司等其他金融机构资产合计不超过5%。得益于2001年土耳其经济危机后政府实施的一系列银行业改革，银行业增长较快，流动性和资本充足水平稳健，资产质量不断改善，成功经受住了国际金融危机的考验，在欧债危机中也表现较好。土耳其银行系统由储蓄银行、开发及投资银行、伊斯兰银行三类组成，共52家。储蓄银行共33家，可吸收存款，开展对公及零售业务；开发及投资银行共13家，可开展商业银行、投资银行业务，不能吸收存款和开展零售业务；伊斯兰银行共6家，是根据伊斯兰教法成立的银行机构。

土耳其银行业市场竞争较为激烈，主要体现在以下两个方面：一是当地具有一定规模的银行数量较多，银行同业竞争压力大。占有一定市场份额以上的银行数量可以反映一个国家银行竞争的激烈程度，按市场份额超过7.5%的银行数量计算，土耳其为7个，而英国、法国、希腊、意大利、西班牙、荷兰、德国分别为5个、4个、4个、3个、3个、3个和2个，按此标准衡量，土耳其是欧洲区域银行业竞争最激烈的国家之一。二是无论从资产、贷款、存款等角度看，前十大银行的市场份额超过85%，其他众多中小银行的市场份额仅占15%。三是土耳其银行业的存款竞争激烈。土耳其政府对国有商业银行有相关保护政策，土耳其政府机构、军队存款基本都在当地国有商业银行；政府指令有低成本资金优势的本地国有银行以低于定期存款利率的价格发放按揭贷款，导致其他银行此类业务缺乏竞争优势。土耳其也是一个穆斯林国家，伊斯兰银行对当地居民有很强的吸引力，部分居民存款被“分流”到伊斯兰银行。土耳其外资银行数量较多，共21家，大多数是中东国家投资的中小银行。外资银行中，与中国工商银行具有可比性的大型全球性银行包括花旗银行、汇丰银行和2018年初成立的中国银行（土耳其）（以下简称中行土耳其）。花旗银行是第一家在土耳其经营的外资银行，于1975年开始营业，1998年开始开展商业银行业务。在土耳其境内运作近38年时间里，花旗银行逐步开启了资金管理产品、企业融资、现金管理、外贸金融和托管等金融服务。2013年4月，花旗银行调整经营战略，将其在土耳其的个人金融业务打包出售给土耳其银行DenizBank（60万客户、12亿里拉贷款/应收账款、16亿里拉存款、55万张信用卡和32家分行），而更专注于公司和商业银行业务。汇丰银行1990年以兰特兰银行（Midland Bank Inc.）的名义开始进入土耳其市场，成为土耳其首家英资银行，其主要经营公司业务。该行近期业务调整，关闭一些网点，将业务向对公业务倾斜。中行土耳其2018年开业，成立时间较晚，无个人银行业务，资产、人员规模较小，无历史包袱，资金来源以注册资本为主。

表1.9　　可比全球性外资银行

银行名称	成立时间	注册资本金	所有者权益（2018年末）	分行数量	员工数量（2018年末）	主要经营特点
工银土耳其	2015年5月	8.6亿里拉	2.43亿美元	44家	872人	稳健经营的全能商业银行，包括公司、零售、同业、资金业务等商行业务，以及投行、证券、资管等投行业务。
中行土耳其	2017年1月	10.5亿里拉	2.37亿美元	1家	31人	无零售业务，仅有对公业务，包括资金、公司、同业业务。
汇丰土耳其	2001年12月	6.52亿里拉	5.55亿美元	82家	2205人	零售业务已全部退出，仅有对公业务，包括公司、同业、资金等商行业务，以及投行、证券、资管等投行业务。

续表

银行名称	成立时间	注册资本金	所有者权益（2018 年末）	分行数量	员工数量（2018 年末）	主要经营特点
花旗土耳其	2004 年 6 月	0.34 亿里拉	3.16 亿美元	3 家	402 人	无零售业务，对公业务以投行模式开展，包括依托证券市场客户全球托管业务，获取客户及低成本资金，开展资金、投行、证券业务。

二、宏观经济波动较大

2015 年工银土耳其交割开业以来，土耳其社会先后出现大选波折、恐怖袭击、击落俄罗斯战机、未遂军事政变、出兵叙利亚、地方选举波折、汇率危机等，宏观经济出现大幅波动。2015 年该国 GDP 增速为 6%，2016 年骤降至 3%，2017 年在政策刺激下大幅跃升至 7.5%，2018 年受汇率冲击影响第四季度经济开始衰退，全年仅增长 2.8%，2019 年经过衰退和结构再平衡，下半年经济开始恢复增长，全年 GDP 增速 0.9%。

土耳其经济不稳定性的一个重要原因是其长期存在大额经常账户赤字，占 GDP 比例超过 3%，仅在 2019 年因为经济增长停滞实现了盈余。这导致其货币里拉对内、对外均长期贬值。

1.3.2.2 工银土耳其的发展成就

经过 3 年多的并购谈判，2015 年 5 月 22 日，中国工商银行完成土耳其纺织银行股权交割，后更名为工银土耳其（ICBC TURKEY BANK A.S.），成为土耳其首家中资营业性金融机构。工银土耳其为伊斯坦布尔证交所上市公司，经过要约收购及增资，目前中国工商银行持有 92.84% 的工银土耳其股份，其他股东持股 7.16%。该行持有商业银行、投资银行和资产管理牌照，下辖 39 家分行、20 家证券业务营业部，员工数量 850 余名。

交割后，面对不利的宏观环境，工银土耳其认真践行稳健经营理念，扎实做好治理整合，按照母行要求对标监管规定、对标总行要求、对标同业最佳实践，不断从规模、质量、效益、管理、创新 5 个方面发展硬实力，从公司治理、队伍建设、企业文化、社会责任、公司形象5个方面提升软实力。经过4年多的努力，工银土耳其逆市上扬，实现规模、质量、效益连年快速增长，受到中土两国相关政府机构、当地社会及企业的广泛赞誉。该行连续4年（2017年、2018年、2019年、2020年）被土耳其资本市场委员会评为“土耳其最佳投资银行”。2018年被《土耳其货币》杂志评为“年度最佳外资银行”，获中国工商银行总行颁发“优秀境外机构（转型发展奖）”。2019年被英国《国际银行家》杂志评为“土耳其最佳商业银行”和“土耳其最佳投资银行”，成为土耳其唯一上榜银行。

一、“一带一路”项目领先银行

工银土耳其自成立伊始，就以“一带一路”项目领先银行为目标定位，充分发挥母行集团网络优势，通过牵头或参贷银团、项目融资、贸易融资、并购顾问、担保、结算等综合服务，从基础设施、能源、民生、金融等多领域入手，为“一带一路”建设全力提供金融支持。工银土耳其全面保障重大基础设施建设融资，为土耳其多个港口项目融资，其中包括中远、招商局和中投在土联合收购的土耳其Kumport港口，这也是迄今为止中资企业在土最大规模基础设施投资项目。为连接阿塞拜疆至欧洲贯穿土耳其全境的天然气管道等项目和土耳其天然气储库项目提供融资支持，这是土耳其打造地区能源枢纽的战略工程。联合欧美和当地数十家银行组建银团融资支持土耳其恰纳卡莱大桥及高速公路项目、尼代高速公路等一批公路建设，其中前者在第二届“一带一路”银行家圆桌会议（BRBR）上获“BRBR机制2017—2018年度最佳合作项目奖”，并被汤森路透《国际项目融资杂志》评为“2018最佳项目融资”。工银土耳其还注重择优支持绿色和重点能源建设项目，为迄今为止土耳其最大的中企投资项目——上海电力土耳其胡努特鲁火电站提供融资，为中资某纸厂配套电站项目和格鲁吉亚燃气电站项目提供融资，并支持当地多个太阳能、风能、水利、地热等绿色电站项目建设，弥补当地能源缺口。除了能源、基础设施，工银土耳其也深入大健康、大零售等民生保障产业，先后为三所大型现代医疗中心PPP（政府和社会资本合作）建设和两大优质大型购物中心再融资提供金融服务，从而与公共和私人部门合作提升当地民众生活质量。在金融领域，该行实现对土耳其本地大型金融机构业务合作全覆盖。工银土耳其为当地7家大型商业银行和2家政策性银行提供了国际银团贷款，特别是在土耳其2018年8月货币危机后联合中、美、英、法、德及中东地区等11个国家的23家银行组建首个国际银团，帮助土耳其银行业在国际金融市场上稳定信心，恢复了融资能力。该行也成功获得土耳其国库财政部第一笔人民币“熊猫债”的联席主承和簿记行资格。工银土耳其深深扎根土耳其当地市场，95%的业务来自当地，已成功与当地前100强客户中的70家建立业务关系，包括土耳其唯一的世界500强企业——KOC集团以及土耳其航空、土耳其电信等，已累计发放和储备融资近80亿美元。

二、中资元素首选银行

工银土耳其一直致力于打造中资元素首选银行。该行迅速确立人民币首选银行地位，人民币业务产品体系日趋健全。开办了存款、融资、清算、结算、外汇交易5大类22种产品，成为土耳其央行的唯一人民币账户行，并为13家当地银行同业开立了人民币清算账户。工银土耳其还与工银集团内兄弟行合作开办了人民币—土耳其里拉远期合约交易的做市业务。充分利用中土两国货币互换机制，推动两国央行第一笔货币互换落地，实现总行以土耳其里拉注资，既助推了人民币国际化，又有利于总行规避汇率风险。工银土耳其对驻土中资机构开展全面综合金融服务，已为105家中资企业开户，包括世界500强16家；存款超过百万里拉的中资企业13家；提供融资支持、并购顾问、账户服务，并实现银企联手开拓土耳其市场。为中国驻土耳其大使馆、驻伊斯坦布尔领事馆、驻伊拉克埃尔比勒领事馆的馆员开立个人账户，并为中国驻土耳其大使馆和驻伊拉克埃尔比勒领事馆办理代发工资业务。为中国驻土耳其大使馆独家代理使馆签证收费业务。

三、稳健经营最佳实践银行

“稳健经营、稳中向上”是工商银行一贯的经营理念，工银土耳其一脉相承，严格对标稳健经营最佳实践银行要求，严守风险防控底线。从成立伊始，工银土耳其就开始大力调整信贷结构，已达到资产质量同业最佳。该行提早并稳妥退出了 90% 的高风险客户，有效规避了当地同业在经济衰退期普遍遭遇的坏账风潮。通过加速清收收购承接的存量不良资产，不良额和不良率逐年“双下降”，至 2019 年末不良率由交割时的 6.5%降至 0.75%，拨备覆盖率提升至 127%。而当地同业的不良贷款率普遍上升，平均达到 6%。同时，为确保风险可控前提下的长期可持续增长，工银土耳其按照总行的国际化发展战略和风险限额等全球资产配置要求，保持适度的增长速度和规模，不过度追求短期业绩，4 年间总资产增长了 3 倍，年均增幅 28%。此外，针对其前身在 IT 系统和风控合规等方面大量的“历史欠账”，工银土耳其自发展初期就投入大量财力、人力更新 IT 设备和软件、完善风控合规和内部管理，着眼长远弥补管理基础短板、消除风险隐患。

四、专业领先的最佳投资银行

工银土耳其专门设立证券子公司开展其投资银行业务，并因业绩突出被总行确立为工银集团的中东/北非跨境并购财务顾问业务区域执行中心。4 年来，工银土耳其不断创新服务，领先同业，完成土耳其市场上第一只项目债券融资；完成工银土耳其历史上第一笔真正意义上的不提供配套融资的投行并购顾问服务，并已担任 5 家中、土企业的并购顾问。以做市商身份推出土耳其唯一人民币里拉期货产品，月度交易量达 2 亿里拉。证券公司核心指标同业排名持续提升，其中 2019 年净资产收益率（ROE）较 2018 年跃升 11 位。有效客户总数达 15506 户，较 2018 年增长 6%，股票交易量达 184 亿里拉，经纪业务收入年均增长 26.5%，基金管理规模达到 2017 年末的 1600 万美元，增长率 64%。该公司连续 3 年屡获殊荣，在 2017 年、2018 年连续获土耳其资本市场委员会颁发的“最佳投资银行”后，又荣获英国《国际银行家》杂志 2019 年“土耳其最佳投资银行”。

五、中土金融合作的典范

作为中国工商银行在欧洲大陆的首次并购，工银土耳其将管理整合视为并购成败的关键。通过稳步、深入的推进，工银土耳其已完全并入工银集团的管理体系，充分实现业务协同，被各方评价为管理整合的典范。在战略方面，成立伊始，该行按照总行的部署并结合当地市场情况，制定全新的发展战略，使服务“一带一路”建设成为战略重点。在组织机构方面，按照市场导向、效率优先原则进行改革。总部层面，撤销“板块式”管理模式，加强和细化营销部门职能，精简合并中后台部门，建立由25个部门和3个中心构成的总部管理架构，基本与总行部门设置相对应。分行层面，突出经营主体功能，形成“矩阵式”总分管理架构。分行改为营销部和营业部两部制结构，分别针对市场开拓和业务处理。在制度体系方面，积极对标总行制度办法、对标监管要求、对标当地同业先进做法，及时清理、更新、优化工银土耳其相关规章制度、流程和系统控制，把总行相关理念、管理要求体现在工银土耳其的相关制度、流程和业务操作中。在人力资源方面，以人才融合发展为核心构建管理体系。一是30多名中方外派员工与800多名当地员工交叉组合，按照统一的组织架构和职级体系管理。二是逐步建立管理类岗位与业务类岗位“双通道”晋升路径，并积极开展岗位竞聘和末位淘汰，实现能者上、庸者下、劣者汰。三是建立以岗位价值为基础的标准化基本工资体系，彻底改变“一事一定、一人一议”的工资核定方式。四是在不大规模裁员、员工离职率低于行业平均的基础上，稳步开展减员增效，通过分流、转岗、退出等措施逐步淘汰竞争力弱的人员。在考核激励方面，突出业绩导向。建立“360度”考核评价体系，同一职务职级统一考核。并逐年提高绩效收入的工资占比至30%；将绩效工资与基本工资比例适当脱钩，强化绩效工资与工作实际业绩和实际表现的关联程度。

六、中土文化融合的名片

对内开展员工文化培训和交流。与当地大学合作，开设中国和土耳其文化、“一带一路”历史、中文和土耳其语兴趣学习班，定期派遣当地员工到中国接受业务和文化培训，增进文化融合交流。对外广泛参与中土经贸文化交流合作，积极参加土耳其能源与矿业论坛、中国国际进口博览会推介会、伊斯坦布尔商会关于中国进出口商品交易会的推介会、新经济计划发布会、BRICA“一带一路”论坛、101个乡镇的煤改气工程仪式、工银土耳其使馆签证收费业务启动仪式、伊斯坦布尔第三机场开幕式等大型商务活动；积极走访土耳其财政部、能源部、交通部、投资局、中央银行、银监会等政府机关。积极参与中国使领馆组织的重要高访活动接待任务，同时参与对外文化体育、公益慈善等活动，赞助“汉语桥”世界大学生中文比赛土耳其赛区演讲比赛、爱心义卖、为土耳其孤儿院提供爱心捐助等。通过一系列人文交流合作，推动了文明互学互鉴，构筑了友谊的桥梁和纽带，使命运共同体的理念通过实践落地生根。

七、财务业绩持续优化

工银土耳其的规模、质量、效益同业排名由交割时的第 29 名上升到目前的第 15 名，市场竞争力持续提升，整体经营保持“稳中向上”态势。2020 年末，工银土耳其总资产（含簿记）达到 50.54 亿美元，较交割日增长 324%，年均增长 65%。存款等负债合计 31.95 亿美元，较交割日增长 233%。2020 年实现拨备前利润 6340 万美元，净利润 3628 万美元，年均增长 112%。资产收益率（ROA）达到 0.83%，ROE 达到 16.42%。2020 年末，不良贷款余额为 495 万美元，较年初下降 2122 万美元；不良贷款率为 0.13%，优于同业 3.84 个百分点。

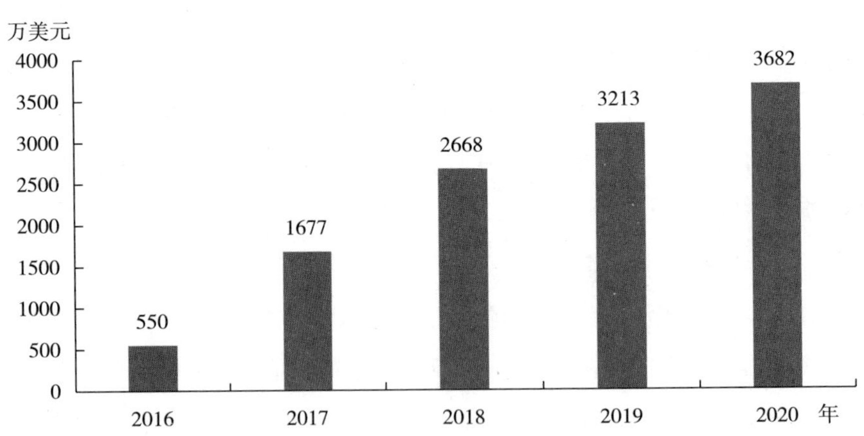

图 1.1　历年净利润

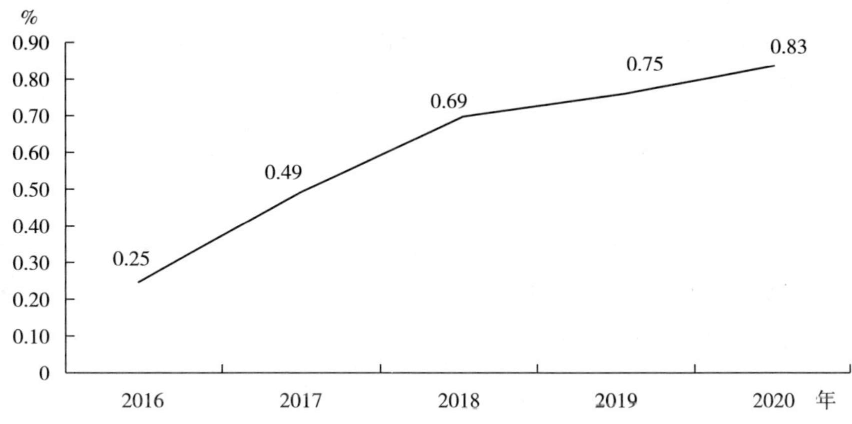

图 1.2　历年总资产回报率

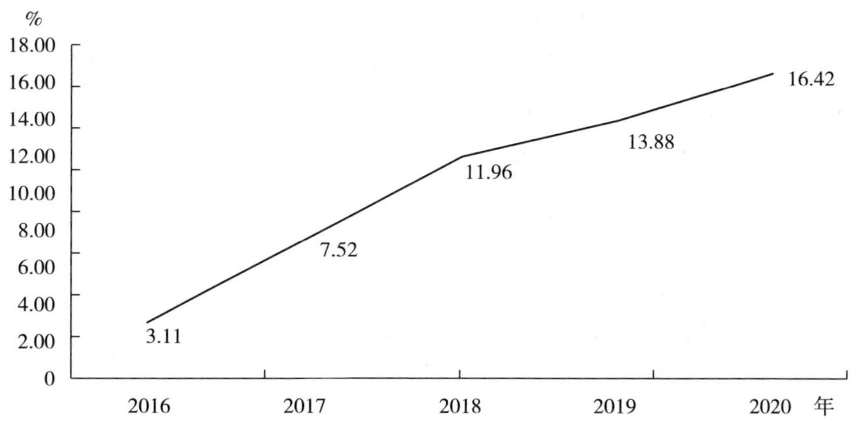

图 1.3　历年净资产收益率

八、股东资产保值增值

中国工商银行是工银土耳其的绝对控股股东，其投资总体分为三笔：一是购买工银土耳其原控股股东股权、强制要约收购（MTO）等共计支付 3.1 亿美元，获得 3.8984 亿股（持股比例达 92.82%），该部分股份目前市值 3.4 亿美元，较实际支出增加 0.3 亿美元。二是运用两国货币互换协议，对工银土耳其增资，实际支付 4.09 亿里拉；通过这次增资，中国工商银行又增持 4.0859 亿股（持股比例增至 92.84%），该部分股份目前市值 3.57 亿美元，较实际支出4.09亿里拉（按股份购买日汇率计算相折合1.12亿美元）增加2.45亿美元。三是对工银土耳其提供次级借款3亿美元，利息为6个月期Libor利率加175个基点。截至2019年10月末，工银土耳其已支付利息0.11亿美元。因此，从股东实际支出成本与所获资产市场价值来看，投资收益较丰厚。

特别是从持股市值来看，2015年收购后，中国工商银行持有3.8984亿股，按2015年7月15日股价1.371里拉计算，市值2.03亿美元（约合5.34亿里拉，汇率1美元兑2.6454里拉）；截至2019年9月，工银土耳其股价为4.93里拉，该部分占股市值为3.40亿美元（约合19.22亿里拉，汇率1美元兑5.6449里拉），增长1.37亿美元。

2017年中国工商银行对工银土耳其增资，于4月12日和28日分别按1里拉/股和2.1里拉/股价格两次增持股份合计4.0859亿股，实际支付4.09亿里拉，按增资日股价（2.07里拉和2.19里拉）计算，该部分市值2.31亿美元（汇率分别为3.6494和3.5517），截至9月末，该部分市值3.57亿美元（约合20.13亿里拉，汇率5.6449），增长1.26亿美元。2015年和2017年两次持股的市值已一共增长2.63亿美元。

表1.10　　工银土耳其资本金变动情况

<table>
<tr><th rowspan="4">项目</th><th colspan="4">交割日（2015年5月）</th><th colspan="8">2019年9月30日</th></tr>
<tr><th colspan="2">里拉（亿里拉）</th><th colspan="2">折美元（亿美元）</th><th colspan="4">里拉（亿里拉）</th><th colspan="4">折美元（亿美元）</th></tr>
<tr><th rowspan="2">总额</th><th rowspan="2">归属工行部分（92.82%）</th><th rowspan="2">总额</th><th rowspan="2">归属工行部分（92.82%）</th><th rowspan="2">总额</th><th rowspan="2">归属工行部分（92.84%）</th><th colspan="2">比交割日</th><th rowspan="2">总额</th><th rowspan="2">归属工行部分（92.84%）</th><th colspan="2">比交割日</th></tr>
<tr><th>总额</th><th>归属工行部分</th><th>总额</th><th>归属工行部分</th></tr>
<tr><td>资本金</td><td>4.20</td><td>3.90</td><td>1.56</td><td>1.45</td><td>4.20</td><td>3.90</td><td>—</td><td>—</td><td>0.74</td><td>0.69</td><td>-0.82</td><td>-0.76</td></tr>
<tr><td>所有者权益</td><td>6.25</td><td>5.80</td><td>2.33</td><td>2.16</td><td>10.9</td><td>10.12</td><td>4.65</td><td>4.32</td><td>1.93</td><td>1.79</td><td>-0.4</td><td>-0.37</td></tr>
<tr><td>美元对里拉汇率</td><td colspan="4">2.6851</td><td colspan="8">5.6449</td></tr>
</table>

2. 最佳商业银行之路——治理整合，道术合一

天下之势不盛则衰，天下之治不进则退。在党的十八届三中全会决议中，国家治理体系和治理能力现代化首次“入题”。党的十九届四中全会，是国家治理体系和治理能力现代化进入“解题”阶段。党的十九届五中全会擘画了推进国家治理体系和治理能力现代化的新蓝图。国家治理体系现代化体现国家的制度设计能力，治理能力现代化体现贯彻治理体系的执行能力。设计能力最终要通过执行能力来体现，制度的威力和效力归根结底要通过执行方能落地生根、开花结果。国家治理体系现代化从纸上走到路上离不开企业等商业主体治理能力的提升，而公司治理历来都是企业管理的重点内容。亚洲金融危机以来，商业银行治理也更加引起人们的普遍关注，认为商业银行的经营目标与一般公司存在着巨大差异。作为国民经济特殊行业的重要组成部分，除了追求自身利益最大化外，还应兼顾宏观经济的稳定和金融体系的稳健，因而商业银行治理比一般公司治理具有更加特殊且重要的意义。巴塞尔银行监管委员会进一步指出，银行治理应解决以下问题：确立明确的银行目标；确保每天正常的业务运转；充分考虑利益相关者的利益；在司法与监管体系下确保银行安全、稳健的运行；保障储户利益。

闻“道”有先后。工银土耳其是中国工商银行（以下简称工行）收购土耳其当地一家中小商业银行后设立的，是工行乃至中国金融企业首次在欧洲大陆并购的一家金融机构，使命光荣、责任重大，只许成功、不许失败。在总行党委国际化战略部署下，坚持“立足本地、辐射周边、联通欧亚”的发展定位，努力成为“一带一路”项目首选银行、中资元素领先银行、稳健经

营最佳实践银行、中土金融合作的典范、文化融合的名片。由于其95%的员工是收购承接的土耳其团队，既包括高管也包括中层和一般员工。工银土耳其在当地市场开展经营还需顺应土耳其监管机构、土耳其当地客户等不同利益相关者的复杂利益诉求。

"术"业有专攻。想要在土耳其市场成功站稳脚跟，顺利开展"一带一路"建设，建立完善的治理体系、提升现代治理能力是重中之重。工行总行党委在多年发展经验的基础上结合实际、通盘考虑后提出"48字"工作思路、"三比三看三提高"工作方法，以及"大、全、稳、新、优、强"发展方位。在上述企业战略体系和治行方略的指导下，工银土耳其对并购后的整合管理作了系统性安排，一系列举措确保了整合管理的顺利进行。本书的案例研究发现，工银土耳其的良好治理体系是通过其并购后的整合过程建立的。随着对业务、团队、组织机构、企业文化等的全方位整合，该行的治理能力也不断提升和发展。

2.1 我国银行业跨境并购整合的理论发展

21世纪初，我国银行业逐步开始跨境并购，特别是2008年国际金融危机后，并购步伐开始加快。据统计，2007—2016年我国银行业17笔主要跨境（含港澳）并购中，有13笔并购标的是银行，占比为76%。[①] 通过并购当地银行等方式"走出去"、稳步开拓国际市场、推进国际化发展，是现阶段银行业跨境并购的主要模式。

如何通过看准大趋势来选择合适的并购标的至关重要。然而，相关研究认为，跨境并购交易的价值本质上由并购交易之后的整合带来，而非交易环节（张伟华，2016）。Wasserstein（1998）指出，并购成功与否不仅依靠被收购企业创造价值的能力，而在更大程度上依靠并购后的整合。当并购协议生效后，实现交易的战略和价值创造的目标才刚开始，最重要、最困难的工作

① 资料来源：徐策，《我国银行业的并购与整合模式研究》，载《金融会计》，2018（8），第51~56页。

也才正式来临。陶瑞（2015）对“财富500强”公司的研究表明，由于并购后整合失败，在收购5年之后，有近74%的公司又把这些业务不相关的企业重新剥离出去；科尔尼管理咨询公司对1998—1999年全球发生的115项并购案例调查得出，53%的风险存在于并购整合阶段（陶瑞，2015）。因此，如何进行整合是决定我国银行业跨境并购成败的关键命题。我国学者对跨境并购整合的研究，主要针对一般意义上的企业跨境并购整合的机理、风险成因、绩效等。对于更有借鉴意义的案例研究则仅针对实业企业，鲜有对中资商业银行海外并购整合的分析。本书以工行2015年并购土耳其纺织银行为例，对在跨境整合过程中存在的问题和困难进行了分析研究，并提出了相应的对策和建议。

2.2 并购之“道”

2.2.1 并购的战略蓝图

从“大写意”到“工笔画”，一张蓝图绘到底，推动共建“一带一路”工作不断走深走实。在工行总行党委的国际化战略部署下，土耳其是重点关注的空白市场。从战略布局上看，在土耳其建立机构有利于完善地中海区域布局，形成“立足本地、辐射周边、联通欧亚”的发展定位，增强对北非、东欧、中东市场的辐射力。在当地建立机构不仅可以一举突破土耳其这一具有战略地位的重要新兴经济体，分享其经济增长红利和银行业改革发展成果，也有助于深入发展与周边国家的业务联系，辐射整个地中海及黑海地区。从长期利益来看，在土耳其建立机构可抓住中土经贸合作纵深发展带来的丰富业务机会，努力成为“一带一路”项目首选银行、中资元素领先银行、稳健经营最佳实践银行。随着“一带一路”① 建设的推进，土耳其作为沿线上的重要节点，与中国经贸发展潜力巨大。若在土收购，可通过整合目标银行与

① 当时尽调报告的表述为“新丝绸之路经济带”。

工行公司客户基础，为两国外贸企业提供贸易金融便利，撮合两地供需，成为两国实业投资者的桥梁和顾问，在为中土经贸往来和“一带一路”建设提供优质服务中抓住广阔商机。从成本和可行性角度分析，运用“三比三看三提高”的工作方法，并购是进入土耳其市场的最佳选择。目前土耳其对外资银行申请本地储蓄银行牌照的最低资本金要求为 3 亿美元，而对外资银行收购当地银行则无股权比例和资本金限制。因此，通过控股收购一家小型银行进入，可以在与机构申设成本相当的情况下，获得现成的网络、客户、团队和业务基础，是较优的选择。目标银行是土耳其仅有的 3 家非国有且尚未被外资入股的成规模的本土银行机构之一，具有股权结构简单、规模适中的特点，有利于交易推进和后续整合。其网点布局基本上覆盖了土耳其主要经济区域，通过收购可迅速建立满足市场拓展需要的机构布局。另外，目标银行拥有证券业务牌照，具有扩大相关手续费及佣金收入的潜力。

2.2.2 并购的整合思路

早在并购完成前，工行已初步形成对目标银行的并购后整合策略。在公司治理方面，交易完成后工行将有权提名目标银行的全部董事，实现对董事会及下属各委员会的完全控制。同时，通过董事会任命和调整目标银行管理层，可以完全掌控银行的经营管理。交割后，计划保持目标银行原有管理层和员工队伍的基本稳定，充分利用目标银行现有团队的本地化经验和客户关系，在符合监管要求的前提下导入工行的全球运营经验和管理、制度体系，促进目标银行健康、快速、可持续发展。在业务拓展方面，依托工行在中国及全球的客户基础、品牌和全球联动运营优势，结合目标银行的本地化服务能力和当地客户资源，积极发展现有业务，大力开拓新业务，稳步提升目标银行资本回报。在资本、资产和资金管理方面，交割后在保证目标银行合规经营的基础上，将其纳入工行集团资产负债管理体系，提高资本运用效率。依托工行品牌和信用评级，降低目标银行资金成本，扩大资金来源。针对土耳其银行业贷款渗透率低、发展空间大和高息差的有利市场条件，如有必要，可通过增资方式支持目标银行进一步加快发展，获得更好的规模效益。在风险、内控和科技整合方面，在促进业务发展、控制业务风险、满足合规要求的前提下，按照从简到难、整体统筹、分阶段推进的原则，把目标银行的风险管理、内部控制及科技系统适度纳入工行体系。

2.2.3 并购的主要过程

工银土耳其的并购案卷资料显示，作为工行国际化战略的一部分，早在2012年就已经开展了土耳其潜在并购机会的前期调查，并与土耳其纺织银行股东接触。2013年，工行正式启动了土耳其收购项目，与卖方就协议主要条款清单磋商一致，双方在签署保密协议和排他协议后，同步展开尽职调查。2013—2014年，工行先后开展了对目标银行的尽职调查和补充尽职调查，全面深入地了解了目标银行业务、财务、风险控制、IT、运营管理及法律合规等方面的情况。在尽职调查中未发现妨碍交易等重大风险的情况下，经多轮谈判就协议条款达成一致。最终，工行与目标银行股东于2014年签署并购协议，并于2015年5月22日完成股权交割。

并购团队认为，总体来看，目标银行在土耳其有已具规模的营业网络、客户资源和业务基础，金融投资未见重大异常，风险管理、IT系统、人力资源管理符合监管和法规要求。尽管存在资产质量下降、盈利能力不强，以及存款集中度偏高、IT系统外迁限制、未决法律诉讼等问题，但相关风险在可承受范围内，且协议对特定贷款和重大诉讼等突出风险进行了尽可能的保护。综合考虑土耳其对外资银行申设营业性机构3亿美元的资本金要求及土耳其潜在可售银行的稀缺性，目标银行可作为投资对象完善工行欧亚战略经营布局，突破中资银行在土市场空白，使工行为中土经贸往来和“一带一路”建设提供更加全面高效的金融服务。鉴于尽职调查结果支持交易可行的结论，交易结构、收购价格和协议主要条款公平合理。

2.2.4 并购的战略转型

股权交割后，基于目标银行以中小企业客户为主的市场不断萎缩、不良率过高的现实情况，工银土耳其结合当地市场实际，确立了“立足本地、辐射周边、联通欧亚”的战略定位，充分利用银行、证券、基金等牌照优势，采取“商业银行+投资银行”双轮驱动的经营模式，将目标客户定位从中小企业调整为“大客户、大同业、大项目”，并对原有信贷资产结构作出系统性调整。这种大刀阔斧的战略调整，首先立足于工银集团强大的综合金融服务能力和全球融资实力，同时深入挖掘工银土耳其全牌照经营优势，突出不同业务条线的有机整合、协调发展的结果。经过第一个三年的平稳过渡和转型发展，工银土耳其彻底扭转了市场下滑、资产质量欠佳的不利局面，由原来的土耳其纺织银行迅速“脱胎换骨”，在当地市场声名鹊起；同时也为该行在当地经济系统性风险加剧的环境中，争取了战略空间和发展机遇，规避了同业出现的大量新增不良，实现了“稳中向上，长期向好”的发展局面。

进入经营发展的第二个三年，工银土耳其由第一阶段的立足市场，转向第二阶段的高质量发展，进一步确立“‘一带一路’项目首选银行、中资元素领先银行、稳健经营最佳实践银行”三大战略目标，成功抵御土耳其经济周期性风险，资产质量成为同业领先的佼佼者。

目前，工银土耳其已经开始筹划第三个“三年规划”，确立贯彻落实总行“48字”工作思路，运用“三比三看三提高”工作方法，准确把握“大、全、稳、新、优、强”发展方位，坚持战略引领，从严治行，将战略思维与底线思维相结合，不断推动治理能力现代化的战略部署。具体从规模、质量、效益、管理、创新五个方面发展硬实力，从公司治理、队伍建设、企业文化、社会责任、公司形象五个方面提升软实力，开启工银土耳其改革发展的第三阶段。

2.3 治理之“术”

2.3.1 党建引领

作为国有大型骨干金融企业，工行以“党建引领，从严治理”作为建行的根本。工银土耳其虽处海外，环境特殊，却依然牢牢把握这一根本，视党建为银行治理、发展成败的“生命线”。本书的研究发现，工银土耳其的治理整合围绕一体化展开，在经营决策上由中土高管联合组成的管理委员会开展集体决策，在团队建设上中土员工交叉组合，统一任职体系和考核标准，处处体现统一和协同。然而越是在这种情况下，中方外派员工越是要发挥好核心骨干作用。外派员工除了开展日常经营，还肩负贯彻母行战略方针的使命；无论身处管理岗位，还是专业岗位，每一名外派员工都是推动治理整合、传达落实母行经营战略的桥梁与纽带。事实上，本书调查发现，在跨文化的复杂环境中，工银土耳其外派员工积极发挥党员的先锋模范作用，以业务骨干姿态攻坚克难，以身作则带动全体员工尽责履职。示范、引领当地团队转变行为模式，进而培养当地团队学习新业务模式，以更好地融入工银集团网络并与集团内的兄弟行协作，促使当地团队有效行使其职权，发挥其职能，承担其责任。在境外并购形成的特殊环境下，全体外派员工肩负双重使命，因而对每一名外派员工都提出了更高标准，要求其在跨文化环境中能够自如地实现角色转换，外派队伍的管理也显得格外重要。

值得注意的是，工银土耳其的外派员工中党员占绝大多数，少数非党员也是入党积极分子，因而创造性地以党组织建设为抓手，把外派党员的政治素质、党性修养放到特殊工作环境中去锻炼、培养、考察，带出了一支政治素质过硬、党性强、胜任力好的外派干部队伍。实际早在成立之初，在工行总行党委和驻地总领馆党委的支持下，工银土耳其就成立了党支部，成为挂靠在驻地总领馆党委下的第一家企业党支部，党支部成为管理外派员工的核心组织。支部组织生活会突破了银行组织体系中的部门、条线限制，使全体党员干部共同学习党中央的大政方针和总行党委的战略部署，从思想上、工作上、组织上、生活上交流学习、形成共识、凝聚力量，使党支部真正成为跨文化经营管理中的战斗堡垒。

在工行总行党委的战略部署和驻地总领馆党委的直接指导下，工银土耳其紧密依靠党的领导，在支部书记的带领下，针对整合的难点，创造性地探索出党领导下的经营决策机制。这主要是通过党支部这一组织形式，在党的民主集中制原则下，由外派的常驻董事和管理层成员依据各自职能，共同讨论制定各项重大战略决策，形成初步决策共识，再由包括土方高管在内的管理委员会对重大战略决策形成集体决议。这种党领导下的决策机制，促成了工银土耳其公司治理和经营决策上的协同互补，实现了中土高管的经验、知识、信息、能力等方面的整合，并发挥了民主集中制的高效率，为工银土耳其的稳健发展提供了良好的治理和决策保障。

在驻地总领馆党委领导下，工银土耳其承担伊斯坦布尔中资企业商会的组织工作，担任会长单位；并在中国大使馆的领导下，参与土耳其中资企业商会工作，担任副会长单位，广泛联系驻土耳其的中资企业客户。同时，工银土耳其直接参加中国大使馆和驻地总领馆开展的多种领事保护、调研活动，深入一线调查了解中资企业、中国侨民的实际需求，开展多种形式的服务工作，努力贯彻落实“一带一路”项目首选银行、中资元素领先银行的战略目标。

2.3.2 从严治理

一、重组董事会及管理层

工银土耳其治理架构第一阶段优化的重点是重组董事会及管理层。与其他中资商业银行跨境并购类似，工行此次并购实现对标的银行的绝对控股。因此，标的银行原董事全部撤换，由工商银行派出五位董事并根据当地法律规定聘任一名当地独立董事，重组并控制了工银土耳其董事会。但对于管理层，工商银行仅派出总经理和另外两位副行长，当地六位总经理助理得以留任，中土高管共同构成管理层。各外派董事人选和外派管理层在交割前就已确定，交割后新董事会和新管理层即开始运行，保证了工银土耳其经营管理的连续性。从表2.1可以看出，并购交割后，董事会董事数量一直保持稳定，但管理层数量持续缩减，四位当地原总经理助理先后因个人原因离职，从当地中层中新提拔一位任总经理助理，至第五年管理层中原当地高管缩减至三位，其中两位已提拔为副总经理。管理层的精减配合及分工调整，避免了以往过渡的业务分割，使管理更加高效统一。

表 2.1　　并购前后董事会与管理层的变化

	交割前	交割后	第六年
董事会	董事长 副董事长 总经理、董事 董事 独立董事 独立董事	董事长（中国） 总经理、董事（中国） 董事（中国） 董事（中国，常住北京） 独立董事（中国，常住北京） 独立董事（土耳其）	董事长（中国） 总经理、董事（中国） 董事（中国） 董事（中国，常住北京） 独立董事（中国，常住北京） 独立董事（土耳其）
管理层	总经理 AGM—资金 AGM—财务 AGM—信贷 AGM—国际业务 AGM—公司业务 AGM—IT 与运营	总经理（中国） 副总经理（中国）— 跨境融资 AGM（土耳其）—资金 AGM（土耳其）—财务 AGM（土耳其）—信贷 AGM（土耳其）—国际业务 AGM（土耳其）—公司业务 AGM（土耳其）—IT 与运营	总经理（中国） 副总经理（中国）— 审批、运管、法律 副总经理（土耳其）— 财务、资负、研究与投资者关系 副总经理（土耳其）— 科技、行政、网络金融 AGM（土耳其）—国际业务、公司业务、金融机构业务

注：AGM（Assistant General Manager）指总经理助理。

由于工银土耳其有两位董事常住北京，董事会现场会议无法频繁召开。但土耳其当地银行监管法规规定，董事会拥有银行的信贷决策权，需审批日常信贷业务。为提高董事会对信贷业务的审批效率，在当地监管法规允许的范围内，工银土耳其在董事会下另行设立了信用委员会，由董事会授权信用委员会对一定金额内的信贷业务作决策，从而大大提高了决策效率。

二、协同整合治理架构

工银土耳其治理架构第二阶段优化的重点是设立管理委员会，实现治理架构的协同整合。初期治理架构成功实现了第一个三年的转型发展，但也暴露出不足之处。主要原因在于新业务模式要求不同业务条线协同营销，增加不同产品和服务的交叉销售，特别是以公司业务带动个人业务发展。然而当地 AGM 的分工仍沿用原土耳其纺织银行的模式，按业务条线划分，一位 AGM 只负责 1 个业务条线，造成从部门到管理层纵向的条线壁垒根深蒂固，各业务条线间的协同合作难以高效推动。

为使当地管理层成员都能从银行全局的角度开展经营管理，从顶层实现各业务条线的协同整合，工银土耳其在发展的第二个三年里，进一步实施了治理架构的优化调整，设立了负责“三重一大”重要事项的议事机构——管理委员会，由中方董事、管理层和当地管理层共同构成，坚持民主集中制原则，集体决策工银土耳其重大经营事项。管理委员会成为董事、高管、中土团队充分沟通酝酿经营决策的有效平台，有利于促进经营理念达成统一和共识。在管理委员会的框架内，各成员作了进一步分工调整，重点打破了以往按业务条线分工的局面，每个高管负责管理 3 个业务条线或部门，从职责上打破条线壁垒，形成全行“一盘棋”的格局意识。

工银土耳其的新型治理架构，充分体现了一体化整合的目的。一方面，中方和土方高管通过管理委员会这一机制共同作出经营决策，形成优势互补。另一方面，由于主要董事和部分管理层成员均由控股股东工行派遣，因而共同负有执行控股股东政策的使命，董事会和管理层实际上不仅具有监督与被监督的关系，更主要的是一体化治理，是经营管理上的协同互补。美国著名管理学家凯瑟琳·艾森哈特（Eisenhardt，2012）对于这种董事会和管理层相互依赖的合作关系作过专门研究，并将这种模式命名为“联合共治”模式，指出这是不同于“委托代理”的新型治理模式，反映董事会和管理层为了追求共同的成功，贡献各自独特的、有价值的资源；该模式广泛适用于上市公司、私有企业或其他类型的公司。

管理委员会的构成与职能

在董事会的授权下，管理委员会是工银土耳其日常运营和管理的最高理事会和决策机构。管理委员会由董事长、总经理及其他高管人员构成。

管理委员会具有以下职责（其中 1 ~5 项须经董事会批准）：

1. 就运营和发展工作的重要方面进行讨论并提出意见，包括需要向母行报告的重要问题、发展战略、运营规划，以及年度工作计划。

2. 就资产重组和资本运作等重大问题进行讨论并提出意见。

3. 就制定和修订重要的改革方案和管理政策进行讨论并提出意见。

> 4. 就涉及员工直接利益的重大问题讨论并提出意见。
>
> 5. 就组织架构、职责、人员配置和其他问题进行讨论并提出意见。
>
> 6. 根据管理人员管理授权的规定，讨论/决定或建议遴选、培训、评估、任命/撤职、调整岗位、奖励/处罚（纪律委员会的决定不包括在内）、监督总经理助理及以上、分行行长助理及以上、子公司总经理等人员；研究并决定有关任命/罢免一般管理人员的事项；并在这方面向董事会和高级管理层发表意见和建议。
>
> 7. 讨论并决定有关企业文化发展和宣传的重要问题。

2.3.3 国际视野

一、统一经营理念

经营理念是企业文化的重要组成部分，文化的融合离不开经营理念的统一。理念是人的主观观念，一方面难以具象，另一方面即使可以用文字表述，也需要员工主观接受。经营理念的统一依赖对每一个具体经营主题的交流、沟通、讨论、解释、说服等，因而需要一定的机制去保障和促进组织内部开展相应的沟通交流。工银土耳其主要做了四方面的工作：一是充分发挥委员会制度优势。一些专业委员会在原土耳其纺织银行时代就已经建立，工银土耳其沿用并进一步发挥了这些专业委员会在经营管理中的决策作用；一方面促进中土员工的讨论沟通，另一方面保障决策的合理可行。二是在制定每一项制度和政策之前均在该行相关部门充分讨论修订，探究业务细节，争取达成谅解和共识。三是主动研究分析经营理念的差异和原因。在探讨工银土耳其业务时，通过对标工行政策、土耳其监管要求和同业最佳实践，分析差异，查找原因，并提出和采取合理的优化措施。四是“移植”工行在专业条线的方法论，如信用风险审查方法等，使工行和原土耳其纺织银行的方法并存或融合，进一步提高了工银土耳其的专业水平。

二、促进文化融合

感情因素是促进文化融合最基础的条件。工行在穆斯林国家并购银行，充分尊重当地文化习俗，保留了原土耳其纺织银行关于穆斯林文化各方面的做法和规定，在业务进度安排上也将穆斯林的斋月因素考虑其中。与此同时，工商银行也向本地员工积极传播中国文化。例如，在总行的大力支持和帮助下，设立图书室和中国书架，组织当地员工赴中国参加全球雇员培训，邀请总行专家到土耳其开展现场培训支持，鼓励当地员工直接与总行或其他分支机构开展业务沟通等，大大增强了当地员工在工商银行的归属感和主人翁意识。文化层面的交流还促使越来越多的外派和当地员工主动学习对方国家的语言。

2.3.4 全球经营

一、"一行一策"经营理念

工行根据其国际化发展战略在全球市场布局，对各国别机构形成其特色化的经营策略和计划，即"一行一策"。根据总行对土耳其市场的定位，每年协商确定总体经营目标和各专业具体经营计划，使工银土耳其与工银集团全球资产发展配置的最优策略相一致，有利于从全球战略角度控制系统性风险。从战术层面考虑，以信贷业务为例，工银土耳其在第一年即将中资关联客户纳入集团统一授信管理，并引入总行的信贷审查技术，提高本地团队的风险识别、控制能力；第二年在技术上、制度上、队伍上作充分准备；第三年在总行指导下，将与集团网络存在的关联的法人客户全部纳入工银集团统一授信管理；未来目标是将全部客户纳入集团统一授信管理。通过逐步过渡，工银土耳其的信贷审查审批业务已与集团网络实现最大程度的整合。在分级审批的机制下，工银土耳其的大额信贷得到总行或集团内其他机构的风险把控，工银集团的风险偏好得以更直接的统一执行，有力地保证了工银土耳其"稳中向上"的可持续发展态势。

邮件系统整合

2015 年工银土耳其并购交割初期有两套邮件系统：一套为原银行邮件系统，即主邮件系统；另一套为总行邮件系统，承担与总行间的邮件收发。

本地员工使用主邮件系统，外派员工需同时使用这两套邮件系统，且两套系统间无内部连接，系统间邮件互发须通过互联网，使用极其不便，工作效率较低，“两张皮”的问题较严重，且信息安全风险突出。

针对该问题，工银土耳其金融科技部启动了邮件系统整合项目，对存在的问题进行了详细剖析，充分发挥主观能动性，制订了创新的系统改造实施方案，并于2016年顺利投产。该项目将本地邮件系统按照总行规范要求进行了优化改造，把原并存的两套邮件系统逻辑整合为一套，并在后台创新开发了邮件地址智能识别及翻译系统。满足了当地监管对系统本地化部署的刚性要求，同时遵守了总行的各项规范和制度，并且充分考虑用户友好性做到了对用户完全透明，解决了原来邮件“两张皮”的痛点，完美实现了工银土耳其邮件系统与总行系统的整合，提升了工银土耳其办公效率，实现了集团办公管理系统的规范化管理和集约化运营，并进一步提升了信息安全防范水平，同时增强了本地员工的归属感和凝聚力。

二、“一体化”发展策略

按照工行总行推行的“一体化”发展策略，工银土耳其通过与集团内其他机构合作，联合提供综合化金融服务、超大额融资支持，引入低成本资金，有效克服了自身劣势，迅速成为土耳其市场上举足轻重的商业银行，并在本地市场创造多个“第一”；同时也为工银集团内的其他机构创造了难得的业务机会。与集团机构的有效整合联动，使工银土耳其在业务运营上成为工银集团网络的一个重要节点；土耳其客户得以在岸获得整个工银集团的全球化服务。

事实上，工银土耳其作为一个成立时间较短、资产规模相对较小的商业银行，其核心竞争力就在于整合总行的全球经营网络形成自身竞争优势，这是并购整合的最高层次，是成功的关键所在。工银土耳其利用短短的4年时间就迅速发展成为土耳其最佳商业银行、最佳投资银行，充分说明了其整合治理的成功。

2.3.5 转型务实

工银土耳其进入经营发展的第二个三年时期，伴随着组织结构的系统性优化，原来“一个高管管理一个业务条线”的机制改为“一个高管管理多个业务条线”。这不仅使管理层的管理措施更具全局性和宏观性，也使部门的地位和作用得到进一步提升。高管直线管理的减少释放了部门的经营空间，中层经理人的作用得以发挥，大大激发了中层经理队伍的活力和潜力。这在分行层面体现得更加明显。以往分行主要由公司、零售、运管三个业务条线直接管理对应的分行业务团队，分行行长的经营管理权限较小。转型后，分行作为一级经营机构的权限和地位全面提升，分行行长的作用得到充分发挥，有效释放了经营活力。

制定不良贷款责任评议制度

由于信贷业务的特殊性，员工的风险观、责任心、敬畏心对于信贷业务健康发展至关重要。但由于工行比土耳其纺织银行的风险偏好更加谨慎和保守，并购后，工银土耳其综合采取多种措施强化员工的风险和责任意识，其中就包括制定不良贷款责任评议追究制度。该制度是工银土耳其对母行经验的一次本地化实践，花了近2年时间才正式发布。原因是制度起草部门在征求其他信贷相关部门的修改意见时，遇到很大的阻力；为了能最终统一理念、达成共识，管理层并未行使裁决权力直接批准该制度生效，而是耐心等待各相关部门的反复沟通、讨论。本地团队（包括信贷业务部门和评议执行部门）对该制度的担心主要集中在三个方面：一是由于以往土耳其纺织银行没有类似机制，不愿承担不良贷款责任；二是不愿意接受经济处罚；三是执行部门担心难以执行。为此，制度起草部门反复向持反对意见的部门解释“尽职免责”原则，并在具体机制上作出两项大的调整：一是将制度中原有的责任评议认定规则删除，留给评议部门自行制定；二是将原有的处罚适用标准删除，改为由该行纪律委员会最终认定责任并依据该委员会的规则决定处罚措施。

制度的制定过程是一个理念整合的过程，最终版本是一个妥协折中的结果。对执行部门给予了较大的评议自主裁量权，处罚也继续沿用当时已有的纪律委员会机制和规则。对比该制度第一版草案中的处罚措施和纪律委员会的处罚措施，后者没有经济处罚，只有行政处罚，实际比前者更加严厉。

研究发现，营销部门间的竞争机制，为工银土耳其的战略转型起到至关重要的作用。因为并购后的战略转型势必造成营销团队特别是当地营销团队面临巨大的挑战和不确定性。例如，当地团队曾反映，土耳其的知名大型企业集团以前不会接待土耳其纺织银行的营销拜访，不会有合作机会。开拓全新市场的困难和挫败感很容易导致团队消极执行新战略，这在很大程度上考验了收购方的治理能力。工银土耳其迅速组建多个营销部门，打破部门间的市场区隔，允许适度交叉，从而将开拓新市场的机会从一个部门扩展到多个部门，每个部门都是一个“攻坚队”“实验室”，使成功的概率大幅增加；而部门间通过相互比拼和启发，又在很大程度上激发了团队的进取心、创造性，整体提升了营销团队的执行力。本书注意到这种组织内部竞争机制不仅存在于企业治理，在政府治理领域也同样适用。例如，中国知名学者周黎安（2007）在解释中国地方经济发展时，将地方政府激励机制归纳为“锦标赛”模式。美国知名学者弗朗西斯·福山（Fukuyama）在研究美国制度时将美国联邦制下各州的独立行政称为政策“实验室”。事实证明，部门竞争可以有效激发营销团队的活力和创造力，从一个部门取得成功开始，其他部门迅速跟进，新的局面得以彻底打开。然而，部门竞争显然不是没有负面效应的，但其形成的激励作用给整合初期的工银土耳其带来的正面收益要远远大于负面影响。目前工银土耳其结合工作实际和当前形势，更多地强调营销部门间的联动合作，推动不同产品线的交叉销售。

研究另一个发现是工银土耳其通过推行自下而上的民主决策、流程化和专业委员会机制等，塑造全体员工的责任意识、主人翁意识，对于整合治理至关重要。因为当地团队占该行员工数量的绝对主体，必须依靠当地团队开展经营；而只有当地团队负有高度责任感，尽职履责，才能充分给予经营管理授权，否则只会导致整合失败。

2.3.6 改革图强

一、增设重组营销部门

工银土耳其第一阶段组织结构优化的重点是对营销部门的增设和重组。新的战略必须要通过相应的组织架构落地执行。工银土耳其十分重视按市场导向动态调整组织架构。在成立后的第一个三年，为保证顺利实现并购交接和所承接业务的正常延续开展，工银土耳其保留了原纺织银行的全部分行和总部内设部门。与此同时，根据转型发展战略指引，针对目标市场，增设新部门、重组部分原有部门：包括在保留原有公司业务部的同时，组建跨境融资部，重点开发“一带一路”项目和中资背景客户。通过与所属证券公司联动加强原投资银行部职能，促进投行与商行业务的交叉协同。在原机构金融部设立跨境人民币业务和贸易结算及融资团队，升级成为较完整的国际业务部。工银土耳其迅速建立起跨境、公司、投行、国业 4 个法人金融业务营销部门和 1 个个人金融业务营销部门，即前台营销“五驾马车”，业务拓展能力大幅增强。从实际效果来看，营销实力的加强为该行有效拓展新的目标市场、稳步调整信贷结构、提升资产质量、推进战略纵深布局，发挥了至关重要的作用。工银土耳其秉承了总行一贯的审慎风险理念，深知风险控制是底线、“生命线”。为发展项目贷款，在授信审批部专门设立项目融资审查团队，大力提升项目融资风险控制能力，制定服务信贷发展大战略。随着整合发展，原土耳其纺织银行信贷管理能力薄弱的问题越发突出，工银土耳其适时设立信贷与投资管理部，填补了信贷政策制度制定、业务检查、档案管理等业务空白，整合强化了贷后管理。一系列新设和重组部门对业务转型发展起到良好的保障作用。

二、系统优化组织架构

工银土耳其第二阶段组织结构优化的重点是系统性精简改革。进入经营发展的第二个三年，各项业务实现稳健增长，治理整合也推进到第二阶段。工银土耳其不再对原有组织架构作修补，而是在总行的指导下，实施整体优化设计，以效率为导向，对标总行的机构设置，将原有40多个部门精简合并为22个部门加3个中心，精简幅度达到30%。部室内部进一步扁平化管理，撤销原有的“组”，推行柔性团队工作机制。中后台方面，原归属同一业务条线的多个部门均精简数量，或者合并为一个部门或“一部门加一中心”模式，提升综合运营效率。前台方面，从进一步加强全产品线发展、提高综合金融服务能力的角度出发，不再完全按客户维度划分部门，而是更多从产品差异维度，设立公司、项目、投行、国际业务、金融机构、零售、网络金融七大部门，全面发展各项业务。分行的内设前台部门也从公司和零售两个部门合并为一个市场部，以强化整合营销、交叉销售。组织结构上的此番改革，实际是与管理委员会的设立和高层分工调整相配合的。新的部门设置，大幅精简中后台管理运营，进一步强化前台营销能力，更加突出市场导向、效率为先。组织结构的调整也支持了管理机制的深层次变革，本书将在下一部分具体讨论。

三、全面改革管理机制

管理理论显示，治理过程的基础不是控制，而是协调。良好的经营管理机制是实现高效治理的关键。因而，尽管前3年工银土耳其保留了原纺织银行的全部内设部门和分行，但在流程和决策机制方面作了大量改革。在营销环节，工银土耳其实行公司客户营销分层管理，分行负责区域型客户开拓，把总部各前台部门推到营销一线，重点开展大客户营销服务。打破“部门墙”，各前台部门间引入适度竞争。体制的创新，有力地激发了工银土耳其大客户营销动能，实现大客户、大项目从无到有、从弱到强的快速发展。同时，在尽职调查阶段，缩短报审流程，允许分行直接报送信贷申请至总部审批部门，提高审批效率。在审批环节，实行总部集中信贷审批，分行仅负责营销服务和业务办理，坚决统一风险偏好，从严把控信贷准入。同时，按照工银集团的统一模式，在管理层下设立信贷与投资评审委员会，集中中土信贷专家智慧，发挥专家治贷优势，履行信贷集体审议职能，有效地促进了信贷决策科学性、合理性，严格防控信用风险。在贷后管理环节，厘清贷后管理职能，将信贷监测从审批部门独立出来，提高监测的客观性、全面性、透明性和时效性；加强潜在风险客户的专门管理，通过专户清收小组和职能部门相结合的方式，加大潜在风险化解和不良贷款清收。另外，为了夯实各层级员工的经营责任，发挥其积极性和主动性、促进其尽职履责，特别强调要自下而上作决策，要求决策流程中每一环节均有签署意见。工银土耳其还借鉴总行的实践，制定了不良贷款责任评议与追究机制，对于因相关员工履职失范等过错行为导致的不良贷款，要追究具体员工的个人责任，以促进其勤勉尽职。在流程的优化上，也特别注重各专业委员会的作用，充分整合不同业务条线的专业知识和经验，形成最优业务方案。

2.3.7 人才兴业

一、稳定“军心”

员工的效率受“情绪”影响。企业并购后员工最关注的就是岗位和收入安全。为实现稳定过渡，交割后，工银土耳其不仅保留了原土耳其纺织银行的部门架构，也保留了原有的员工队伍。这既是综合发挥集团智慧与本土经验的需要，也是保持存量信贷业务延续性的基本要求，体现出对社会责任的担当和对未来的信心，避免了当地社会担心的大裁员。调研中本书了解到，并购后，当地员工实际上普遍存在观望心态，担心裁员。而工银土耳其在并购交割初期不主动裁员的做法，保持了员工队伍稳定，客观上消除了当地员工的担忧，有利于稳定“军心”。

二、中土糅合

为推动团队整合并进而促进业务整合，工行针对工银土耳其的各专业条线，自国内分别遴选一名专业员工，形成各级别层次丰富的外派员工梯队。外派员工除高管外全部编入工银土耳其各职能部门，依据当地人力资源体系，根据能力、经验，部分员工担任对应条线管理岗位正职或副职，其他员工在专业岗位发挥骨干作用，在各个层级上与当地团队密切合作。外派员工在各自工作岗位上积极发挥业务骨干、培训教练、沟通桥梁、决策参谋等多种角色，协助董事会和管理层有效地了解具体情况、促进业务开展，并以身作则带动全体员工尽责履职。初期中方员工担任的管理岗位较少，后来随着对当地情况越来越了解，中方员工优势逐渐显现，组织机构改革后，已有近一半的部门由中方员工担任负责人。随着业务的发展，工银土耳其也逐步从当地市场“引智”。由于原土耳其纺织银行缺乏部分业务类型的专业人才，工银土耳其有计划地从当地同业延揽优秀人才，补齐当地员工队伍的短板，着力改善员工结构，提高团队整体业务水平，满足发展战略要求。同时配合当地员工的自然流动，新进员工全部要求以英语为工作语言，逐步扩大讲英语员工的比例，扩大英语应用范围。通过引进、组合、协作，工银土耳其逐步建立起具有资深业务经验和丰富人才梯队的经营团队，外派和本地员工有机融合，人力资源优势得以充分发挥。中土员工交叉组合成团队整体，有效地促进了双方在业务、技能、文化上的融合与协作，实现了人力资源的整合。

三、“一池活水”

随着经营管理整合的逐步展开，工银土耳其改革考评方法，建立业绩导向的考评体系。在此基础上依据实际经营成果和业务表现开展全员业绩考评，打通内部层级间的流动通道，对一批优秀人才给予提职或轮岗，对少数不胜任者下岗降职，先后对少数管理层、部门主管、分行行长、普通员工等进行了岗位调整。考评机制的改革，促进了工银土耳其本地员工的有序流动，形成“一池活水”。随后，工银土耳其开始改革薪酬分配制度，在保证员工工资收入稳定并按通货膨胀指数逐年增长的基础上，逐步加大绩效收入的占比，强调“多劳多得”与“奖优罚劣”。通过优化薪酬结构，业绩考评改革成果应用并扩大至全体员工，进一步调动了本地员工的积极性、主动性。进入整合发展的第四年，工银土耳其在工行总行的指导下，实施了整体的人力资源提升项目，设立基本对标总行的职级体系和管理类、专业类两条员工职业发展路径，并对全行员工统一进行能力评估和定岗定编。新的体系下，员工的职业发展空间得到有效拓展，劳动积极性进一步提高。并购整合不可避免有员工的自然流失，经过人力资源管理的优化改革，工银土耳其的员工离职率已降至同业平均水平以下，员工的忠诚度、满意度不断提升。

2.4 结论与启示

工商银行收购土耳其纺织银行后成功开展了一系列整合活动，为我国商业银行跨境并购整合提供了生动案例，也揭示了跨境整合背后的一些逻辑和原则。

遵循规律与原则："比"。跨境整合的难点在于文化背景、经营环境、监管要求等各种差异的存在。而整合必须克服种种差异，寻找共性或者共同利益。对于商业银行来说，最大的共性就是标的银行的经营发展。无论是从收购方，还是从被收购银行的各利益相关方来看，标的银行的经营发展一定是各方共赢的结果，因而是能够被各方接受的解决分歧的最终标准和原则。遵循这一根本原则，按照优化标的银行公司治理的思路去处理各类整合问题，整合举措也就更加符合大势，更容易形成最大范围的共识。工银土耳其遵循"市场导向、民主决策、工行优势"三大原则，按照银行发展规律开展经营管理，对战略目标、团队组织、管理机制等采取了一系列的改革措施，而这些改革的方向符合促进该行经营发展这一根本准则和目标，因而其合理性较少受到质疑。更进一步，因为工银土耳其与工银集团内其他机构的协同经营，能够大幅提升工银土耳其的竞争优势，因而工银土耳其融入集团网络，开展一体化经营，也得以顺利开展。反过来，标的银行经营发展的业绩，也是评判整合措施的最终标准。具体整合措施，必须依靠最终业绩的背书，否则其最终的正确性、合理性必然受到质疑。工银土耳其正是以其当年扭亏，盈利持续增长，质量连年提升的优异业绩，实现了整合治理的持续推进。

平衡控制与授权："看"。并购整合必然依赖并购方对标的的控制。但受战略、成本、制度、环境、文化等一系列因素限制，这种控制必然存在一定的边界，需要在控制与授权之间做好平衡，掌握好度。同时，授权也需要一定机制保障的正确运用；否则，授权可能导致战略无法得到充分执行，成为整合失败的导火索。从工银土耳其的经验来看，控制主要体现在战略、机制和信息三个方面。战略是通过重组董事会和管理层一体化运作实现控制，以确保工银土耳其贯彻落实总行的并购意图和经营计划。机制是通过改革管理制度、流程、规则实现控制，以保障各业务部门正确地落实执行。信息是在原有 IT 系统、业务报告等渠道的基础上，通过各专业条线外派员工得以加强和确保，使决策合理、可行、有效。在授权方面，工银土耳其的做法体现在主要依赖当地团队开展运营，具体办理各类业务。如图 2.1 所示，这一授权，需符合由决策规则和业务流程建立的行为模式，并通过董事会战略引导、外派员工和新设部门的榜样示范、营销部门间的内部竞争、业绩导向的激励机制、责任监督追究机制等形成良好的规范。治理理论认为治理过程不仅仅依靠控制，更重要的是协调机制，促使参与各方采取一致行动。工银土耳其建立起的竞争、示范、激励、监督机制有效推动了当地团队按照董事会的战略引领开展经营，是实现良好治理的核心要素。

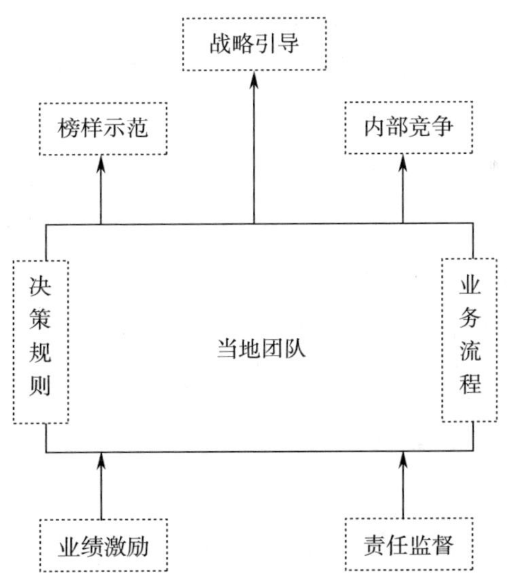

图 2.1　治理机制核心要素

疏解分歧与冲突：中国学者李晓宏（2016）研究指出，整合意味着改变，改变就难以避免冲突。跨境整合的一个主要任务就是解决分歧与冲突。分歧可以通过管理手段进行控制，但控制只能达到形式上的整合，无法在实质上整合组织行为；相反，有研究认为集权控制容易导致当地团队高管发挥个人影响力，隐性地对抗整合。对此，中国学者李蕾（2014）的一项研究指出，迂回机制有助于解决整合中的冲突。工银土耳其的治理整合实践表明，解决冲突，除了必要的权威，更需要疏解，使冲突的压力得以释放。首先是工行采取了渐进式的整合，而非一步到位。面对阻力，整合需要发扬“滴水穿石”的精神，逐步递进，渐进发展，从而在任一时期均可有效减少分歧与冲突，将其控制在较低的水平与较小的范围，避免形成重大不利影响，实现“稳中向上，长期向好”的局面。如在工银土耳其的内部组织架构上，前三年不仅保留了原有部门，为了带动转型、促进新业务发展，还新增了若干部门。但随着转型发展的顺利进行，从第四年开始该行重新整合精简部门。如在授信管理上，工行采取了过渡期安排，在过渡期内工银土耳其自行对客户核定授信，并从制度上、方法上、人员上等做好过渡准备。而自第四年开始，工银土耳其将部分客户纳入工银集团统一授信管理，并且客户范围逐步扩大。其次是工行在改革原有机制的基础上，促使当地团队继续行使其职权，发挥其职能，承担其责任。为此，工银土耳其外派员工示范、引领当地团队转变行为模式，进而培养当地团队学习新业务模式，以更好地融入工银集团网络并与集团内的兄弟行协作。当地团队一旦学会在新模式下办理业务并尝到成功的喜悦后，其意见分歧自然被证伪，曾被否定的挫败感被新的成就感替代；同时逐渐增强主人翁地位，对工行的归属感不断提升，由整合转型引发的冲突得以疏解。这也是成功整合离不开必要授权的一个重要原因。最后，工银土耳其通过改革流程和机制促进集体决策，保障专业交流和对话，大力推动中土团队理念统一，努力形成经营共识，解决思想问题。文化方面，在充分尊重土耳其的穆斯林文化习俗和民族习惯的同时，大力宣传中国文化，努力促进双方文化的沟通与融合。以上措施均有利于弥合双方分歧，疏解冲突。

案例1：借“势”发挥，深耕细作

摘要

土耳其本地企业T公司主营土耳其国内及国际的客运及货运服务，截至2019年，该公司拥有客运及货运飞机332架，飞往124个国家311个城市，拥有全球第四大航空飞行网络，可以在土耳其国内51个城市和293个国际目的地进行货物运输；服务网络覆盖美洲、欧洲、中东和亚洲。工银土耳其一直将T公司作为本地经营的重点客户，利用母行集团优势，通过簿记的方式向T公司提供了1.42亿欧元的贷款用于飞机购买和租赁；在工银土耳其担保的条件下，集团内兄弟行提供7500万欧元贷款用于支付T公司飞机购买的预付款。此外，工银土耳其还通过母行集团联动的方式向该企业提供备用信用证共计1300万美元。综上所述，在工银土耳其的牵头筹组下，中国工银集团向T公司提供了近3亿美元的综合金融服务。

业务背景

土耳其本地企业T公司主营土耳其国内及国际的客运及货运服务，是工银土耳其重点营销的客户之一。该公司不仅拥有从新伊斯坦布尔机场飞往北京、广州、上海、香港和西安等多地的航线，其最大的货运公司也同时拥有往返土耳其和中国的航班。2018年是中国的土耳其旅游年，到土耳其旅游的中国游客数量达39.4万次，较上年增长60%。2019年，到土耳其旅游的中国游客数量达42.7万人次。企业为扩大其发展规模，长期向本地和欧洲较大的金融机构进行融资，以购买飞机进一步提升其市场规模和竞争力。该公司是“一带一路”建设的重要参与者，为两国的商业和贸易往来作出了重要贡献，进一步促进了中土文化融合。

解决方案

T公司是土耳其航空服务的龙头企业，在本地航空市场占有率超过70%。企业目前的主要控股股东为土耳其主权财富基金，该主权基金是土耳其于2016年11月9日成立的国家层面的投资基金，价值500亿美元，旨在促进土耳其经济发展和提高土耳其经济的稳定性，使国有资产实现保值、增值，其董事长和副董事长分别为土耳其现任总统和财政部长，故该客户在业务过程中表现强势。一是融资条件方面，对期限和价格有明确要求。在营销过程中，T公司就贷款期限方面提出5年期以上，3年宽限期的要求，价格不能高于本地主流银行以及欧洲主流银行的等期限期银团贷款。二是土耳其纺织银行是工银土耳其的前身，收购前纺织银行在本地市场从未完成过融资金额如此高、期限如此长的融资项目，也从未与本地的一些龙头企业开展实质性的合作。客户对能否成功合作持怀疑态度，因而工银土耳其与企业的合作谈判迟迟无法取得实质性的进展。

针对营销中的难点，工银土耳其成立专项营销小组，由行领导亲自带队多次拜访客户，倾听客户的业务需求。公司业务团队仔细分析客户的融资需求，对照工银土耳其的金融服务能力，利用工银集团的平台资源，设计出“簿记＋本地运营资本金贷款”的模式，从价格和期限两方面对客户的融资价格和期限需求进行匹配，在本地市场制订了“同期限价格最优，同价格期限最适合”的营销策略。在后续业务跟进过程中，工银土耳其通过反复沟通、交流，逐步获取客户的信任。在竞争极为激烈的情况下，工银集团向T公司提供了近3亿美元的综合金融服务，充分展现了全球第一大行的专业金融服务能力。

案例启示

交割以来，工银土耳其及时调整了营销思路，提出以“大行业、大客户”为对公业务的主要营销目标，迅速锁定本地客户前100强为营销对象。由于工银土耳其前身土耳其纺织银行在本地市场的定位为中小银行，在前期营销过程中有营销能力弱、市场影响力不足、谈判议价能力差等困难。本案例可以带来以下一些启示：

主动出击，细致分析。前期营销过程中，主动收集客户的业务需求，制定相应的营销策略。针对重要客户和重要项目，适时成立专项业务小组，及时高效跟进，做好重点客户的服务工作，做到“客户能来、来了能活、活了能留”。

集团优势，一揽子服务。工银土耳其利用母行集团网络向客户提供一揽子综合金融服务，充分彰显了工银土耳其本地化经营的集团优势。同时，通过为本地交通领域的龙头企业提供资金支持，也在促进中土贸易发展、文化交流方面发挥了“助推器”的作用，提升了工银土耳其的软实力，扩大了“一带一路”建设的成果。

案例2：“走出去”与“引进来”

摘要

P航空公司是土耳其一家著名的航空公司，成立于1990年，是土耳其最大的私有航空公司，也是一家低成本航空公司，总部设于伊斯坦布尔。2005年该公司被ESAS收购，成为土耳其第二大家族企业Sabanci的家族控股企业，逐步跻身土耳其前四大航空公司之列。P公司是土耳其低价航线的“领头羊”，致力于为中短途飞行提供点对点优质服务。公司航线已覆盖109个城市和地区（其中土耳其国内30个城市，海外42个国家70个城市）。2011—2019年，是该公司高速发展的黄金时期，客运量增长8倍，因而被授予“成长最快的航空公司”称号。目前，P公司拥有大型飞机84架，平均机龄约为7年，均采取经营租赁和融资租赁方式，其中4架飞机由工银租赁公司提供10年期1.1亿美元融资。截至2018年，P公司国内航班占土耳其市场的31.4%，国际航班占土耳其市场的12.2%，该公司在欧美市场较为活跃，与欧美飞机制造和航空燃油企业均有长期合作。工银土耳其2015年成立以来，始终立足于本地市场，致力于打造稳健经营最佳实践银行，跨文化融合的最佳外资银行，通过积极寻求与本地优质企业合作，土耳其前100强公司客户中已有75家与工银土耳其建立业务联系，有贷户达到40户。通过不懈努力，最终该公司开始与工银土耳其开展融资租赁项下贸易融资及衍生品交易业务合作，现已发展成为贸易金融业务重要合作伙伴。

业务背景

工银土耳其在客户营销拜访中了解到，该公司近年来发展迅速，已成为土耳其第四大航空公司，公司在土耳其国内及周边中短途低价市场具有很大竞争优势，在融资租赁、衍生品交易及保函业务方面有合作需求。一是在融资租赁业务方面，P公司已与工银租赁建立了长期合作关系，在新冠肺炎疫情结束后公司规模有可能进一步扩张，在融资租赁业务方面有巨大合作空间，工银土耳其需要关注掌握客户动向，及时把握业务切入时机，适时与工银租赁合作扩大业务合作。二是在保函或备用信用证业务方面，该公司目前主要用于租赁合同下担保日常飞机维护和担保租赁款项按期支付，开立银行保函/

备用证，受益人为欧美大型航空公司，资信情况良好；一些保函用于公司购买航空航油等担保用途，受益人为新加坡和日本的大型公司，均为该公司长期合作伙伴，资信情况良好。三是在衍生金融产品方面，该客户参与外汇买卖，以及为大宗商品，如燃油进行套期保值等需求，工银土耳其是土耳其外汇市场做市商，完全有能力满足该客户需求，尤其在人民币清算和结算方面，是土耳其多数银行账户行，具有强大的优势。

解决方案

在分析客户需求和工银土耳其优势后，工银土耳其将突破重点放在保函和备用证业务方面。通过利用工银集团强大网络资源，以外外联动为抓手，为客户提供开往伦敦和新加坡的备用信用证服务。以快捷高效的金融服务、优惠的价格、便利的渠道以及作为担保人的良好信誉，逐步赢得了与P公司开展业务合作的机会，为P公司开展国际合作提供了更为广阔的市场空间。2020年1月至9月，P公司通过工银土耳其开立8笔备用信用证，涉及德国、英国和新加坡等多个国家和地区。P公司不仅成为工银土耳其贸易融资重点客户，良好合作伙伴，也为工银土耳其与集团在英德等相关国家加深合作创造了机会。

案例启示

工银土耳其2015年成立以来，始终立足本地市场，致力于打造稳健经营最佳实践银行，跨文化融合的名片。通过积极寻求与本地优质企业合作，目前土耳其前100强公司客户中已有75家与工银土耳其建立业务联系。工银土耳其在面对客户对金融产品需求“多、高、繁”的挑战下，成功与客户建立长期合作关系，为后续业务发展提供了宝贵的经验与启示：

完善产品业务线，提升综合金融服务能力。面对激烈的金融业竞争，产品和服务于前台营销部门而言即是“上阵杀敌”的“尖刀利刃”，也是工银土耳其本地化经营的核心竞争力。工银土耳其为P公司开立多笔备用信用证，涉及德国、英国和新加坡等多个国家和地区，采取外外联动的方式，充分体现了工银集团覆盖全球的海外网络平台优势，有效提升了客户的服务体验。中资银行海外机构在协助中资企业“走出去”开拓国际市场的同时，也立足本地市场“引进来”，深挖本地优质客户潜在需求，依托总行强大的实力和优势，走出一条“本地化”稳健经营发展之路。

案例3：协同联动，柳暗花明

摘要

T银行是土耳其出口信贷金融机构，该行隶属于土耳其财政部。工银土耳其交割以来一直与该行保持着良好的关系，通过研究工银集团政策和当地监管规定，在满足双边监管要求的情况下，在当地监管豁免单一客户风险敞口条件下为该政策性银行提高了授信额度，进而完成双边贷款和银团贷款合作，并通过资产转卖方式最终实现同业客户、海外分行及工银土耳其业务合作共赢的局面。该案例充分体现出工银土耳其在特殊时期转变经营理念、勇于攻坚克难的团队战斗力，也为更快更好地开拓工银土耳其中间业务市场提供了新的工作思路。在缓解信贷规模压力的同时，为同业资产业务带来新的增长点。

业务背景

T银行是土耳其国有政策性银行，主要支持土耳其出口行业发展，帮扶土耳其出口企业，当地政府对其进行重点支持。其主要资金来源是财政部通过增资和预算外资金转移以及通过从商业银行和国际金融市场借款而获得直接资金。通过短期、中期和长期信贷及保险和担保计划支持出口商、出口导向型制造商、国际承包商和企业增加外汇创收。该行在土耳其银行业中占据重要地位，资产规模在土耳其银行业中排名第九位。尽管该行大部分资金投资于出口行业，但不良贷款率仍远低于行业平均水平。

工银土耳其于2016年10月与T银行建立了代理行关系。工银土耳其在多次对该行的拜访及业务合作洽谈过程中，了解到该行对境外融资感兴趣且需求量较大。在确保严格控制风险的前提下，工银土耳其营销团队开始寻找、谋划业务合作点，通过深度、广泛合作，建立与土耳其银行同业中政府类银行长期稳定的合作关系，创造更好的利润回报。

解决方案

工银土耳其在成立初期就十分重视对该客户的关系维护，管理层带队多次前往T银行开展高层营销。借T银行筹措海外资金之机，开启同业双边贷款洽谈，经过多次议价最终完成两笔双边贷款协议签署，按照同期市场价格累计发放2.5亿美元3年期双边同业贷款。由于T银行是当时土耳其银行监理署豁免单一客户风险敞口的银行，加之土耳其国库署控股99%以上的股东背景，工银土耳其对其授信额度优于其他银行同业。通过全面分析和审慎判断，在前期合作良好基础上，2018年，工银土耳其作为牵头行之一参与该银行的优质银团贷款；2019年初，为其提供3.5亿美元3年期双边同业贷款，充分彰显了工行国际大行的形象与地位，保持了工银土耳其在本地主流同业市场的声誉和影响力。

为赢得更多的业务发展机会，腾出信贷规模支持更多优质资产投放，工银土耳其于2019年进行资产配置调结构，盘活存量资产，计划将T银行3.5亿美元资产通过备用信用证的形式转卖给工银澳门。结合该客户双边贷款业务存在着诸多特殊性：一是双边贷款金额较大、期限合理；二是以客户贷款价格高作为资产转卖他行的谈判条件虽有一定空间，但该资产项下贷款协议等合同文本均未按照工行格式文本确定，且文本语言是土耳其语，故工银土耳其在较短时间内完成资产转让操作有一定的困难。为此，工银土耳其董事长召集相关部门商议操作模式，并成立中土联合工作小组，上下联动，内外联动，强调在合规操作的同时，要特事特办，最终成功发送资产转卖报文并完成资金头寸入账。工银土耳其充分利用集团内网络资源优势，发挥兄弟行资金成本较低的优势，将业务利益在集团内最大化，实现了同业客户、兄弟行及工银土耳其三方共赢的局面。

案例启示

该案例为工银土耳其进入土耳其市场以来，针对土耳其政府类银行对接客户特殊化需求的一次有益尝试，成为工银土耳其交割以来单笔获取中间业务收入最多的同业双边贷款业务，实现了以中间业务竞争核心客户、以中间业务带动资产业务发展的新突破。后续工银土耳其在进行资产转卖业务时，积极与集团海外分行对接，了解每个需求的细节重点，充分发挥优势规避劣势，借助集团内规模较大、资金成本较低的海外分行之力，有效调控机构资产配比。该业务模式是一次规模约束下的业务创新，既缓解了信贷规模紧张的局面、盘活了存量资产规模、维护了同业重点客户的关系，又拓宽了中间业务收入渠道，是严峻形势下工银土耳其突破业务发展瓶颈的一次有益探索和创新。

案例4：开疆辟“土”，敢为人先

摘要

V银行是土耳其国有商业银行，按资产规模排名是土耳其第四大银行。在该银行同业双边贷款合作之前，土耳其银行的融资渠道主要以境内外银团和海外金融机构贷款为主。工银土耳其进入土耳其市场以来，立足现有资源禀赋，在众多银行竞争中探索寻找突破口，充分调研同业情况，认为同业主流银行实力相当、产品同质、手段相似、优势类同，因此避开了收效颇微的同质化竞争，利用工行集团和海外分行的资源，紧抓其竞争乏力的产品软肋，适时创新推出了银行同业双边贷款业务占领当地市场，不断拓展本地优质同业客户，稳步提升市场份额。近年来，银行同业双边贷款成为工银土耳其特色同业产品，在土耳其银行同业中产生了良好的示范作用。该案例为工行进入土耳其市场以来，首次通过对传统产品进行创新，以当地特色产品对接客户特殊化需求的有益尝试，并为工银土耳其业务发展提供了机会，带来较大的利润。该银行同业双边贷款书写了工银土耳其金融机构业务的历史新篇，积累了经验，增强了竞争力，进一步扩大了工银土耳其的社会知名度。

业务背景

V银行是土耳其国有商业银行，由财政部持有58.5%的股份，16.1%V银行养老基金和25.2%自由流通。该行核心业务根据其经济发展的需要，在利用基础资源的同时，以零售银行、公司银行、私人银行、外汇业务、货币市场业务，投资证券交易和国际银行为基础。土耳其V银行活跃于国际市场，通过非存款资金，通过银团贷款、欧债发行、未来现金流资产证券化（DPR）、担保债券、国际金融机构（IFI）借款和里拉债券等方式，提供多元化的资金来源。其重要资金来源是存款，其他资金渠道包括已发行的证券以及从回购交易获得的资金。该行以不同期限高回报的存款作为资金来源，并谨慎地将其用于高质量的金融投资。除存款外，该行最重要的资金来源是其股本以及从国外金融机构获得的中长期借款，侧重于较高利率的长期投资，通过确保资金和投资之间的平衡来实施有效的资产负债管理，以减少风险和增加投资回报。通过市场运作该行在货币和资本市场中就短期外汇风险、利率风险和市场风险进行各种头寸管理。借入资金包括具有不同利率和期限的银团和证券化贷款，在总负债中占比9.95%。

工银土耳其从交割之初，一直致力于考察和研究土耳其市场的特点及优劣势，根据土耳其银行体系完善、系统风险较低、本地融资成本较高及资金需求型市场等特点，借助V银行对长期资金有需求的业务机会，借鉴传统同业拆借模式，开发了银行同业贷款的业务品种，并通过实践论证了银行同业贷款在土耳其市场的可行性及竞争力。

解决方案

在金融产品同质化的今天，对一个进入土耳其市场不久的外资银行，要在当地市场分得一杯羹，难上加难。为使产品在客户心中唤起共鸣，工银土耳其在进入土耳其市场之初就以客户为出发点，想客户之所想，急客户之所急。工银土耳其高管层带队同土耳其V银行开展多次沟通，发现该行寻求在海外市场借入长期外币资金，但银行传统的拆借期限难以满足其投资期限和大额资金的需求。工银土耳其具有资金雄厚的总行支持、经验丰富的海外分行协助、模式成熟的海外簿记中心，通过扬长避短可以在同业竞争中赢得主动。在境外发展信贷业务，面临的市场环境、业务实现模式等与境内情况往往存在较大差异，因而针对首笔同业双边贷款必须制订详细的实施方案，如何在有效控制风险的前提下实现业务稳健发展是始终应当重视的问题。由于同业双边贷款协议首次对外签署，贷款条款涉及法律文本复杂而严谨，工银土耳其在法律部门审核的同时一同聘请了外部律师事务所，并针对涉及税务的事项逐一落实，确保了首笔银行同业双边贷款所有程序的合法性和协议的法律约束力，为贷款风险控制提供了有力的法律保障。同时，为降低业务资金成本，规避土耳其本地监管单一客户风险敞口的限制，工银土耳其发挥集团联动效力，在前期业务洽谈之际，与簿记中心共同研究该笔业务簿记的可行性。经多方通力合作，在2017年第一季度完成了首笔同业簿记贷款业务。同年工银土耳其作为银团牵头行之一参与其国际银团贷款，进一步提升了同业市场影响力。

案例启示

银行同业贷款产品是工银土耳其基于土耳其市场资金需求结合期限结构，为同业客户量身定做的一款产品，不仅解决了其较大的资金需求，也满足了资金期限和投资用途需求，更重要的是在当地银行同业市场产生了较好的"领头羊"效应。工银土耳其在与该行合作贷款业务的同时，还营销其开立人民币账户，进一步推广人民币、贸易融资等业务合作。工银土耳其与V银行的良好合作关系同时带动同业客户与集团内其他兄弟行多方面的业务合作；与工银标准联合营销V银行DCM、DPR、衍生品等业务，并成功完成该行2018年3亿美元债券结构性融资业务及2020年初7.5亿美元5年期发债业务，在原有合作基础上该行委托工银标准作为联合账簿管理人之一在市场发行最新DCM，实现集团共赢。

案例5：百花齐放，百家争鸣

摘要

I银行按资产规模排名是土耳其第二大银行，也是土耳其最大的私有银行。该行由土耳其国父创立，一直都是土耳其银行业的先锋和标杆，在土耳其银行业的地位举足轻重。工银土耳其以客户为本，以集团利益为先，通过对该竞争型优质客户成功营销，有效地储备了优质金融机构客户资源，并实现了客户价值的深度挖掘，不仅获得了可观的业务收入，同时实现产品交叉营销，更重要的是增强了业务竞争能力。标志着工银土耳其同业贷款业务从国有银行向私有银行的跨越，同时也实现了客户、资金提供行、簿记中心和工银土耳其的四方共赢局面。

业务背景

工银土耳其成立以来，一直面临本地银行的激烈竞争，经过深入市场调研和分析，定位以特色服务赢得市场和客户，把“匆匆过客”变成“常住人口”。土耳其实业银行作为本土最大的私有银行及土耳其主流大型金融机构之一，被工银土耳其列入重点目标客户名单。工银土耳其组成攻关团队，实施联动营销，团队协作，各尽其职，多次就双边贷款价格和期限进行商谈议价，最终成功与土耳其实业银行签订了双边贷款协议，继而受邀作为牵头行之一参与其国际银团贷款。通过实施贴近市场、贴近客户的营销服务，实现了增收创效。

解决方案

自工银土耳其的银行同业双边贷款在当地市场推出后，即受到土耳其银行同业客户的关注，土耳其实业银行也向工银土耳其抛出了橄榄枝，希望与其合作双边簿记贷款。在业务推介中除介绍工行资金池的优势外，还成功扭转了该行起初简单认为双边贷款只是为降低财务成本的看法，通过通盘分析和认真审视，工银土耳其认为如何在资金渠道有限的情况下找到低成本资金是关键。依托总行强大的资源网络，通过与多家集团海外机构沟通，最终从工行首尔分行匹配了合适资金。针对贷款协议的审核，工银土耳其协助客户与外部律师事务所多次沟通，确定贷款条款等各项细节，促成双方达成一致意见，高效完成相关协议文件签署，并于 2017 年 9 月通过簿记中心迪拜分行成功为该行发放 2.5 亿美元 3 年期双边簿记贷款。后续土耳其实业银行发出国际银团邀请，工银土耳其作为牵头行之一参与 1 亿欧元 1 年期国际银团贷款，考虑该笔银团金额较大，经过多次存款报价力促土耳其实业银行将 100% 存款保证金以质押方式作为该笔银团放款的前提条件，获得更优、更可靠的贷款保障，同时实现了存贷交叉营销。

案例启示

与土耳其最大私有银行的全面合作，充分展现了工银土耳其的核心竞争力，为银行同业市场的进一步发展奠定了坚实的基础。工银集团优势是营销成功的关键，该笔贷款不但标志着工银土耳其同业贷款业务从土耳其国有银行向土耳其私有银行的跨越，同时也实现了客户、资金提供行、簿记中心等的多方共赢局面。通过对该竞争型优质客户成功营销，有效地储备了工行优质金融机构客户资源，并实现了客户价值的深度挖掘，不仅获得了可观的业务收入，交叉营销见成效，更重要的是增强了业务竞争能力。对银行同业目标客户，营销人员能根据客户需求以及工行金融产品的特点制定营销策略，积极进行定向营销和交叉营销。一是稳定了该行在工行的日均存款；二是土耳其实业银行作为目标客户在工银土耳其开立了人民币账户；三是贸易融资合作加强，该行通过工银土耳其在信用证保兑、转开保函等方面业务合作加强；四是工银土耳其整体营销意识进一步增强。工行上下联动、部门间密切合作，同时在簿记中心及海外分行的支持下，在极短的时间内高质量完成了相关工作，展现了工行的高效综合服务能力。

案例 6：善用外智，善借外力

摘要

客户是银行价值创造的源泉，是所有产品和服务的最终归宿。为驻外使领馆提供优先优质服务，既是海外金融机构的政治责任，也是银行多元化获客渠道之一。工银土耳其交割以来，积极为中国驻土耳其大使馆、经商处提供业务服务，先后为其开立对公账户，办理代发工资，为馆员提供存款、贷款、汇款、结售汇、银行卡、电子银行等个人综合金融服务，业务覆盖范围广，进一步深化了双方合作。

业务背景

2017 年下半年，工银土耳其密切追踪使馆签证收费账户动向，通过前期业务调查了解到，大使馆签证收费账户开立在当地汇丰银行。由于近年来汇丰银行逐步收缩在土耳其的业务范围，网点大幅关闭，服务质量、效率下降，直接影响到大使馆签证收费代缴业务。正苦于无替代方案可寻之际，工银土耳其通过高层营销，成功为大使馆分忧解难，获得大使馆签证收费业务独家代理权，充分体现大行担当。

解决方案

业务营销过程中，工银土耳其针对中国驻土耳其大使馆通过汇丰银行办理签证收费代缴业务时存在的网点不足、对账烦琐、差错难找等问题，进行了大量的探讨与研究，向使馆推介了效率高、节省人力、方便对账的服务方案，得到了使馆的高度认可。2018 年 1 月，工银土耳其开始进入代理使馆签证收费代缴试运营阶段。2018 年 4 月，工银土耳其在中国驻土耳其大使馆举办了代理使馆签证收费业务启动仪式。中国驻土耳其大使、相关使馆官员、工银土耳其及部分中资企业代表出席了活动。中国驻土耳其大使在致辞中指出，工银土耳其作为第一家进入土耳其的中资银行，是中土金融合作的典范，代表着中土经济合作的新模式和新水平。从 3 个月的签证收费业务试运行来看，工银土耳其不仅能够满足签证申请人及中国使馆的需要，而且能够提供优质的服务。使馆肯定了工银土耳其的真诚合作和专业服务，希望把这项业务做得更好、更扎实，以便让申请赴华签证的各类土耳其人员在去中国之前就先行体验到中资银行的优质服务，激发土耳其工商界人士进一步了解中国并同中方开展务实合作的兴趣和信心。

案例启示

工银土耳其坚持以客户为中心，了解客户需求，把握营销时机，提供优质服务，是成功“挖转”他行客户的秘诀。不仅关注“开立银行账户”的传统意义客户，还关注“使用银行服务”的广义用户；不仅关注中高端客户，还充分挖掘长尾客户价值；不仅关注客户资产等存量数据，还关注客户动态交易行为；不仅关注客户即期收益贡献，还关注客户长远综合价值。工银土耳其能够成为唯一为中国驻土耳其大使馆开立签证账户的中资银行，离不开使馆的支持和帮助，也进一步深化了双方的合作关系，提升了服务品质，增加了有效存款来源和业务收入，产生了良好的经济和社会效应。

案例7：服务“一带一路”，践行大行担当

摘要

国内某机车公司Z是国有特大型企业，是一家以生产铁路机车、城市轨道动车为主的高科技企业，也是特大型国有企业C集团下属龙头企业。C集团是全球规模领先、品种齐全、技术一流的轨道交通装备供应商，主要业务覆盖铁路装备、城轨与城市基础设施、通用机电及物流贸易等领域。近年来，随着中国高铁的名片在全球市场受到广泛欢迎，Z公司生产的动车机车也逐步走向世界市场。Z公司很早就参与土耳其市场，先后参与土耳其伊兹密尔、安卡拉和伊斯坦布尔三大城市的轨道交通车辆项目，在土耳其市场上有良好的社会声誉。

工银土耳其交割以来，依托集团网络和网点服务优势，为“走出去”企业提供信息交流、标的筛选、引资撮合等服务，通过与境内分行共同协作，发挥集团内外联动优势，在Z公司项目立项投标，到中标、施工阶段，全程跟踪，与该公司保持密切沟通，凭金融服务最终赢得了与客户合作的机会。

业务背景

近年来，随着中国高铁名片在全球市场受到广泛欢迎，Z公司生产的动车机车也逐步走向世界市场。该公司秉承“五本”发展理念（本地化采购、本地化制造、本地化用工、本地化营销、本地化管理），不断赢得国际订单，增益出口国产业生态及民众福祉。该公司与土耳其关系源远流长，先后参与土耳其伊兹密尔、安卡拉和伊斯坦布尔三大城市的轨道交通车辆项目。随着与土耳其交通部合作不断深入，Z公司在土耳其市场存在以下金融服务需求：(1) 参与海外项目投标提供金融服务；(2) 为项目实施提供履约、预付款及付款担保；(3) 工程结算服务；(4) 金融咨询服务。

解决方案

工银土耳其成立以来，始终致力于为“走出去”中资企业提供优质金融服务。国内高铁企业是国家的一张亮丽名片，协助Z公司提供可顺利参与土耳其市场的金融工具是工银土耳其的责任。在研究客户需求后，工银土耳其与境内分行共同协作，充分发挥工银集团内外联动优势，积极跟踪Z公司参

与项目全过程，与客户保持密切沟通，及时提供保函文本和条款修改建议，并积极协助客户在工银土耳其安卡拉分行开立离岸账户。专业优质的金融服务，赢得了客户的赞誉和信任。2020 年 1 月至 9 月，Z 企业通过境内分行开立反担保函超过 5.5 亿里拉。不仅如此，该公司还在工银土耳其开立了离岸账户，用于土耳其及周边市场结算账户，给工银土耳其带来了存款和结算收益。

案例启示

工银土耳其一直致力于服务中资企业"走出去"，发掘贸易金融商机；依托集团平台优势，内外联动，做好中资企业源头营销，为深入推进"一带一路"建设作出贡献。海外机构作为工银集团国际化发展的"桥头堡"，首先，应紧随国家"一带一路"倡议，广泛参与中资优质企业"走出去"活动，积极发掘贸易金融商机，不断深入并促进两国间经济合作；其次，通过内外联动，做好中资优质企业源头营销，依托集团优势开展中资企业集团总部营销，提供一揽子同步金融服务，如项目融资、结算、担保、账户、汇兑等一系列金融服务，不但能深化合作领域，更是提升客户服务体验的好方法；最后，通过对中资优质龙头企业提供优质金融服务，展示了工银集团海外机构作为中资首选银行的地位，体现了工行在"一带一路"沿线重点布局的战略优势。

案例 8：因时而生，因市而兴，因势而变

摘要

交割以来，工银土耳其不断调结构、促发展，零售业务取得了长足的进步，站在了一个新的起点上。在工银集团"第一个人金融银行战略"部署下，提高认识，树立大局意识和全局观念，充分认识零售业务发展的重要性，对零售业务充满信心，用决心、恒心和爱心推动业务新的发展。同时，积极响应客户需求，不断拓展服务领域，加快产品创新步伐，助力客户在工银土耳其实现"一点接入、全生态响应、全功能服务"。

业务背景

在国家"一带一路"倡议下，越来越多的中资企业"走出去"，在工银

土耳其开户的中资企业员工数量大幅增加，往国内汇款的业务需求不断扩大，另外从事中土贸易和文化交流的本地公司及人员的中土汇款需求也比较旺盛。起初，跨境汇款只能通过传统的环球同业银行金融电讯协会（SWIFT）系统汇款通道完成，不仅成本高，且时效性差，客户体验不佳，工银土耳其因势而变，另辟一条汇款新通道。

解决方案

在充分了解客户需要和业务痛点后，中土直连汇款“CHINEX 项目”因时而生。该项目在总行国际业务部、信息科技部、产品创新管理部及运行管理部等多部门的鼎力支持下，设计方案得以顺利通过审批并实施。与此同时，工银土耳其相关业务及科技部门多渠道与土耳其当地监管及央行等机构沟通，确保跨境直连汇款项目合法合规。最终在总行信息科技部、软件开发中心及数据中心（上海）的帮助下，工银土耳其跨境直连汇款“CHINEX 项目”于 2018 年 2 月顺利投产，并成功完成首笔美元及人民币转账交易处理，充分实现了快速到账、低手续费、高安全性及多种增值服务等独特优势，突破了原有汇路的局限性，增加了中间业务收入，且进一步提升了工银土耳其综合服务能力和市场影响力。2020 年 1 月，工银土耳其成功升级中土直连汇款“CHINEX”功能，丰富了直连汇款支持的货币种类，目前，该产品支持人民币、美元、欧元、英镑和瑞士法郎 5 个币种，逐渐成为客户汇款至国内的主要渠道。中土直连汇款“CHINEX”投产以来，业务量逐年增加，2020 年上半年汇款数量较上年增长近一倍，其中 99% 的个人汇款通过直连汇款完成。

案例启示

急客户之所急，想客户之所想，深挖汇款痛点，攻克业务难点，推出专属产品，是工银土耳其零售业务取得长足发展的关键因素。中土直连汇款“CHINEX 项目”是工银土耳其首个与总行合作开发的关键业务应用项目，充分体现了本地团队与总行的协作能力，同时实现了工银土耳其核心银行系统与总行系统的直连，打通了总行系统到工银土耳其系统的“经脉”，是总行与工银土耳其间系统内外联动的里程碑式项目，为后续工银土耳其利用总行技术、平台及网络等资源优势实现“一点接入、全生态响应、全功能服务”的目标奠定了坚实基础。

案例9："一机在手、走遍全球；一机在手、尽享所有"

摘要

渠道是银行与客户的"触点"，是兵家必争之地，经由渠道才能把产品和服务送达客户。随着智能手机的日益普及，越来越多的消费者使用移动设备进行金融交易，金融科技时代的到来推动银行服务渠道的多样化。近年来，工银土耳其根据市场形势及时调整策略，积极优化渠道布局，一方面全力推进物理网点的整合优化，另一方面努力开辟线上获客、合作获客新途径，并将手机银行作为线上的核心入口，拓展服务广度、挖掘产品深度、提升品牌"亮度"，实现"一机在手、走遍全球；一机在手、尽享所有"。经过5年的发展，工银土耳其在产品研发和技术创新上不断发力，手机银行已成为个人和企业客户线上服务主要平台，以当地市场特色化场景为依托，不断升级网络金融服务，惠及更多个人用户，服务更多"一带一路"企业客户，争创土耳其本地网络金融业务领先银行。

业务背景

土耳其人口约8000万，平均年龄31岁，人口结构较年轻，对新技术的接受速度和需求程度较其他欧洲国家高。目前使用网上银行和手机银行的用户达到5000万户，其中，3800万户仅使用手机银行，800万户既使用手机银行和网上银行，只有400万户只使用网上银行。随着业务的发展，手机银行市场份额逐渐占据优势。

从全球趋势来看，随着智能手机的普及，手机已成为银行服务客户最为重要的媒介和载体，越来越多的消费者使用移动设备进行金融交易，金融科技时代的到来，推动银行服务生态开放化、服务智能化、交易全球化、创新自主化的变化。工银土耳其前身土耳其纺织银行在系统投入方面较少，系统基础较薄弱；且由于土耳其的监管限制，工银土耳其截至目前还无法使用工商银行总行的境外系统，需要投入更多的人力物力，开辟出一条金融创新之路。

解决方案

工银土耳其根据当地市场趋势及时调整策略，积极优化渠道布局，一方面全力推进物理网点的整合优化，另一方面努力开辟线上服务场景建设，坚持“科技引领，价值创造”，根据土耳其网络金融客户70%以上使用手机银行而非网上银行的特点，将手机银行作为银行重点平台精心打造。

为进一步丰富网络金融服务，向客户提供更优质、便捷的金融服务，加快海外零售业务特色化、企业客户便捷化创新发展，提升客户综合服务能力，在总行的大力支持下，工银土耳其利用自主研发的系统，于2018年成功投产新版手机银行。工银土耳其在总行的支持和帮助下，在苹果商店重新发布了工银土耳其换牌后的新版手机银行APP。本款手机银行APP按照总行集团企业形象管理规范对手机银行界面颜色、字体及相关显示页面进行了更新，新增了手机银行APP启动时的标准加载页面，并按总行规范及本地客户使用习惯对APP页面整体界面风格进行更新和美化。推出了手机银行英文版和土耳其语版，包括个人和对公两个版本的手机银行。在功能提供上，将客户日常使用的存款、汇款、信用卡、缴费、外汇买卖，以及证券子公司的基金服务、具有中土特色的CHINEX向我国境内直联汇款服务，以及客户“摇一摇”即刻联系客服的智能化功能均囊括其中。2020年10月，手机银行又进行了一次全面升级，将各项功能进行完善，增加非里拉本币间的外汇买卖功能、账户对账单PDF版下载社交转件转发功能、CHINEX和SWIFT汇款保存前20笔汇款信息等功能。

案例启示

一直以来，工银土耳其高度重视线上服务建设，新版手机银行的升级是加快智慧金融特色化创新发展的重要举措。自投产后，手机银行已承担全行70%的业务量。手机银行是市场、效率及科技的有机结合，体现了从功能提升、客户体验、风险控制等方面质的飞跃，推动银行向线上化、数字化和智能化转型发展奠定了坚实的基础。

线上线下一体化营销。在ATM机具有限、投入产出比不高的情况下，鼓励使用手机银行客户 ATM 机具跨行取款免费，适时推出手机银行客户跨行汇款免费、跨境汇款优惠等营销措施。充分利用分行资源，开展营销手机银行竞赛活动，按季度对手机银行推广的前三名先进分行及个人进行全行表彰。

精准营销。每季度对网上银行而非手机银行的客户进行筛选，并进行短信营销，提升手机银行客户数。在营销过程中，工银土耳其积极关注、吸收本地客户以及中资企业、使领馆客户的跨境业务需求，探索适合中土客户的场景设计和功能研发。

案例 10：金融朋友圈，营销零距离

摘要

零售业务的特点是工作量大、见效慢，但长期来看，对于全行持续稳定发展具有战略意义。零售业务要适应市场变化和客户需求，以金融科技为引领，坚持市场导向，加强产品和服务创新，便利客户。要聚焦高端客户、集团批量客户、种子客户、移民客户等重要客户源，主动为客户匹配产品和服务。零售业务要做好标准化产品，批量推广，为客户提供“一站式”服务，节省客户时间，提高工作效率。

业务背景

土耳其地跨亚、欧两大洲，是东西方航运、陆运的重要节点，人口超过 8000 万人，年龄中位数 32 岁，是全球发展最快的新兴经济体之一，也是我国“一带一路”倡议的重要合作伙伴。近年来，中国游客逐年增加，2019 年达 60 万人次，经土耳其国际转机的中国乘客达百万人次。微信支付随着中国游客的脚步覆盖了越来越多的国家和地区，土耳其作为欧洲与亚洲的天然连接和中转，具有良好的收单业务市场发展潜力。

解决方案

工银土耳其持有商业银行、投资银行和资产管理全牌照，现拥有 39 家分行，网络覆盖土耳其经济和银行业活跃地区，开办银行卡发卡和收单业务，是当地唯一办理零售业务的中资银行。2019 年下半年以来，工银土耳其多次

赴深圳腾讯公司，与微信境外团队商讨在土耳其开展微信支付收单、促销宣传、商户拓展等合作事宜，在前期阶段性成果的基础上，就下一步工作目标和计划措施达成共识，通过新型支付业务抢占中国游客跨境消费市场，进而提升市场竞争力。一是完成了微信机构号、微信公众号的业务资质申请，以及与当地监管部门的沟通申请；二是工银土耳其对伊斯坦布尔、卡帕多西亚、安塔利亚、费特希耶等中国游客热门旅游地区进行市场调研，营销重点商户，储备商户资源；三是与微信支付境外团队通过多种形式沟通、分享和培训，加快系统研发和对接；四是完成了本地商户的微信机构号注册、系统测试、业务上线和营销推广工作。2020 年 7 月，工银土耳其与腾讯公司、伊斯坦布尔新机场免税店对外联合宣布土耳其首家微信收单业务正式上线，成为土耳其当地第一家微信支付收单银行；2020 年 8 月至 9 月，工银土耳其在伊斯坦布尔、安卡拉、伊兹密尔、布尔萨等最主要城市中餐饭店推广微信支付收单业务。2020 年 10 月，工银土耳其与卡帕多奇亚、棉花堡、费特希耶等知名旅游景点的热气球、滑翔伞公司开展微信支付业务合作。此外，工银土耳其与微信境外团队加强合作，整合双方宣传渠道和促销资源，线上引流和线下广告并重，扩大工行在中东欧地区的收单业务影响力。

案例启示

唯有业务创新才能形成突破发展。工银土耳其与微信支付业务的合作，是一次创新基因的注入，撬动了广大客户对银行品牌的“认同感”与“情感共鸣”。中资企业强强联手，协同出海，共同开拓土耳其收单市场，必将成为“一带一路”中资企业合作的又一典范。工银土耳其以微信收单业务为切入点，继续深挖客户的综合金融服务需求，不断深化银企合作，实现工银土耳其业务转型和客户营销的同步推进，有利于抢占更多的优质客户和市场资源，成为客户的首选银行和满意银行。

3. “一带一路”首选银行之路——新发展格局，三点发力

当前，全球正处于百年未有之大变局中，国内经济迅速复苏，“一带一路”建设持续推进，中土两国关系迈上新台阶，以国内大循环为主体、国内国际双循环相互促进的新发展格局趋势初现。近年来，工银土耳其在圆满完成2018—2020年战略任务的基础上，制订了2021—2023年发展规划，围绕高质量共建“一带一路”倡议，通过拓展海外机构布局、获取多功能执业牌照、持续优化产品服务以及加快国际人才培养等举措，全方位满足符合“一带一路”倡议要求的境内外客户多元化融资需求。运用“三比三看三提高”的工作方法，优化网点布局，积极储备项目，提升金融服务，加强集团协同，为服务新发展格局与推动“一带一路”建设作出表率与贡献。本章分析了工银土耳其致力于打造“一带一路”项目首选银行的具体案例，深层次探讨了中资银行开拓“一带一路”市场的优劣势、机会与风险，并从顶层设计、统筹推进等方面，提出银行业布局“一带一路”倡议的战略思考。

3.1 大局担当——提升“一带一路”建设的全价值链服务能力

为推进“一带一路”建设，国内金融机构纷纷择机而动，通过主动设点、走线、联网和布局，充分发挥金融资本在“一带一路”建设推进过程中的引领作用。中国工商银行作为国际化程度最高的商业银行之一，更是因时而动、因地制宜，深刻领会新发展格局的丰富内涵，认真落实“支持实体经济，就

是支持银行本身”的责任担当，在“大客户跟随战略”和“总分行一体化战略”指引下，利用其全球化及多元化的平台优势，持续打造“一带一路”资金融通的主渠道、主干线、主动脉，助力“一带一路”建设再上新台阶。

夯实信贷资产质量，深化“三道口”“七彩池”管理。树立全周期经营理念，开展资产质量“123”攻坚战，实现信用风险管控提质进位。把握风险化解的窗口期，统筹考虑信贷和非信贷、表内和表外，用好拨备资源，加大处置力度，加快风险出清，做到应核尽核，为长期可持续健康发展夯实根基。截至2019年6月末，工银土耳其表内外信贷余额合计22.57亿美元（不含簿记业务），较交割日增加10.68亿美元，增长89.82%。其中，表内贷款余额14.45亿美元，较交割日增长68.21%；表外信贷余额8.12亿美元，较交割日增长146.1%。簿记业务从无到有，目前规模达到19.82亿美元。信贷的行业布局不断优化，金融及租赁行业信贷余额占比52.54%，批发和零售业、旅游、服务业贷款占比下降至5.32%，钢铁行业贷款占比下降至0.21%。大型客户、高信用等级客户占比持续提升，A到C高信用等级客户，信贷余额占比已达33.32%；成功与本地前100强客户中的70家建立业务联系，为其中40家开户，27家核定授信。不良贷款余额和不良率持续“双降”。

扩大公司金融业务战果，发挥“领头羊”作用。按照“三比三看三提高”的工作方法，对标先进，依托创新，着力提升市场竞争力，锁定“一带一路”跨境融资重点客群，抓好资源、电力、基建、装备、资产融资、跨境并购等领域大客户营销、大项目落地。争揽牵头行、账户管理行、委托代理行资格，拓展存款、结算业务，经营管理稳中有进。2020年上半年，工银土耳其与土耳其前100强客户业务合作不断深化，公司业务累计发放现金贷款14亿里拉、非现金贷款1.2亿里拉；其中为飞利浦土耳其提供9000万里拉流动资金贷款，为土耳其Petrol Ofisi公司提供1.7亿里拉流动资金贷款，为土耳其航空公司发放7500万欧元贷款；为Vakıf保理、QNB保理、ING保理等非银行金融机构提供5亿里拉流动资金贷款。目前，本地前100强大集团客户的风险敞口为42.34亿里拉，相比交割日增长16.8倍，余额占比约为60%。已审批待发放项目包括Botas公司地下天然气储库，Borusan集团100兆瓦风电、Guris集团地热、黑海集团电船，Arkas集团港口、上海电力 EMBA 燃煤电站等。中资企业开户量过百，完成前八大本地银行双边贷款，成为本地大银行的主要合作伙伴，稳步拓展有中央财政担保的非银行类金融机构客户。截至 2020 年末，国际结算业务量达到 110.20 亿美元，同比增长 22.87%；贸易融资业务量达 6 亿美元，同比增长 231.58%。

发挥牌照优势，大力推动商投联动、公私协同。积极发挥“商行 + 投行”的综合牌照优势，大力推动商投联动、公私协同，努力打造形成个人端、公司端、机构端流动闭环，在 62 家同业中，证券子公司投行收入排名第二，ROE 排名第七，净利润排名第十一，连续 3 年被土耳其资本市场协会评为“最佳投资银行”。经纪业务方面，活跃客户数量完成全年目标的 92.76%，融资融券余额完成全年目标的 80%，股票交易量完成全年目标的 81.29%，衍生品交易量完成全年目标的 42%。投资银行业务方面，牵头承销土耳其财富基金银团贷款 10 亿欧元，参贷 3 亿欧元，实现承销费收入 150 万欧元；参与 TKD 水力发电银团项目，参贷 5000 万欧元，实现前端费 100 万欧元；向中国电建推荐 AYDIN 市至 DENIZ 市公路建设项目及风力发电项目，协助中资企业与当地企业形成竞标联合体；向总行投行部推荐潜在并购项目，并在总行的指导下发挥协同优势，推动项目落地。

为“一带一路”倡议项目提供融资支持

工银土耳其交割以来，积极落实国家“一带一路”倡议，专门设立了负责中资客户跨境业务的部门并建立了服务中资客户的机制和业务流程，大力支持中资企业“走出去”。

2015 年 9 月，招商局国际有限公司与中远太平洋有限公司、中投海外直接投资有限责任公司组成联合体收购了土耳其 K 码头 65% 的股权。该码头是土耳其第三大集装箱码头，地处地中海、黑海咽喉要道，位于“丝绸之路经济带”和“21 世纪海上丝绸之路”上，发展潜力巨大。工银土耳其为 K 港口运输公司发放运营贷款 4000 万美元，有力支持了该公司的经营发展，得到企业和中国股东的赞誉。这是工银土耳其首次为中国在土最大投资项目——K 港口运输公司发放融资，也是工银土耳其大力落实国家“一带一路”倡议、积极支持中国企业“走出去”的具体实例。

全面落实集团“第一个人金融银行战略”，创新发展零售业务。要适应市场变化和客户需求，以金融科技为引领，坚持市场导向，加强产品和服务创新，便利客户。要聚焦高端客户、集团批量客户、中资客户、移民客户等重要客户源，主动为客户匹配产品和服务。零售业务要做好标准化产品，批量推广，为客户提供“一站式”服务，节省客户时间，提高工作效率。服务渠道要坚持做好手机银行等线上服务渠道，通过“网点+手机银行”来拓展服务半径。通过“公私联动”、电子银行渠道等获客方式，上半年新增活跃零售客户 7500 户，活跃零售客户总数达 5.86 万户，占零售客户总数的 27.55%；截至 2020 年上半年，零售存款达 51 亿里拉。创新推出移民金融服务和定活两便存款产品，有效提升分行竞争力。

坚持风控强基，着重信用风险管控。把风险防控放在更加突出位置，既抓顶层规划设计，又抓分类精准施策。修订更新重点信贷制度，加快总行信贷管理制度的本地化；实行总部集中审批和信贷集体审议机制，发挥中土专家治贷优势；结合总行行业政策和本地市场调研，适时调整相关政策，规范信贷审批体系，切实防范实质风险；明确贷后存续期管理职责，规范贷后管理，加强信贷监测，开展“从严治贷”检查工作。建立不良贷款责任追究机制，按照总行要求严格开展不良贷款责任追究工作扎实推行信贷档案集中管理。截至 2019 年 6 月末，已完成伊斯坦布尔地区 22 家分行、447 户公司客户信贷档案的集中归档。通过现金清收、以物抵债、批量打包处置等多种清收处置方式，尽快消化不良资产。

着力流程再造，完成运管体系构建。如何贴近市场、贴近前台，形成中后台为前台、前台为客户的大服务格局，值得重视和研究。一是深入推进机构改革。聚焦运营管理核心职能，剥离行政管理职能，把以业务处理为主的 3 个部门整合为运营中心，同时设置负责运营管理条线统筹的运营管理部。二是前移运营风险防控关口。研究、制定本部运营管理员工的量化考核指标体系；制定分行运营团队考核管理办法，细化考核标准，规范指标口径及数据来源；定期开展分行运营管理检查，加强对分行运营管理的督导。三是启动核心平台项目推广。配合科技团队开展对核心平台的业务应用分析和评估。

强化全面风险管理，抓好合规及案防工作。坚持“未雨绸缪、见微知著、亡羊补牢、举一反三”，按照“主动防、智能控、全面管”原则，压实三道防线责任，落实管理细则，完善“全球、全员、全程、全面、全新、全额”的风险管理体系。一是加强风险管理“三道防线”建设。重新梳理部门（分行）职能和岗位说明，明确风险管理责任，完善“三道防线”建设的具体要求，各单位主要负责人作为第一责任人，应切实履行合规风险控制的最终责任。二是完善风险管理机制。对接总行风险管理框架，明确董事会、管理层下设的风险管理委员会职责；将原管理层下信用风险委员会、市场风险委员会和操作风险委员会调整为管理层下设风险管理委员会的子委员会。三是不断完善合规和反洗钱控制体系。将洗钱风险纳入全面风险管理体系，重点加强反洗钱日常监测和分析，及时报送可疑监测报告，定期开展涉敏业务专项检查和甄别质量抽检，严控涉敏业务合规风险。四是坚持风险导向，做好重点领域的审计工作，加强与总行、监管及外审沟通，逐步提高审计发现的整改完成率。

3.2 精准直达——服务“一带一路”建设的 SWOT 分析

商业银行作为国民经济的命脉，在“一带一路”建设中起着重要的支撑作用。面对各种机遇与挑战，工银土耳其在厘清自身优劣势后积极应对、主动出击，以更加多样化、差异化的方式参与其中，为自身发展赢得了更多的成长空间。

3.2.1 优势分析

多元化平台服务优势。工银土耳其是土耳其首家中资营业性金融机构，也是伊斯坦布尔证券交易所上市公司，持有商业银行、投资银行和资产管理全牌照，下辖 39 家分行、20 家证券业务营业部，有员工 850 余名。2015 年 5 月交割以来，工银土耳其抓住中国“一带一路”倡议对接土耳其“中间走廊”计划的机遇，按照“立足本地，辐射周边，联通欧亚”的定位，以打造“‘一带一路’项目首选银行”、“中资元素领先银行”和“稳健经营最佳实践银行”为目标，认真落实总行“48 字”工作思路，运用“三比三看三提高”工作方法，准确把握“大、全、稳、新、优、强”发展方位，坚持战略思维和底线思维相结合，以“战略引领，从严治行”的工作要求为指引，充分发挥工银集团优势，积极支持中资企业“走出去”“一带一路”重大项目落地、实施，推进本地化经营，服务土耳其实体经济，受到中土两国相关政府机构、当地社会及企业的广泛赞誉。

人民币国际化专业优势。人民币国际化是我国的一项重要部署，具有鲜明的时代特征，在加快形成以国内大循环为主体、国内国际双循环相互促进的新发展格局下，工银土耳其充分认识到自身发展与国内的经济形势密不可分，进一步加强对国际、国内、土耳其本地形势的分析研判，察实情，出实招，以人民币业务发展为契机，扎实“松紧带”，创造条件做好“一带一路”金融服务。工银土耳其交割以来，一直致力于开拓和发展人民币业务，助力人民币国际化进程。土耳其市场上，人民币业务量从无到有，逐步发展。2020 年，工银土耳其人民结算量为 6. 493 亿元，较 2019 年增长 62% 。在土耳其市场逐步接受人民币，结算业务有所起色后，工银土耳其投入发展同业间人民币清算业务。目前，工银土耳其在总行、工行卢森堡分行和新加坡分行共开立 3 个人民币清算账户，同时，经大力营销，现有 14 家土耳其银行同业在工银土耳其开立了人民币清算账户，其中有 8 家是总资产排名前十的银行，有 2 家是主权类机构。进而，在总行的大力支持和帮助下，顺利完成中土货币互换协议项下首笔大额人民币放款，标志着中土货币互换协议日趋常态化，进一步巩固了工银土耳其在土耳其市场人民币业务的“领头羊”地位。

3. 2. 2　劣势分析

金融深化合作有待加强。基础设施互联互通是“一带一路”倡议的基础内容和优先领域，随着“一带一路”倡议的推进，必将撬动沿线国家大批基础设施项目建设，对资金的需求会激增。受制于沿线国家经济发展水平较低、资本市场和金融体系发展相对缓慢、跨境金融合作层次较低等因素，资金缺口巨大衍生出的资金来源问题成为“一带一路”倡议实施的“痛点”。由此可见，单单依靠信贷资金的参与，远不能满足全部的资金需求。在这种情况下，作为商业银行，只有积极发挥自身网络渠道广泛的优势，主动对接多方资源，将商业金融与开发性金融、政策性金融紧密结合、优势互补，才能形成支持“一带一路”建设金融方面的强大合力，汇成“一带一路”金融合作的宏大交响乐。

国际化人才培养有待提高。“一带一路”沿线国家众多，历史文化、风俗习惯、语言文字、宗教信仰等不尽相同。而工银土耳其对于有关地区的特色研究尚不够深入，缺乏必要的数据库和与之配套的金融产品，也缺少一支专业人才队伍作为支撑，难以有效推动“一带一路”倡议的实施。今后，应重视外语人才的储备，尤其是土耳其语等小语种人才，以利于提高海外机构与当地的沟通服务效率；同时，也要高度重视专业化人才队伍培养，建立一整套涵盖员工全职业生涯周期的能力素质培养体系，让广大员工的理论水平、专业能力、实践本领跟上国际化发展步伐，以利于对“一带一路”发展机遇与应对策略开展深入研究，包括国别风险、投融资环境、监管模式等，并有针对性地开展金融产品创新、定价工具开发以及综合化金融服务方案制订等。因此，工银土耳其要重视“一带一路”倡议的国际金融研究，不断充实“一带一路”银行专业人才队伍建设，储备一批具有扎实功底、实战经验和创新能力的国际化人才，打造国际化经营的中坚力量。

3.2.3 机会分析

全面的业务发展机遇。“一带一路”建设涉及方方面面，主体多、国家广、金额大、结构复杂，在设施联通、贸易畅通以及资金融通领域蕴含着一系列金融服务机会，这也为工银土耳其带来了推进业务全面发展的机遇。一是贸易金融业务。锁定“一带一路”跨境融资重点客群，抓好资源、电力、基建、装备、资产融资、跨境并购等领域大客户营销、大项目落地。争揽牵头行、账户管理行、委托代理行资格，拓展存款、结算业务。因地制宜探索并推动人民币闭环流转，把握政策机遇，以智能化平台等新技术为重点，提供丰富实用的贸易金融产品，在“一带一路”沿线区域主动作为、大展身手。二是综合化金融服务。依托传统的跨境融资、债券承销等投融资服务优势，积极探索对基金、投行、保险等业务领域的渗透和融合，为“走出去”和“引进来”企业提供信息交流、标的筛选、引资撮合等服务，助推产业格局升级改造和产业链日益完备。三是投行资管业务。运用“商行＋投行”模式，为客户提供商业银行、投资银行及基金等多样化跨境金融服务，充分满足客户在资产配置、现金管理方面的资管需求，为“一带一路”建设贡献更加便利的投行资管金融服务。

经营转型发展的推动。“一带一路”建设引领了中国新一轮改革开放，加速了经济转型进程，也推动了商业银行的转型发展。工银土耳其应积极尝试经营由内向外、由表及里的改革探索，拓宽非利息收入来源渠道，深耕非存贷业务领域，推动实施“一带一路”经济转型与银行经营转型的双轮驱动战略。通过实施“大资管”经营管理，强化公私联动营销，加速“智能化”业务流程，提升线上线下服务水平，推进子公司和海外业务转型等举措，努力培育资管转型等新兴优势，倾力打造“服务‘一带一路’”的金字招牌，争取在“一带一路”转型发展的棋局中抢得先手。

金融创新能力的提升。如果把“一带一路”比作经济腾飞的翅膀，资金融通就是助力腾飞翅膀的血脉经络，而金融创新则是打通血脉经络的能量。特别是“一带一路”项目涉及不同来源的资金和不同类型的资本，其投资取向和对风险的承受能力存在较大差异，原有的传统金融运作模式已难以满足项目的融资需求。对此，工银土耳其必须把握市场形势，洞悉科技趋势。以敢为天下先、敢为人先的锐气，打破思维定式和路径依赖的局限，以金融创新为先导，通过对筹资途径、服务模式及合作机制等多方面的改造，灵活务实地找到适合自身的创新转型之路，提升整体的核心竞争力。

3.2.4 风险分析

政治环境方面。2018 年，土耳其总统制顺利推进，土耳其政局保持了相对稳定的状态，土耳其政府对外发布了2019—2021年新经济计划，着手解决经济发展及社会民生问题，为在土企业创造一个相对稳定的外部经营环境。从国际及土耳其周边环境看，土耳其成为整个中东区域局势、叙利亚危机的重要博弈者。美土之间关系的缓和，以及土耳其与欧盟关系的改善，均有利于土耳其的经济发展。但不容忽视的是，当前土耳其周边局势仍十分复杂，地缘政治错综复杂，周边政治经济走势仍存在较大的不确定性。工银土耳其在获益于规模外扩和市场外拓的同时，也需要审慎应对较高的信用风险。在支持中资企业“走出去”的大背景下，如何识别并动态跟踪国家信贷风险，是实施“一带一路”建设的必要前提。

3.3 结论与启示

面对“一带一路”这片对外贸易和投资增长的蓝海，中资商业银行应放眼全球、把握机遇，在总结前期服务“一带一路”建设实践经验的基础上，凝聚共识、创新机制、统筹布局，做到从战略规划定位上提升设计的高度、从金融服务本质上拓宽定位的跨度、从综合能力优化上强调管理的精度、从风险防范基础上把控监测的准度，在服务好实体经济的同时，实现自身的转型发展，推动“一带一路”建设行得更稳、走得更远，为中国及全球经济的发展提供持续而强大的动力。

提升战略设计的高度：视野决定格局，战略把控全局。工银土耳其在“一带一路”倡议规划方面，从顶层设计入手，实现纲举目张，从机制、服务、创新、人才等层面破题，统筹协调集团资源，最终形成涵盖总体构想、实施方案、配套措施、制度法规、产品服务等多方面内容的《“一带一路”综合金融服务方案》。其中着力突破三重壁垒：一是资金融通的壁垒。在做好常态化基金、投资以及专项授信等融资的基础上，灵活开展资金多边融资、资产负债交易、跨币种风险规避等服务；加强与各国际金融机构的多边合作，消除融资壁垒，更好地发挥开放金融在“一带一路”建设中的作用。二是跨境支付的壁垒。打造业务“直通车”，推动以互联网支付、手机银行支付等为核心的金融支付渠道，打破跨境支付壁垒，创造跨境结算的便捷性。三是人民币国际流通的壁垒。充分发挥金融机构的载体作用，逐步提高贸易金融中人民币的份额，为人民币跻身全球主要国际货币行列提供充足的动力，成为支撑人民币国际化的金融生力军。

拓宽金融服务的跨度：拓宽服务渠道，创新服务方式。工银土耳其支持“一带一路”建设，须从金融服务的本质出发，合理定位跨度，在金融服务的广度和深度上做文章，显著提升自身的竞争力。在具体行动上，首先要持续开展科技金融创新，挖掘金融服务的深度。工银土耳其要积极投身科技金融转型，将互联网、人工智能等技术广泛地应用到金融服务领域，实现科技与金融的相互融合，创造新的业务模式、新的应用、新的流程和新的产品，实现金融创新与“一带一路”建设的深度融合，赢得“一带一路”倡议所催生出来的巨大市场。一是发展金融科技服务，使产业链更具活力，让资金下沉到产业链上下游的中小微企业，进一步提高行业效率、降低成本，服务新实体经济；二是大力发展以人工智能为代表的新技术、新系统，重构“一带一路”金融服务底层架构，在投资和经贸合作中找到广阔的应用空间；三是构建准确、高效的数据体系，广泛收集客户和市场信息，形成完整的客户信息视图，运用大数据管理为客户精准“画像”，提供“一带一路”量体裁衣式的金融定制服务；四是积极发展“互联网+金融”的商业模式，在风险防控、精准营销、集约管理等方面引入信息技术，以数据共享、流程衔接、业务协同为重点，增强各渠道联合作战能力，实现线上与线下的有机结合，提高“一带一路”金融服务效率。

突出综合管理的精度：金融的本质是服务，服务实体经济是其存在和发展的原动力。致力于“一带一路”建设，工银土耳其必须充分发挥自身国际化、多元化的竞争优势，构建“博采众长、兼收并蓄”的综合服务平台，为“走出去”企业提供整合于一的全面服务，为“一带一路”建设注入持续发展的动能。首先，在客户服务层面，应针对“走出去”企业的不同发展阶段，着眼于每个阶段的不同服务重点，为其提供包括商业银行、投资银行、债券以及保险等全周期服务，设计契合客户需求的交易撮合和信息咨询等融智服务，充分发挥金融服务的桥梁和向导作用。其次，在人才建设层面，应加快专业人才的培养和境外战略人才储备，通过轮岗、培训等形式，培养一批具有国际金融视角、海外工作经验的高端人才梯队，并进一步健全考核奖惩、资源配置等激励机制，充实和完善专业人才的储备，使之成为国际化经营的中坚力量。

把控风险防范的准度：强化全面风险管理，经营发展行稳致远。在国际关系错综复杂、国际经济秩序和规则面临重大变革的大背景下，“一带一路”倡议的实施面临前所未有的复杂性和艰巨性。因此，工银土耳其能否把控风险防范的准度，将在很大程度上决定经营的成败。“安全性、盈利性、流动性”是商业银行经营的基本准则。在支持“一带一路”建设的过程中，工银土耳其必须把这一可持续发展原则贯穿于日常决策和经营全过程。一是厘清土耳其国家风险特点，增强风险缓释能力。加强与当地监管机构的联系沟通，跟踪研究沿线国家金融法规和监管政策，及时获得土耳其区域发展与风险信息；应采用差异化区域发展战略，建立健全金融监管合作和危机协调的应对机制，增强风险分散和缓释能力，规避经营网点优化和业务开展中可能面临的风险。二是加强国别风险管理，健全风险监测体系。应密切关注土耳其国家情况变动，定期发布国别风险报告，构建国别风险评级机制，切实防范国别风险带来的潜在冲击；对国家风险较高、市场影响力大但风险可控的重点项目，实行特殊国别风险限额核定，探索国别风险压力测试流程、风险测算模型，不断完善国别风险监测管理体系。三是完善跨境风险防范，落实风险管控主体责任制。在开展跨境业务时，工银土耳其要全面把握沿线国家的监管要求，将合规经营理念充分渗透进金融服务全流程，制定风险监测预警应急处置指引，完善对境外项目的风险监测、评估和压力测试工作机制，及时预警、防范和化解风险。四是打造风险系统管理平台，实行全方位风险监控。应通过信用记录监测、操作环节管控等手段，搭建信息化、电子化的风控体系，实行全方位风险监控，有效规避各类风险。

案例1：土耳其A燃煤电站项目

项目背景

B公司“十三五”期间的海外发展目标是逐步完善在孟中印缅、中国—中亚—西亚、中巴等六大经济走廊的市场布局。作为F集团的海外平台，E公司根据集团“‘十三五’期间，在海外再造一个E公司”的战略，从2013年开始海外项目拓展，主动“走出去”，着眼于国外电力市场。土耳其E发电公司是由B公司专为建设土耳其A燃煤电站项目设立的项目公司。该项目位于土耳其南部地中海沿岸阿达纳省，距离首都安卡拉约500公里，主要建设内容为2台660兆瓦级超临界锅炉燃煤机组，同步建设脱硫脱硝装置与场外运煤码头等，年发电量约858万兆瓦时。项目已开工，建设期约4年，总投资约18.04亿美元，其中自筹资金4.23亿美元，占23.4%（其中资本金比例20%）；银团贷款13.81亿美元，由C银行牵头组建银团，与D银行共同参贷，工行承贷不超过1.64亿美元，其中工银土耳其5000万美元，贷款期限15年（含宽限期4年）。

案例分析

该项目为中国在土耳其的最大投资，业务启动难度大，各方协调成本高，工银土耳其整体跟踪营销时间超过4年，期间随着土耳其股东持股比例的不断减少或退出，逐步形成由B公司控股并担任总承包、设备进口、安装调试、融资主体的全中资元素项目。在组建银团的过程中，由于借款人股东始终不同意提供担保，多家参与融资的中资机构对信用结构难以达成一致。最终在多方反复沟通研讨、集思广益的共同努力下，以“滚动信用证+股东阶段性保证担保”等创新模式实现突破。工银土耳其发挥本地银行优势成功争取到银团担保行、账户管理行、一般成员行3个角色。

在内部审批过程中，由于土耳其团队并不了解中资企业和中资机构的实力和经验，对业务期限、价格、增信措施等提出大量问题，并没有直接认同牵头行的审批。为此，工银土耳其员工发挥出重要的业务推动作用，不仅对不同业务部门作出大量解释和说明工作，且严格按照国电投集团制定的时间表，统筹协调加速银团审批进度，确保在规定的重要时间点完成首笔提款。

经验措施

工银土耳其能够成功参与此次银团贷款，除具有网点渠道优势和本地项目经验外，更多的是主动出击、积极作为，在悉知土耳其E发电公司的贷款需求后，即开始着手准备相关工作，多年深入调研，广泛联系同业，全面搜集资料，为取得贷款各项委托资格打下坚实基础。

加强与企业沟通。指定本地两家不同网点成立专门服务团队，分别为E发电公司伊斯坦布尔总部及项目所在地阿达纳两地提供全方位服务，通过积极与企业沟通，提前收集材料并上报总行，邀请总行及同业专业小组进行调查、评估，在贷款审批前确定银团贷款融资方案。

加强与总行沟通。在项目建设之初，工银土耳其即向总行汇报并邀请总行对项目发起调查评估；在项目的前期搭桥贷款审批过程中，密切跟踪审批环节，配合总行审批；在项目获得审批后，积极协助总行收取各类费用并完成付息，使搭桥贷款投放顺利进行。

加强与同业沟通。在筹建大型项目银团的过程中，主动与同业介绍土耳其本地项目信息，积极分享工银土耳其的工作思路和调查重点，充分发挥各家机构资源优势，多次召开视频/电话会议，不分时差研究到深夜，大胆创新突破，集思广益克服各种难题，形成互补合力。

该项目符合国家“一带一路”倡议和F集团“走出去”发展战略，有助于引导国内优势和富余产能跨出国门，提升在相关国家的市场份额和影响力。同时可利用B公司自身的火电技术及发电效率，降低项目运营边际成本，提升项目盈利能力。据了解，本项目是土耳其最后一个颁发发电许可证的进口燃煤电站，在土耳其起到了重要的引领作用。

案例2：K集团M水电站私有化项目

项目背景

K集团创立于1926年，于1986年1月10日在伊斯坦布尔证券交易所上市，是土耳其规模最大的集团公司，也是土耳其唯一入选全球500强的公司，在若干行业中扮演“领头羊”角色。集团积极活跃在4大核心商业领域：能源、汽车、耐用消费品以及金融行业。集团还积极投资食品、旅游、IT和海洋等产业。工银土耳其锁定该目标客户，主动出击，积极营销，成功为该集团旗下电力公司水电站私有化项目牵头提供银团贷款，该银团贷款总额2.6亿美元，当地多家主流商业银行参与其中，工银土耳其主要牵头该项目的外汇贷款部分。该项目荣获2018年国际并购与项目融资领域多项大奖。

案例分析

截至2019年，贷款方面，工银土耳其给予该集团3亿美元总授信，除水电站私有化项目贷款3400万美元以外，还为该集团旗下位列土耳其前五大银行之一的Y银行提供2.5亿美元双边贷款，A汽车金融公司提供总额为3亿里拉的流动资金贷款，金融租赁公司提供1000万美元流动资金贷款，本地最大的白色家电商L和最大电子消费品零售商S开立4.1亿里拉信用证；存款方面，该集团旗下本地最大石化公司T近年在工银土耳其的平均存款余额逾2亿里拉。同时，逐步扩大该集团在工银土耳其使用现金管理、汇兑、石油大宗商品对冲以及代发工资和个人金融等综合金融服务，对该集团的全产品、综合化服务不断深化。

经验措施

重合作，银行从“竞争”走向“竞合”。银团贷款的核心理念是合作，合则共赢，分则俱损，参与机构在银团贷款的各个步骤及决策过程中都必须进行充分的沟通，各参加行根据牵头行提供的信息备忘录进行独立的判断和评审而作出贷款决策，这是银团能够组成的最根本基础。同时，也要求银行分工合作、优势互补，并引入外部评估师、律师团、监理师等参与项目评审和贷款管理，促进银行从“竞争”走向“竞合”，提高配置信贷资源的效率。

缓释风险，权责分明。银团贷款以“信息共享、独立审批、自主决策、风险自担”为原则，参贷行量力而行，缓解、防范和控制对一家企业大规模集中授信所带来的各类风险。在满足不同企业的资金需求、降低其融资成本的同时，强化了对企业信用风险和银行内部操作风险的监督。此次银团贷款的参贷行根据各自的风险偏好和评估重点，分别独立地对K集团的信用状况和财务实力进行了评估，一方面防止客户利用信息不对称以及银行同业间信息沟通不畅而获得远远超过其自身承担能力的授信；另一方面通过各成员行的联合评估更有效地掌握了K集团的资信状况，使贷款决策更加科学，有效提升了对客户的风险控制。在贷款份额承销方面，牵头行和参加行可以通过调整在银团中的承销份额管理信贷投放，且各银行只对自身承诺份额具有贷款义务，对其他银行的贷款份额没有任何责任和义务，这样权责分明的方式有利于控制银行的贷款集中度和行业分布，降低信贷资产的风险。

案例3：B公司地下天然气储库项目

项目背景

B公司成立于1974年，隶属土耳其国家能源部，是土耳其最大的国有能源公司，也是土耳其经营效益最好的企业之一，年经营收入超过80亿美元，经营范围包括石油天然气输送、天然气储存、天然气贸易等行业，为土耳其78个省提供天然气供应，搭建了土耳其重要的国家油气管道网络，有力保障国家能源安全，在相关业务中具有明显的垄断优势。工银土耳其高度重视与B公司开展业务合作，管理层多次走访能源部及B公司，表达合作共赢的意愿，并于2018年12月17日为B公司核定最高授信额度2.5亿美元，其中贸易融资类额度0.5亿美元、项目专项授信额度2亿美元，全部用于Golu盐湖地下天然气储库以及Silivri地下储气库扩建项目，期限5年。同时，与土耳其财政部签订贷款担保协议，担保涵盖借款人在贷款协议中的所有贷款本息。

案例分析

由于B公司是一家为公众创造福利的公司，它在制定价格时不以盈利作为首要目标。同时，在石油和天然气价格出现波动时也起到了“调节器”的作用，因而在某些特定时期该公司整体财务表现一般，甚至亏损，但总体上可以通过土耳其财政部的现金注入而迅速得到改善。本次申请的2亿美元贷款期限不超过5年，专用于扩大现有的天然气储存设施。项目总成本在25亿~30亿美元，公司计划注入10%~20%股本金，剩余的资金缺口则通过积极寻求银行融资来解决。通常情况下，该公司与银行合作均为无任何抵（质）押物（多为“信用”），但考虑到本次项目的重大战略意义，土耳其财政部同意通过法律途径担保公司债务视同为国有企业来处理。因此，结构风险关键因素在于公司整体的盈利能力及土耳其财政部的支持力度。本笔业务将土耳其财政部签订的保证协议作为最重要的担保，是放款的前提条件，土耳其财政部的担保效力以及出现潜在风险后如何执行和处置成为研究重点，调查发现财政部的合作银行高达 17 家，并曾与世界银行的其他项目也签署了类似协定。本着审慎性原则，工银土耳其选派熟悉英国法律的第三方知名机构作为本次项目的顾问专家，主要用于：（1）拟定工银土耳其与 B 公司签署的贷款协议；（2）工银土耳其与土耳其财政部签署的担保协议，包括但不限于本次交易担保的有效性和法律依据。

经验措施

抢占业务“制高点”。要做好客户拓展和市场规划的顶层设计，提升“本部大脑”的战略管理水平和战术支援能力。自 2017 年 11 月 21 日始，工银土耳其负责人陪同能源部及 B 公司有关人员正式拜访总行，与专项融资部进行了业务商讨；2017 年 12 月 27 日，拜访土耳其能源部，转达工行总行专项融资部对合作谅解备忘录（MOU）的修改意见；2018 年 1 月 16 日，工银土耳其拜访土耳其能源部，明确业务合作的方向，推动业务合作取得实质性进展；2018 年 5 月 3 日，陪同土耳其能源部及 B 公司再次拜访总行，双方集团高层会面，明确进一步加强合作的意愿；2018 年 7 月 26 日，工银土耳其与 B 公司于土耳其首都安卡拉签署了金额不超过 12 亿美元的合作备忘录。

重点行业、重点企业、重点项目。天然气属于民生行业，在过去 10 年中实现了稳健增长，由于土耳其的产量很小，几乎完全依靠进口来满足需求，而 B 公司作为国有天然气贸易和输送公司在进口、分销、销售和定价方面具有一定的垄断权利。本项目的目标是加强土耳其的能源供应安全，使其天然气来源多样化，满足土耳其政府计划在 2023 年前将土耳其的地下储存能力增加三倍、提高土耳其基础设施高峰需求管理和安全运行天然气输送系统的能力的要求。

集团联动，全球匹配资源。由于土耳其财政部主权担保的生效条件是融资金额全部来自海外，工银土耳其为此立即在集团范围内展开全球高效联动，向总行国际部、专项融资部、资产负债管理部等汇报工作思路、协调高层互访及申请贷款规模，与集团内兄弟行设计业务结构、合作模式，讨论欧元资金价格，最终在集团内各机构的共同努力下，为土耳其国家级重点项目发放1.75亿欧元融资，实现多方共赢，并得到土耳其财政部及B公司的高度赞扬。

值得一提的是，随着工行总行与B公司的多次成功互访，并于土耳其首都安卡拉签署的金额不超过12亿美元的合作备忘录，以及工银集团独家1.75亿欧元项目融资的投放，两国主流媒体均有相关一系列采访报道。鉴于该项目对土耳其保障国家天然气供应安全具有重大的战略意义，该笔业务的顺利完成标志着在“一带一路”框架下，中土两国关系进入了实质性合作的新阶段。

案例4：安卡拉N高速公路项目

项目背景

安卡拉N高速公路是连接土耳其西北部和东南部地区建设330公里的高速公路，该项目被认为是土耳其2023年愿景规划的先驱项目。土耳其交通部于2016年12月启动了该项目的投标程序，包括建设、运营和转让。指定公司已获得特许协议，并于2017年8月与土耳其交通部签署了总投资金额为4031055531土耳其里拉的实施合同。指定公司计划通过不同的银行贷款安排共筹集12亿欧元，期限13年。为快速落实融资目标，土耳其政府部门同意部分贷款纳入财政担保。2017年下半年以来，工银土耳其在掌握指定公司负责安卡拉N高速公路项目的消息后，立即启动营销跟进，在S信贷的牵头下，与土耳其几大主流银行及国际信保公司组成银团，积极探索土耳其财政担保项目融资模式。历经半年多的艰苦努力，与客户、政府部门、银团牵头行、各参贷行、律师事务所、保险公司、技术评估公司、衍生交易合作行、簿记中心、资产中心、资金提供行等多方进行了充分而大量的沟通，顺利完成相关审查审批手续，成功投放6881万欧元。工银土耳其高效完成该项目银团贷款的投放，赢得了客户及土耳其交通部的一致好评。

案例分析

该项目是工银土耳其自2015年交割后参与的首批国际大型金融机构牵头银团，也是银团中唯一的中资背景银行，首次合作中彼此尚不熟悉，在日常工作节奏和沟通中出现问题，由于客户两次没有在约定的银团贷款协议签约时间内按照预沟通的签约条件及时向工银土耳其发送最终协议法律文本，其他参贷行在未与工银土耳其商量的情况下瓜分工行参贷份额，导致该笔业务一度中止。后经工银土耳其重新艰苦谈判，成功挽救。本笔业务是工银土耳其2017年度收益最高的项目之一，预测能为工银土耳其未来几年带来可观收益，土耳其本地工作团队联合外派员工为实现工银土耳其利润发展，在与各方的谈判中不断争取工银土耳其利益。为保障利润收入及分配依法合规，进行了大量的研究和沟通，完善各类文本，参与会议谈判至凌晨，为“最后一公里”经济效益转化付出大量心血。

经验措施

管理层高度重视，积极开展高层营销。由于该项目由土耳其交通部提供最低车流量担保，业主实力较强，项目模式合理，经济和社会效益显著。管理层高度重视，将该项目作为重点项目之一予以积极支持，多次与土耳其政府、业主及境内外机构等多方进行高层沟通，为项目的进展给予信心和鼓励。工银土耳其充分发挥项目融资专业经验，全力推动项目谈判、调查研究、银团会议和集团簿记等各环节流程；同时，分行认真履行作为业务发起行和对客户服务第一线的职责，在安卡拉分行和伊斯坦布尔总部两地的共同努力下，各项工作得以完善落实。

规范化运作，高标准完成银团组建。严格遵守国际银团组建的标准流程，积极参加银团成员行召开的银团筹备会，及时反馈关于银团邀请函、贷款条件清单、保密协议、银团信息备忘录等正式银团文本。在银团成员行确定后，按时参加银团组建推动会，共同商议银团文本内容、统一银团提款条件。在银团组建完成后，工银土耳其作为成员行，主动向银团其他成员行分享重要信息，努力克服各种困难，确保银团流程一致。

发挥平台优势，高效匹配资源。面临贷款条件高、时间紧的压力，工银土耳其作为重要银团成员，充分发挥大行优势，利用工银集团全球平台优势，第一时间在系统内匹配资金、簿记等各类资源，快速完成了银团的组建。该业务受财政担保项下法律条件所限，全额资金须从海外行借入并簿记迪拜，工银土耳其千方百计与集团内各境外行联系谈判落实长期资金的借入，与迪拜分行、香港资产中心等簿记机构多轮次对接沟通簿记审批事项，与项目各参与方及机构频繁往来确认每一个细节，各方联动推动签约最终落地。

案例5：土耳其K集团500兆瓦光伏产业园项目

项目背景

土耳其K集团500兆瓦光伏产业园项目于2019年10月24日签约，合同金额超1亿美元，由中国A公司为项目提供涵盖拉晶、切片、电池、组件的500兆瓦全产业链交钥匙工程以及配套的工艺技术、人员培训，拟将项目建设成为具备国际一流水平的示范标杆，推动土耳其光伏领域研发能力的提升，助力土耳其新能源产业的发展。该项目是土耳其国家经济转型发展的重要项目，是中国A集团推进“一带一路”建设的重点项目，也是该集团推动光伏装备、产品、技术、标准、服务等“走出去”的全产业链交钥匙工程。

案例分析

中资企业首次参与土耳其全产业链光伏项目，中方高管及工人在公司成立初期大量咨询土耳其行业政策、宏观经济、汇率、融资、跨境汇款等各类问题，作为本地经营的银行要耐心仔细提供解答，无法解答的问题推荐常年合作的会计师事务所、律师事务所及税务机构加入。项目现场300名中国工人只会中文，而目前工银土耳其产品和服务都是双语（英文/土语），造成客户在使用工银土耳其个人零售产品过程中遇到不少困难。工银土耳其为此专门设计了电子银行中文使用手册，截图详细分解操作流程，并由网点分行负责首先指导客户关键员工掌握。

经验措施

把握先机，早营销，早收获。为掌握营销先机，工银土耳其在项目启动初期便开始对筹备中的中国A公司土耳其分公司进行重点跟踪，利用平时工作及周末时间与企业负责人定期见面沟通，及时掌握公司管理层、员工变动及工程进展情况，提前准备工银土耳其年报以及公司开户、项目融资、零售、网点等的宣传资料，并根据客户的实际需求重点介绍工银土耳其代发工资、网上银行、跨行ATM取款免手续费、CHINEX独家系统跨境汇款优惠、信用卡等各项业务的优势。

践行“以客户为中心”的服务理念，赢得信赖。公司正式成立后，积极协助客户完成资本金注册登记、法人变更及授权书公证、推荐律师事务所及税务机构，在项目所在地距离市区较远、大量员工不方便前往网点办理业务的情况下，主动提供上门服务，前往现场解决员工在使用工银土耳其手机银行、网上银行、信用卡等业务过程中遇到的各类问题。贴心周到的服务得到了客户的信任与肯定，该企业主要负责人明确表达了要与工银土耳其展开全面合作的意愿。

A集团土耳其分公司是工银土耳其重点营销的个人零售业务客户之一，工银土耳其通过交叉销售，公私协同的方式使外国个人开户数、中资个人开户数和中资个人网银客户贡献度占比大大提高。经过多年的深耕细作，中资企业开始陆续中标土耳其各类工程项目，与此同时，工银土耳其的金融服务也在当地中资企业中树立了良好的口碑，努力发挥中土经贸合作桥梁和纽带作用，成为当地“中资元素首选银行”，推动共建“一带一路”倡议走深走实。

案例6：土耳其装机容量最大的E地热发电项目

项目背景

E地热发电项目的股东G集团，成立于1958年，是土耳其本地的大型集团之一，在建筑、地热、水坝、轨道交通、港口等领域表现活跃，拥有超过

60 年的行业经验。该集团也是本地最大的汽车零部件生产商，85% 的产品销往欧洲、中东和非洲。截至 2019 年，累计拥有 30 家关联公司和 7000 名员工，覆盖沙特阿拉伯、迪拜、俄罗斯、乌克兰、罗马尼亚等国家和地区，合作客户含多家国际知名公司，以及土耳其政府等。该集团凭借其投资控股公司现已成为土耳其领先的可再生能源电力供应商，总装机容量为 828 兆瓦。

案例分析

2019 年，工银土耳其重点参与了土耳其装机容量最大的 E 地热发电项目 3.5 亿美元银团贷款的发放，其中参贷份额 3000 万美元。该项目整体收益好，利息高，扩建的工厂不仅适用于土耳其 YEKDEM 优惠机制，确保公司生产出的电力可在规定商业运营期内以固定的保底价格（10.5 美元/兆瓦）销售给土耳其政府；此外，还享有土耳其地方性激励政策，在 YEKDEM 优惠机制有效期内的前 5 年以更高的价格（11.8 美元/兆瓦）销售电力。该项目有效缓解了本地用电高峰期间的能源短缺问题，为土耳其经济健康可持续发展提供了动力，为土耳其政府推进的新能源战略转型作出了突出贡献。

案例启示

把行业做“绿”，践行“绿色信贷”。工银土耳其作为重点“一带一路”国家的中资营业性金融机构，肩负着“一带一路”建设的使命，责任重大，使命光荣。在信贷项目的选择上，始终严格遵守总行绿色信贷政策，积极支持绿色经济、低碳经济和循环经济领域授信业务，对绿色信贷有限配置资源，引导审批资源、信贷资源向绿色金融业务倾斜，逐步提升绿色信贷占比。在客户准入与选择中，积极寻找业务机会，重点跟进包括港口、公路、风电、地热、水电等优势项目，加强储备并优先保障信贷资源，努力实现经济效益、社会效益“双提升”。

4. 最佳投资银行之路——银证合作，“合则共美”

近年来，工银土耳其全面贯彻总行各项战略部署，认真落实“48 字”工作思路，运用“三比三看三提高”工作方法，准确把握“大、全、稳、新、优、强”发展方位，坚持战略思维和底线思维相结合，以“战略引领，从严治行”的工作要求为指引，推动投行业务治理现代化，实现投行业务稳中向上发展。积极发挥商行加投行的综合牌照优势，大力推动商投联动、公私协同，努力打造个人端、公司端、机构端流动闭环，积极推动以公带私、以私促公、统筹联动、协同发展。连续三年被土耳其资本市场协会评为“最佳投资银行”。

4.1 证券公司基本情况

工银土耳其的投资银行业务主要通过其下设的证券公司开展。证券公司前身成立于 1996 年，初始注册资本 12.5 万里拉。经过多年的发展，证券公司以自有盈余逐步实现规模扩张，经过 4 次增资，至 2014 年 6 月累计增资达 2500 万里拉。工银土耳其成立后，为进一步扩充证券公司的资本实力，提高市场竞争力，于 2017 年增资至 7600 万里拉。截至 2020 年末，证券公司注册资本为 7600 万里拉，公司股东结构如表 4.1 所示。

表 4.1　　证券公司股东结构表

股东名称	持股份额（土耳其里拉）	持股比例（%）
工银土耳其	75998480	99.998
自然人 Ragip Akin	760	0.001

续表

股东名称	持股份额（土耳其里拉）	持股比例（%）
自然人 Nuri Akin	760	0.001
总计	76000000	100

注：自然人股东为公司创始人，所保留股份为家族纪念股。

目前，证券公司下设 20 家分支机构，员工 94 人，其中，总部 60 人，营业部 34 人，遍布土耳其主要城市。总部共设置 13 个部门，分别为内部审计部、风险部、内控部、操作运营部、会计部、资金交易部、行业研究部、投资基金交易部、人力资源部、行政部、科技部、销售交易部（国内、国际部）及投资银行部。公司组织架构见图 4.1。

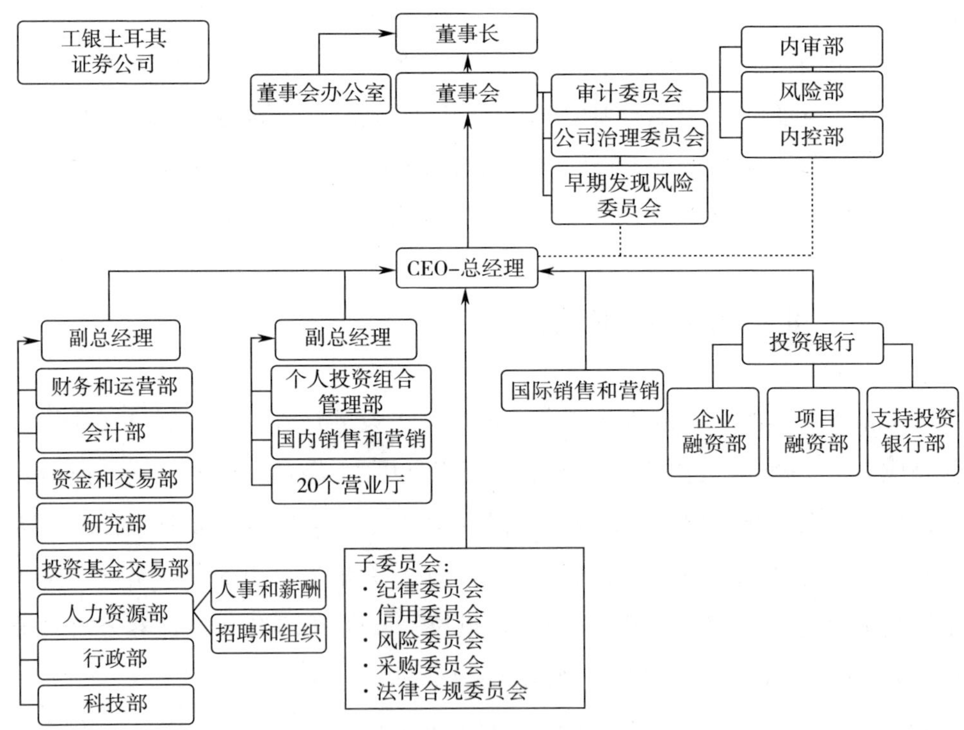

图 4.1　公司组织架构

4.2 证券公司主要业务

证券公司持有土耳其资本市场 A 类经营牌照，可开展证券经纪业务、融资融券、投融资、并购重组财务顾问、债券承销、银团贷款牵头分销及首次公开募股（IPO）保荐承销等业务。交割前，公司业务主要集中在证券经纪业务，并构成收入的主要来源；交割后，经过一系列整章建制、人才队伍建设、集团协同效益的发挥，公司业务收入来源更加多元化，收入结构持续优化，市场竞争力进一步增强。证券公司主要业务结构如图 4.2 所示。

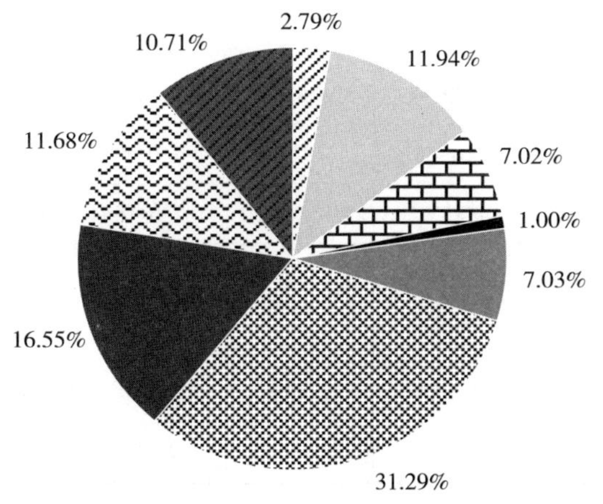

注：因四舍五入，百分比加之不为 100%。

图 4.2　2020 年业务收入结构

4.3 证券公司经营情况

交割前，证券公司主要以股票经纪、股票质押融资等业务为主，拥有财务顾问、债券承销、银团贷款、IPO 等资本市场投行牌照；交割后，财务顾问、银团贷款、债权承销等业务有了进一步的发展，证券投行业务收入稳中向上发展。

表 4.2　　证券公司 2015—2020 年的经营情况表　　单位：土耳其里拉

项目	2015 年	2016 年	2017 年	2018 年	2019 年	2020 年
损益						
总收入	18712322	24984159	46826438	61941621	80992670	92751458
保证金融资利息	5735234	4821552	7875947	13740564	13595708	14594374
经纪费	8134939	6789329	10735849	10738869	9200985	28506153
总支出	15266744	19607279	25450357	35655458	37796777	53198592
税前利润	4482451	6748713	21376081	26286163	43195893	39552867
净利润	3445578	5376880	16829473	19961691	33517743	30856728
资产负债						
总资产	116405032	196116670	520998924	596559483	935110064	798326587
保证金贷款余额	55624690	47997041	40679557	53492668	44691792	66990169
交易量	39882953987	18999698899	16453529566	21385168551	21825041594	77732861617
股东权益	30756822	34604665	56011499	114719014	148304294	160890213
指标						
ROE	10.57%	14.18%	17.76%	17.40%	22.60%	19.18%
收入支出比	82%	78%	54%	58%	47%	57%

由表 4.2 可见，2015—2020 年，证券公司全口径收入分别为 1871.23 万里拉、2498.42 万里拉，4682.64 万里拉，6194.16 万里拉，8099.27 万里拉，9275.15 万里拉，年均增长率 66%。净资产收益率由 10% 持续提升至 20%，年均增长率 16%。与市场同业相比，证券公司收入居同业第四名；与集团内成员贡献度相比，收入贡献度持续攀升，在 39 家境外机构中居第九位。得益于整合后集团协同效应的逐渐显现，新的业务模式带来全新的业务增长点，市场影响力不断增强，盈利能力呈现持续上升的趋势。

证券公司 2015—2020 年 ROE 的变化如图 4.3 所示。

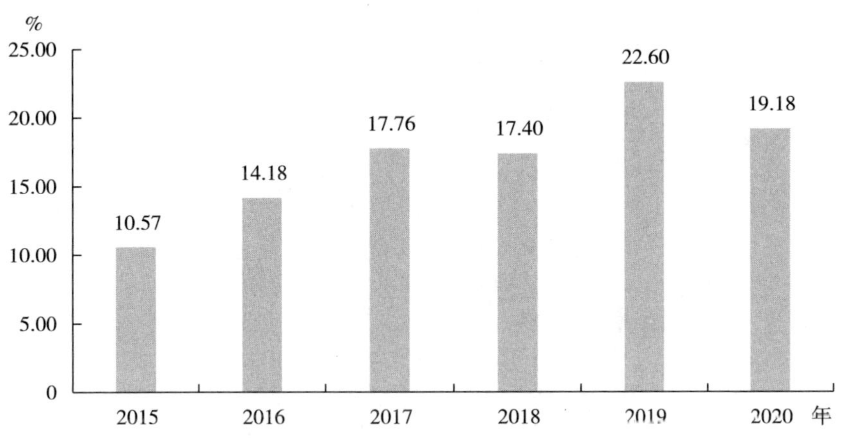

图 4.3　证券分司历年净资产收益率

4.4　证券公司主要经营业绩

4.4.1　新增项目融资顾问业务

2016 年，证券公司打破单一业务模式，首次尝试以项目融资顾问的角色与国际某金融机构合作，参与基础设施项目融资 9000 万欧元，项目融资顾问费收入可观。同年，参与土耳其首笔绿地项目债券融资。通过与集团内相关机构合作，顺利完成 3500 万欧元债券投资，逐渐在市场上形成一定的影响力。随后，以顾问的角色，协调参与多个具有市场影响力的重大项目，包括土耳其卫生部列为 PPP 名单内的医院融资项目、土耳其达达尼尔海峡大桥和高速公路项目等，赢得了客户、同业和监管的高度认同。

4.4.2　牵头同业银团融资

2017 年，证券公司首次牵头分销土耳其某著名同业银团贷款 11.5 亿美元，产生良好的市场效应，同时赢得了另一家金融同业的银团牵头委任，再次成功分销 13.5 亿美元。迄今为止，证券公司成为上述两家金融同业首选的银团牵头分销商。基于良好的合作关系，衍生出未来欧债承销的业务机会，使证券公司的客户结构进一步优化。2018 年 8 月，土耳其里拉危机后，证券公司成功牵头筹组首个土耳其某大型金融机构银团，充分保障了客户的资产流动性，也彰显了工银集团强大的筹资能力。随着市场影响力的不断扩大，证券公司获得为中国某国有企业成功收购土耳其东南 10 兆瓦光伏电厂提供并购顾问服务的资格，这也是证券公司的首笔并购业务。

4.4.3 创新衍生产品线

在加快构建以国内大循环为主体、国内国际双循环相互促进的新发展格局部署下，把打造国际化综合化新生态作为工作发力点，以人民币业务发展为契机，持续聚焦产品创新，创造条件做好“一带一路”金融服务。证券公司应势而变推出人民币里拉外汇期货合约产品，这是伊斯坦布尔交易所首次设立的标准化外汇交易合约，旨在推动人民币国际化及增强人民币作为避险工具的意识。截至 2020 年，累计交易量达 4.63 亿元人民币，当前月均交易量 323 万元人民币，较产品设立之初月均交易上涨 29%。考虑到中土贸易往来的日益加深，人民币里拉外汇期货合约将迎来蓬勃发展，证券公司拟在资本市场委员会允许的框架内，进一步研究投产人民币场外交易产品，如人民币期权、远期合约等，打造具有市场统治力和影响力的明星产品。

4.4.4 发展主权机构客户

近年来，证券公司持续深耕本土市场，市场影响力逐步增强。通过主动营销的方式，首次获得土耳其某主权机构银团贷款融资牵头行的角色，为包括美、英、法、荷、日等 8 个国家的 10 个国际银行提供 10 亿欧元融资，并与客户建立了密切的合作关系；同时，协助该客户拜访了中国多家大型国有金融机构和主权投资机构，促成其与某大型金融机构签署全面合作了解备忘录，进一步深化了中土两国的合作关系，同时赢得了更多的业务机会。

4.4.5 拓宽电子交易渠道

土耳其排名靠前的证券公司动辄有八九百家营业部，经纪业务主要依靠传统的交易渠道。相比之下，工银土耳其证券公司在全国重点城市共设 20 家营业部，如果仅仅依靠传统交易渠道，显然不具优势。因此，为增加业务收入，增强市场竞争力，证券公司积极拓宽电子交易渠道，通过提供高品质的客户投资顾问、资讯推送服务，提升获客、活客能力。截至 2020 年 6 月末，电子渠道交易量持续上升，在 293.72 亿里拉的股票交易量中，占比 72.36%，较上年增加 12 个百分点；交易产生手续费占比 48.98%，较上年增加 13 个百分点。

4.5 结论与启示

交割以来，证券公司收入结构持续优化，盈利能力显著增强，同业排名不断上升，这一系列良好的发展变化得益于工银土耳其管理层对市场的深刻认知和卓越的整合管理理念。

“大”格局，当好“领头羊”。交割 6 年来，工银土耳其认真贯彻总行“大投行”战略，制定“打造综合化国际化的投资银行业务平台”愿景，持续投行团队建设，充实资本实力，优化服务体系，增强商投联动、公私协同发展能力，加快形成与工行全球地位和影响力相匹配的投行业务国际化发展格局，实现证券投行业务收入稳中向上发展。

“全”方位，画好“同心圆”。围绕总行党委“全牌照经营、全链条服务、全客户拓展”的发展思路，建设第一个人金融银行、境内外汇首选银行、提高战略性区域竞争力等战略重点任务，工银土耳其全面提升客户服务能力，持续打造公司、机构、个人三端流动闭环，进一步促进规模、质量、效益的协调发展。

充分发挥熟知本地市场、行业政策、法律、税收的优势，积极为业主寻找合适的并购标的，设计可行的交易方案。通过商投联动、投贷联动，实现了并购标的选择、收购融资等“一站式”综合化服务，使投行顾问收入与商行贷款资产规模实现协同增长。

树立全面落实“第一个人金融银行战略”的决心，坚持金融科技引领发展的恒心，守护支持零售业务拓展的爱心。着眼证券公司与银行零售业务部共同的个人客户目标群体，采取联合营销、交叉销售等方式，丰富与满足客户的金融需求，进一步增强了客户黏性，提高了双方的获客与活客能力。例如，证券公司投资银行部在为当地企业提供基础设施项目建设融资服务的同时，为降低融资风险，结合对借款人的投保需求，与零售业务条线开展交叉销售，促成零售业务部成功营销在建项目保险代理服务业务。又如，零售业务部发挥客户网络优势，依托代理销售保险、基金、养老产品等业务，与上游养老金管理公司等建立密切业务关系，成功营销土耳其费内巴切足球俱乐部和瓦基弗银行排球俱乐部养老基金管理业务，扩大了资产管理公司的基金管理规模，提高了中间业务收入，同时获得两家养老金相关保险的代理资格，实现联合共赢。

"新"生态，搭好"孵化器"。面对同业庞大的机构数量优势，简单"摊大饼"式的增加营业机构显然不是明智的选择。因此，管理层聚焦提高营业部网均效益，打造线上金融服务主阵地，通过大力投入金融科技，持续优化电子交易渠道和客户服务体验，进一步优化科技布局，培养各机构的科技素养。鼓励一线员工积极参与系统和产品的体验及评价，促进提升科技研发与管理，实现市场竞争力的提升。

"强"基业，树好"高标杆"。坚持"人才兴业"的原则，重视队伍建设，打造一支素质高、能力强的干部队伍。交割以来，证券公司采取内部培养与市场招聘相结合的方式建立起一支涵盖重组并购、债券承销、银团牵头分销、项目融资顾问业务的专业化投行团队，其优势在近年的大型项目运作、市场营销与竞争中得以充分发挥。同时，为促进商投联动模式的可持续发展，建立收入共享与成本分担激励机制。收入方面，证券公司对于通过银行转介绍建立的客户关系，此后交易产生的佣金按 5∶5 分享，对于具体负责转介绍的银行员工奖励该客户前 3 个月交易佣金的 10% ；成本分担方面，由证券公司与银行共同分担营业机构房租、水电等运营成本。上述人才培养及激励机制极大地激发了员工的积极性与贡献度，为持续扩大市场影响力打下了坚实基础。

案例 1：土耳其 E 医院 PPP 项目债券合作簿记投资

摘要

土耳其 E 医院是土耳其卫生部主导的 PPP 医院项目之一，其社会资本参与主体系土耳其大型企业 R 集团，为降低建设融资成本，项目发起人在卢森堡设立特殊目的载体（SPV）作为发债主体，发行 20 年期欧元债券，并由 MIGA（世界银行集团下属的多边投资担保机构）承保国别风险，这种结构安排及增信措施确实降低了融资成本，但同时也限制了投资主体范围，由于 MIGA 承保，土耳其投资者不能参与投资，但作为交割不久的工银土耳其，急需通过聚焦大客户、大项目赢得市场认可，经过与总行相关部门及境外资产业务中心的密切沟通，最终通过债券簿记投资的方式实现了对 R 集团融资的有利支持，进一步密切了与客户的合作关系，因为该债券是土耳其首笔绿地项目债券，因此也赢得了极高的社会荣誉。

业务背景

土耳其埃拉泽（Elazig）地区人口年均增长 2.6%，现有的医院由于医疗设施和空间的限制已不能满足人口增长所需的医疗服务，为改善该地区医疗服务条件，土耳其卫生部批准兴建 E 医院。该医院地处土耳其东部，为建设该医院成立了专门的项目公司 Z 卫生投资公司，该医院建设项目是土耳其卫生部列入政府购买的 29 个医院服务项目之一，建成后将有 1038 个床位，服务土耳其第四医疗保健区约 160 万人口，覆盖 4 个省。E 医院项目是土耳其政府购买服务计划之一，因此得到了各级政府的支持。由于建设的复杂程度较低，且运营风险较小（该医院取得收入主要源于卫生部稳定的里拉拨款收入，而卫生部的拨款具有通货膨胀和汇率保障机制），因此医院整体建设运营风险可控。医院建设总成本 4 亿欧元，由高级债券 3.2 亿欧元，股东借款 6000 万欧元及权益资本 2000 万欧元组成，融资与资本金比例为 8:2。

由于土耳其属高利率国家，相比贷款而言，优势企业采用境外发债方式融资具有成本优势，因此 E 医院选择在卢森堡设立 SPV 作为债券发行人，发行总额为 3.2 亿欧元，债券期限 20 年，债券由穆迪和惠誉两大机构进行评价，评级结果分别为 Baa2/Baa3 级和 BBB/BBB - 级，债券价格为 3 个月期欧洲银行间欧元同业拆借利率（EUR）+345 个基点，100 个基点前端费，债券的最终还款来源为卫生部财政拨款；由于当时土耳其的局势，国际评级机构均下调了土耳其主权评级，为了提高本笔债券的可投资性，因此增信措施为 MIGA（世界银行集团下属的多边投资担保机构）承保包括土耳其卫生部违约、货币转移及兑换、资产征收等国别风险。然而，上述结构安排及增信措施在降低融资成本的同时，也限制了投资主体范围。由于 MIGA 承保，本地投资者不能参与投资，是否可以发挥集团协作的优势，通过类似海外资产簿记的方式投资该债券，解决客户的融资需求为工银土耳其创造的宝贵的机遇。

解决方案

前期的客户营销到尽职调查发现，R 集团是创立于 1993 年，现有约 40000 名员工，在全球 21 个国家里作为主要承包商和投资者，经营领域包括建设、房地产开发、能源和卫生等，是世界上排名第 44 位的国际承包商和欧洲的第十大承包商，其全球营业额在 2015 年末达到 60 亿里拉，承揽的项目遍布土耳其、俄罗斯、卡塔尔、沙特阿拉伯、德国、瑞典、瑞士等 20 多个国家和地区。目前承接的医院项目是土耳其政府确定的 PPP 医院项目名单之一，收入来源有保障，且有较强的增信措施，因此工银土耳其确定该项目、该客户符合工银土耳其确定的客户转型方向，并且基于拓展本地客户、树立工行市场形象的初衷，工银土耳其决定充分发挥集团综合优势，借鉴前期信贷资产簿记的思路，尝试通过类似信贷资产簿记的方式克服对投资者的限制。

在确定好大方向后，工银土耳其向总行专业部门汇报了项目情况、特点及业务方案，总行经研究后答复可通过债券簿记的方式尝试解决。由于债券簿记目前尚无管理办法，因此每笔业务均需得到总行特别授权，得知大体的操作思路后，工银土耳其又联系了在类似业务方面有相似经验的海外兄弟行及境外资产业务簿记中心，捋清具体操作路径后，基于对客户和项目的熟悉，很快形成请示签报及时报送总行，因为该业务涉及会签部门较多，在公文流转的同时，工银土耳其及时和相关会签部门沟通、解释，最终在总行相关部门及领导的大力支持下，获得批复并顺利签约；在具体的操作投资时，又与总行及关联兄弟行就指令的发送、记账等具体操作细节进行了紧张、密切的沟通，最终使该债券如期投资。

案例启示

从业务发展的角度来看，应重视发挥工行集团的整体优势，在深耕细作本土市场的同时，加强与总行、集团兄弟行间的交流合作，掌握最新业务发展动向及市场情况。通过联动协作，充分发挥资金成本、政策、税收的相对优势，满足客户的多样化需求，最终实现集团收益最大化。

由于该债券是土耳其首次发行的绿地项目债券，项目的实施为工银土耳其赢得了较高的社会声誉，充分体现工行支持土耳其医疗卫生事业发展，履行社会责任，彰显大行担当。该项目的顺利实施，响应了工银土耳其“大银行、大客户、大项目”的发展战略，进一步巩固了工银土耳其良好的金融市场形象，提高了服务大客户、大项目的能力，推动“一带一路”建设走向纵深。

案例2：A主权财富基金10亿欧元银团贷款

摘要

A主权财富基金是国家层面的投资基金，其设立的目的是通过投资海内外促进所在国经济的稳定增长，其董事长是该国领导人，其持有的资产主要是关系国计民生的大型国有银行、重点国有企业，涵盖金融、能源、交通、通信、农业等领域，整体资产规模质量相对较好。为提高其流动性，该基金拟通过银团首次筹资10亿欧元，工银土耳其获悉后，经过缜密分析及市场摸底后，认为整体风险可控，遂积极营销，利用集团全球机构网络的优势，从外部筹资，以信贷资产簿记的方式，牵头参与该银团，进一步巩固了工银土耳其在土耳其市场的知名度。

业务背景

A主权财富基金是土耳其于2016年11月9日成立的国家层面的投资基金，价值500亿美元，旨在促进土耳其经济发展和提高土耳其经济的稳定性，使国有资产实现保值、增值，其董事长和副董事长分别为土耳其现任总统和财政部长。该基金主要资产系土耳其关系国计民生的大型国有银行、重点国有企业等，行业涉及金融、能源、交通、通信、农业等领域，土耳其财富基金根据其成立法案，具有借款人的主体资格，为满足一般流动性需求，拟首次通过银团贷款方式筹资10亿欧元。本次融资是该基金成立后，首次对外融资，其拥有丰富的资产组合将会带来潜在更多的业务机会，如何与该客户建立首次业务合作至关重要。

解决方案

经调研了解到，该笔贷款是A基金成立后的首笔融资，后续会有更多的资产重组或收购计划，如果能够获得牵头行委任资格，将为工银土耳其带来更多的业务机会。同时，由于是首次融资，为体现良好的市场形象，其增信措施会相对较好。基于上述分析，工银土耳其积极准备营销方案，于2019年1月18日正式获取委任函，作为主要牵头行筹组该银团，期限2年。

基于当地市场资金成本分析和工银土耳其单一客户风险敞口的考虑，在与集团相关兄弟机构沟通后，确认可获得具有优势的资金成本；同时，考虑到该银团由财政部提供95%的主权担保，借款机构需通过国际金融机构完成，因此选择集团境外资产簿记中心将该笔贷款簿记至海外机构。为降低客户的违约概率，邀请10家国家金融机构共同参与该银团。该笔业务的顺利完成极大地提升了工银土耳其的知名度和影响力，进一步深化了双方的合作关系。

案例启示

充分了解市场和客户，合理选择业务模式，对于客户营销、项目运营具有至关重要的作用。A财富基金是国家层面成立的投资基金，其成立的意义及最高管理者在当地享有较高的知名度，其丰富的资产组合为贷款提供了可靠的还款来源，增信措施及银团筹组策略又进一步缓释了项目风险。受当地资金成本较高的影响，充分利用集团优势，通过境外资产业务中心簿记模式可以极大地满足当地众多重点客户、重点项目的业务需求，为推动项目的顺利完成、为工银土耳其树立良好的市场形象起到了至关重要的作用。

土耳其主权财富基金与中国出口信用保险公司签订合作《谅解备忘录》

2020年3月26日，土耳其主权财富基金与中国出口信用保险公司（以下简称中信保）签订合作《谅解备忘录》，协议金额50亿美元。双方计划就多个领域加强合作，包括基建项目融资合作、基建融资交易经验及最佳惯例交流，中信保为即将在土耳其进行的投资提供信用担保支持。

根据双方签订的《谅解备忘录》，为了减少土耳其对进口石化和能源依赖产生的经济赤字，土耳其主权财富基金计划与私营部门、投资基金、外资企业携手在石油化工产业、矿业以及利用国内外资源的发电站项目等能源领域上建立合作关系。中信保将向土耳其主权财富基金推荐石化、矿业、物流运输业及其他能源行业的中国投资者、中资总承包企业以及金融机构，并且为即将在土耳其进行的投资提供信用担保支持及高达50亿美元的保险支持。土耳其主权财富基金代表桑莫兹表示：“中国是土耳其强大的贸易伙伴，我们很高兴能推动中土合作迈上新台阶。即使在新型冠状病毒流行造成的不确定性环境下，两国之间的关系依旧牢固。”“我们希望将中国‘一带一路’倡议与土耳其‘中间走廊’计划结合起来，打造坚实的大型商业合作项目。”中信保总裁王廷科表示：“中国‘一带一路’倡议与土耳其‘中间走廊’计划的战略对接为两国关系的发展带来强劲动力，推动中土双边在经济、贸易、投资等领域取得了新进展。土耳其主权财富基金与中国出口信用保险公司签订的《谅解备忘录》为两国关系进一步深化发挥着重要作用。本书将继续在共同推进的项目中保持沟通。”

案例3：B医院融资项目

摘要

银团贷款可以相对分散项目的融资风险。在银团贷款的参与主体中，国际多边金融机构相对于普通的商业银行具有很多风险缓释的优势，如不受项目所在国货币兑换和汇出的限制、不被所在国征收、免除利息预提税等方面。

为了进一步降低项目的信用风险，工银土耳其通过与总行合作的方式，通过参与E银行B组贷款向R客户提供项目融资，一方面支持了借款人的项目建设，另一方面有效控制了项目风险，这种业务操作模式，为其他项目融资提供了全新的合作模式。

业务背景

R客户是一家涵盖建筑、房地产、能源多行业的集团企业，业务遍布全球多个国家，承担的工程项目主要分布在土库曼斯坦、德国、瑞士、奥地利、芬兰、俄罗斯等国，综合实力较强。欧洲某M基础设施投资基金专注于经合组织的公共基础设施开发、建设、运营和管理，其全球投资组合近50个项目，资产管理规模约50亿欧元。R客户为建设B医院项目，与欧洲某M基础设施投资基金及当地S建筑企业共同设立了布尔萨医疗投资公司（BRS），拟通过银团贷款的方式筹集3.89亿欧元，股东出资1亿欧元。由于较强的股东背景，吸引了众多国际金融机构参与该融资项目。

案例分析

经与客户沟通了解，该客户拟通过国际金融机构参与提高市场竞争力，同时有助于竞标其他医院PPP项目。在了解客户的实际需求后，工银土耳其重点推介了工银集团的全球机构网络、资金成本、潜在的合作供应商等综合优势。同时了解到，参与的金融机构除普通外国机构外，还包括国际多边金融机构，工银土耳其与其中的欧洲复兴银行通过交流，拟与其合作进一步降低潜在风险。

该银行在本项目中的贷款分为A、B两组。其中，A组是以自有资金向借款人发放的贷款；B组是从其他商业金融机构获取资金向借款人发放，由金融机构共担借款人风险。参与B组贷款的优势在于可以享有除项目本身信用风险外与国际金融机构同样的权益，如不受项目所在国货币兑换和汇出风险限制、免除外国债务重组、不考虑国家补偿要求、不计利息预提税等。但参与B组贷款的前提条件需为非项目所在国商业金融机构。经研究，工银土耳其利用集团机构网络优势，将本笔资产簿记至工行海外资产簿记平台作为B组贷款的参与主体，与海外资产簿记平台通过行内经营考核的方式共担风险。

该合作模式进一步降低了潜在风险，充分发挥出集团机构间的协同优势。

案例启示

项目融资除常规考虑项目的信用风险外，出于项目所在国所处的地缘政治因素影响、国别限额等因素的考虑，有时需要考虑项目信用风险以外的因素，而与国际多边金融机构的合作，可以有效降低潜在的国别风险。而工行作为一家国际化的银行，更要充分利用工银集团全球机构网络的优势，及创新业务模式，尽可能地降低潜在风险。

过去企业在“走出去”的时候，往往都以个体企业为单位，来规划自己、开展自己的业务。但是今天把这些连接起来，更多地依靠无形与有形的结合去做事，实际上就是新经济的思维。工银土耳其将继续发挥网点布局和综合化业务平台优势，加强与集团内协同联动，提升业务撮合能力，支持集团内其他子公司在“一带一路”沿线开展业务。

案例 4：客户国际化，业务多元化，市场精准化

摘要

土耳其 G 银行是土耳其发展最好的外资银行之一，其最大的控股股东是西班牙 B 集团，按资产规模排名位居土耳其第五大银行。作为本土化很成功的外资银行，土耳其 G 银行在土耳其客户众多、网点广泛，是土耳其最受欢迎的银行之一。继 2017 年首笔银行同业贷款在土耳其市场成功发放后，工银土耳其进一步加大同业优质客户的拓展，2017 年 10 月完成针对土耳其当地优质外资银行的双边贷款合作，2017 年 11 月工银土耳其又作为牵头行之一参与其国际银团贷款。至此，工银土耳其同业贷款客户涵盖了国有、私有和外资三大类银行，实现了金融机构同业客户多元化的发展。

业务背景

为进一步增加优质金融机构资产，保持重要收入来源，工银土耳其进一步加大土耳其重点优质代理行的合作范围。土耳其 G 银行凭借其专注于运营效率、最佳资本利用率和可持续增长的创新业务模型，并以有效的风险管理

为后盾，保持拨备前收入平稳，2019 年是拨备前收入最高的银行，平均股本回报率（ROAE）为 12.4%，平均资产回报率（ROAA）为 1.5%。该行一直以最优惠的成本和条件从国际市场获得资金，从而使其融资结构多样化。该行在海外借贷计划的范围内，包括国际市场上的特别提款权（SDR），还从中国 E 银行获得贷款。此外通过 F 公司中介在 O 银行和 Z 基金提供资金范围内获得长期贷款。该行积极开展信贷市场借贷活动，在国际银团市场活跃，涉及 15 个以上国家的 30 多家银行，与海内外代理行保持良好合作关系。该行拥有强大的流动性和财务实力，以及稳固的银行业务关系，具有选择性利用外部资金的能力。工银土耳其经过认真分析当地市场，要融入当地经济、融入当地主流，要抢夺当地客户、储备更多优质客户源，除本土优质国有及政策性银行，土耳其 G 银行作为当地主流外资银行之一进入工行同业客户重点目标名单之列。

解决方案

发现目标客户是营销成功的关键，这就要求前台营销人员有主动营销的意识，在办理业务的同时及时发现和捕捉营销重点，发挥自身优势，找准切入点，客户才容易接受。由于与土耳其 G 银行合作的银行众多，要达成有关双边贷款条款和价格并非易事。为了达成双方预期的资金价格，工银土耳其考虑从集团海外分行筹措低成本资金，经多方比较集团内美元资金价格，最终该笔贷款的簿记资金由工银伦敦提供支持。2017 年第四季度工银土耳其营销团队经过 2 个多月的沟通、协商和操作，工银土耳其在 2017 年 10 月通过簿记中心迪拜分行为该行发放了 2.5 亿美元 3 年期双边簿记贷款，工银土耳其一次性收取前端费 375 万美元入账。

2017 年 11 月，工银土耳其作为牵头行之一，参与土耳其 G 银行的国际银团贷款。土耳其 G 银行作为当地主流外资银行市场影响较大，行业地位显赫，其国际银团的巨大融资规模吸引着国际金融同业的关注目光，作为银团牵头行之一有力提升了工行在国际银团市场的地位和品牌。

案例启示

通过对该竞争型优质客户成功营销，有效地储备了优质金融机构客户资源，实现了客户价值的深度挖掘，提高了客户对工行的综合贡献度。在前期合作基础上，土耳其G银行表现出良好的合作诚意，主动将其部分存款转入工行，并在工银土耳其开立了人民币账户，为进一步挖掘借款人在工行的派生存款和结算业务打下坚实基础。在前期双方进行双边贷款合作之际，工银土耳其还着眼于营销除同业融资外包括出口信贷在内的较为广泛的金融业务。在贸易融资方面，该行通过工行在信用证保兑、转开保函等方面业务合作进一步加强。同时结合工银土耳其人民币业务的优势，深入洽谈人民币/里拉双币信用证，积极开展贸易融资和人民币业务多产品交叉营销推介，加快推进人民币国际化。

工银土耳其认真践行以客户为中心的市场营销理念，由过去单一产品营销向综合金融服务营销观念转变，既满足了客户需求，又赢得了客户对工银土耳其特色产品服务能力的认可，争取了更多宝贵的业务资源。合作双方均为土耳其的外资银行，合作空间无论是在业务量上还是在合作产品种类上都有了不同程度的提高，也充分体现了同业双边贷款和银团贷款与存款、资金、贸易融资的互动发展效应。

5. 稳健经营最佳实践银行——如履薄冰，见叶知秋

交割以来，工银土耳其严格贯彻总行各项工作部署，落实“48 字”工作思路，运用“三比三看三提高”工作方法，准确把握“大、全、稳、新、优、强”发展方位，强化“比”的意识，与自己比、与同业比、与系统内的其他境外机构比。坚持战略引领、从严治理，将战略思维与底线思维相结合，强化全面风险管理，时刻保持如履薄冰的谨慎、见叶知秋的敏锐，确保工银土耳其稳健经营发展。

5.1 全面深化信用风险管理

5.1.1 顶层规划设计——调整结构，改善“体型”

信贷结构的调整需要一个过程，具体方式常常表现为日常性微调和阶段性大调。日常性微调用于解决信贷资产存量结构在市场变化中的衰变、劣变，是商业银行面对宏观经济和市场走势作出的适应性调整。阶段性大调是针对不同发展阶段所面临的突出问题而进行的信贷结构重大调整，这种调整不可能一朝一夕完成，它需要一个渐进的、不间断的、动态的调整过程。①

工行收购土耳其纺织银行，属于以“大”吃“小”的模式。土耳其纺织银行成立于 1986 年，总部位于伊斯坦布尔，1990 年在伊斯坦布尔证券交易所

---

① 资料来源：魏国雄，《对商业银行信贷结构调整的理性思考》，载《商业银行经营管理》，2003（21），第 36 ~ 37 页。

上市，是土耳其私营储蓄银行中仅剩的3家没有外资股权的银行之一，资产规模排名第二十位，资产份额0.2%。持有储蓄银行牌照，从事公司、中小企业及零售等业务，主要为中小型企业客户提供公司与贸易融资服务。截至2015年5月，该银行总资产11.92亿美元，贷款净额8.66亿美元，证券投资余额0.44亿美元，客户存款8.23亿美元，同业存款余额0.24亿美元。有各类公司客户6942户，个人客户近2万户，信用卡客户近1.4万户。从信贷质量和结构来看，该银行当时的不良额达5736万美元，不良率6.48%，远超同业2.88%的水平。贷款金额普遍较小，单笔2500万里拉以上的贷款仅有10户，信贷区域主要集中在伊斯坦布尔区域周边，以0～3个月的贷款为主，余额占比达37%，1年期以上贷款余额占比为27%。相对本币贷款而言，外币贷款中1年期以上长期贷款的比重略高。从行业分布来看，该银行主要投向房地产建筑、机器设备、金融中介及批发零售，但与当时的银行同业平均数据相比，房地产建筑类的占比过高，批发零售类的占比过低。公司客户中，评级在B级以上的客户，余额占比仅为8%，83%的贷款投向了评级在C～E级的客户。个贷与信用卡客户当中，客户的信用评分集中在600～1000这一区间。这一信贷结构给并购后的整合留下了“贷款行业相对集中且不良贷款率较同业略高，资产质量裂变有加快迹象”的潜在风险。

这些信贷问题的形成，有其特定的历史背景和市场原因。从对原银行管理层和员工的访谈中可以了解到，土耳其市场本来就是中小企业主导，缺乏大型企业，境内全球500强企业有且仅有1家。纺织银行在土耳其属于中小银行，市场占有率不高，受资本金比例和资金来源限制，没有能力为单一客户提供大额敞口贷款或低成本外币贷款。银行贷款主要投向房地产业，与近几年土耳其房地产市场的蓬勃发展有关。过去10年，土耳其房地产行业占GDP将近8.4%，外商直接投资（FDI）现金流入房地产和建筑领域的比例也一直保持高位，房屋供给量近10年来保持高速增长，住房抵押贷款利率的下降助推了这一市场的繁荣。新政府采取的大兴房地产和基建政策使土耳其纺织银行扩大了与这些领域客户的合作，但土耳其纺织银行明显缺乏独立承担大额项目贷款的能力，因此一般给房地产企业发放的是流动资金贷款，以房产抵押作为第二还款来源。此外，土耳其政治经济环境也存在动荡与不稳定因素。2015—2018 年，土耳其经历了包括频繁恐怖袭击、政变未遂、击落俄罗斯战机、与美国交恶、总统改制等系列事件，直接造成了里拉的大幅波动，成为新兴市场国家贬值最多的货币之一，并影响了各国对土耳其经济增长的预期，三大主权评级机构一再下调其主权评级。中小企业经历了一批破产潮，土耳其银行业的不良率也从 2.88% 一路攀升至 4% 以上。有鉴于此，解决并购前遗留的存量不良，防止可能的资产质量加速劣变，成为并购后信贷业务整合的重点、难点。

土耳其银行业不良率如图 5.1 所示。

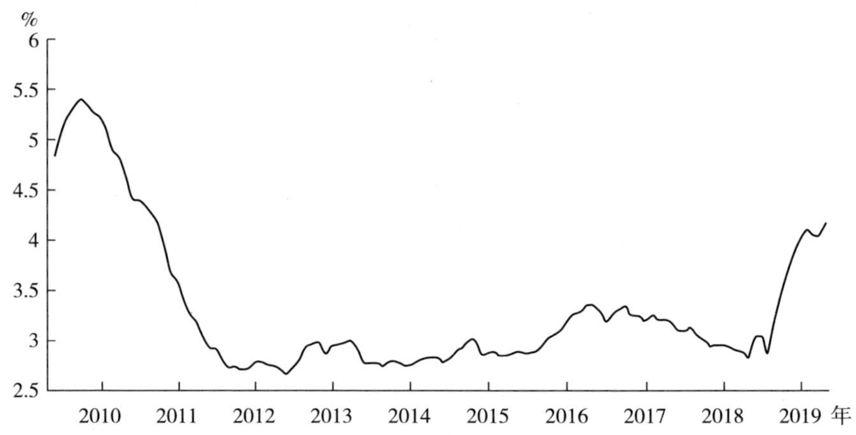

图 5.1 土耳其银行业不良率

（资料来源：CEIC（www. ceicdata. com））

为解决这一问题，工银土耳其采取了多项措施，小处微调，方向大调，循序渐进，从不同方面对信贷结构进行了调整。

5.1.2 精准分类施策——提质增效，“四管齐下”

工银土耳其认真落实总行“48”字工作思路，运用“三比三看三提高”的工作方法，在土耳其同业创造了闻所未闻的极低不良贷款率，从交割前的 6.48% 压降至 2020 年末的 0.12%，从而确立了工银土耳其的领先地位。与自己比，逐户筛查，加快处置；与同业比，借鉴优势，推陈出新；与系统比，查漏补缺，赶超先进。一步一个脚印，将目标各个击破。

一、疏源

管住贷款质量，必须正本清源。选准目标市场，把好“蓄水池”的库容和质量，防止“病从口入”，止住新的“出血点”。

优化信贷增量。信贷结构调整应是商业银行信贷业务发展方向和信贷组合风险结构的调整，从动态上看，信贷结构调整是商业银行建立在对存量信贷风险结构和增量信贷风险结构的分析和预测基础上的一种超前性调整，应是商业银行发挥比较优势的调整，也应是国家宏观政策引导的调整。[①]

交割前，对目标收购行的尽职调查报告指出：“如收购，目标银行需依托与工商银行的协同效应，提升业务规模，争取参与大型项目的融资业务机会。”工行与其他银行相比，具有国家支持的政策优势、品牌优势和信誉优势，具有最广泛的客户基础和庞大的物理分销网络，具有国际先进水平的计算机系统和技术平台。[②] 在土耳其的中期经济规划中列示了多项政府投入项目，包括公路、铁路、海港、能源等领域。土耳其既有强烈的资金需求，也能提供一定的合作基础鼓励外国投资者参与基础设施投资。该国银行业发达，资本自由流通，外贸部专门推出了“中国市场促进计划”，扩大对中国商品出口的多样性。综合考虑工银土耳其的优势、当地的产业政策、国家制定的“一带一路”倡议，工银土耳其为新增业务重新确立了“‘一带一路’项目领先银行、中资元素首选银行、稳健经营最佳实践银行”三大战略目标；将目标客户定位从中小企业调整为“大客户、大同业、大项目”。新增贷款重点投向金融、基础建设、行业龙头企业等优质资源和关系国计民生的重大项目，为本地主要大型商业银行和政策性银行累计发放同业融资 13.65 亿美元，成功与本地前 100 强客户中的 70 家建立业务联系，为其中 40 家开户，27 家核定授信。土耳其唯一的世界 500 强客户——KOC 集团及土耳其航空、土耳其电信等均与工银土耳其建立稳定的合作关系。此外，支持中远、招商、中投联合体收购土耳其 Kumport 港口、世界最大天然碱厂天辰卡赞、土耳其单笔

---

① 资料来源：赵春秀，《商业银行信贷风险分析与管理研究》，2008 年 1 月。

② 资料来源：姜建清，《提升工商银行核心竞争力》，载《中国金融》，2008 年 3 月。

投资金额最大的上海电力 EMBA 燃煤电站等大型优质项目。作为中资企业协会副会长单位，与华为、小米、中电光伏等多家中资企业开展了业务联系，积极通过国内外网络渠道，掌握中资企业到土耳其开展大规模工程承包和直接投资的需求，为客户提供贷款、现金管理、保函等业务，还主动出击，向国内客户推介合适的在土耳其投资机会，更进一步挖掘客户资源。一定意义上，贷款结构的均衡性决定着发展的协同性和经营韧性。犹如建房子，结构不均衡不稳定，压力集中在某一个支柱上，既容易受到单一业务和市场增长空间有限的制约，也容易因外部冲击不能有效分散而出现垮塌。

调整客户准入标准。小企业客户的信贷风险主要来源于其生产经营的不稳定性。由于其规模小、市场竞争力弱，即便经济周期未发生大的波动，小企业也很容易受到内外部因素干扰而导致生产经营停滞乃至关闭。小企业的财务管理不够规范、公私不分会导致小企业与企业主的资产混在一起，使银行很难发现小企业的一些经济行为异常现象，因此小企业的道德风险较高。此外，商业银行多数对小企业采取抵（质）押放款的方式，因此贷款风险几乎转嫁为抵（质）押物的价格风险。因此一旦借款人无法偿还贷款，则回收率主要取决于这些商品的变现能力和变现率，而这些商品通常与经济周期具有同周期性，会受到外部因素的影响容易出现波动。[①]

综合考虑上述风险点，工银土耳其从客户的准入标准入手，对客户评级、资产负债率、营收规模、持续盈利、抵（质）押物类型和比例等方面制定了定性和定量的条件，对房地产和汽车租赁两个对经济周期性表现较敏感的行业还提出了股东资本金水平要求。对不符合客户标准的存量客户通过停止合作或者到期回收的方式结束信贷关系，在压降存量的同时把好“入口关”。前述几个指标的设定，结合了总行行业政策的经验和要求，也考虑到了当地市场的实际情况：

一方面，土耳其房地产市场存在一定过热的现象，在经济保持中速增长的时候，房地产价格急剧飙升，从 2009 年 2000 亿里拉飙升至 1.2 万亿里拉，

① 资料来源：赵春秀，《商业银行信贷风险分析与管理研究》，2008 年 1 月。

增加了 6 倍之多。但因国内通货膨胀率和失业率均在两位数以上，国内民众对房产需求下降，需求不足，短期来说行业风险凸显。长远来看，土耳其独特的地理位置、人口增长潜力、城市化扩张和政府大力支持基建等政策，尤其是开放外国投资者购房获国籍等优惠条件也会增加该行业的吸引力，房地产业增长回升仍有后劲，通过控制单个企业风险要素把控资产质量不失为一种好的控制手段。

另一方面，土耳其汽车租赁行业受汇率波动影响较为明显。当地汽车租赁公司由于购买进口车辆，使用外币定价，与银行进行信贷合作后的资金回流方式为“车辆出租后收租—卖车还银行贷款—放新贷款—再买车出租”。里拉大幅贬值从卖车还款这一环节打破了链条的可持续性，导致企业容易出现流动性问题。短暂汇率波动性的冲击可以通过企业本身的资金实力支撑起还款能力，这也是工银土耳其对该行业调高资本金的理由。

上述标准的设立，有助于筛选出存量客户中真正有持续应对风险能力的优质客户，为贷款的安全回收落实保障条件，克服行业乃至经济周期中的不利因素影响。当然，标准在制定后如何做好客户筛选，实现有保有压、有序退出，工银土耳其也配套了一系列方案和流程。首先是由信贷部门对客户进行合理分类，依照标准逐户筛选；其次是对于不符合标准的客户有针对性地制定了清退措施，如什么类型的客户是可以要求提前还款、什么类型的客户需要等到到期收回、什么类型的客户可以采用利率杠杆促使客户寻求新融资而间接退出、什么类型的客户能够通过债务重新安排的方式［如增加抵（质）押物、更换币种、压缩授信］逐渐退出；最后是建立信贷退出决策机制，通过相关政策对信贷退出的成本和诱因进行合理阐释，引导信贷人员作出合理决策。对客户资源缺乏、经营管理水平较低的分行，信贷退出决策机制以激励为主，对客户资源丰富、经营管理水平较高的分行，激励与约束并重；任务指标通过政策文件由上至下推动，落实到一线，并定期通报督导。经过这一轮调整，工银土耳其的贷款客户数量从 2258 户优化至 1000 户以下，腾出了资源和人力投入信用评级较高、综合实力较强的本地大型公司、项目和银行等重点客户。实际上，信贷退出时机是信贷退出成功与否的关键，其最佳点是企业成熟期和衰退期的接界处。① 2016—2017 年，因为土耳其当地的政治环境动乱，当地中小企业经历了破产潮，但由于工银土耳其及早在 2015 年采取了措施，企业获得银行替代资源的难度小，退出阻力不大，政策得以顺利执行，充分体现了该行管理层对宏观经济的预见性和对业务发展的把控能力。

二、堵漏

逾期和潜在风险贷款是资产质量的“堰塞湖”。既要有序化解，以时间换空间；又不能饮鸩止渴，以留给明天更大的包袱来解决今天的问题。

工银土耳其原来对潜在风险客户未出台明确的定义标准和跟进措施，主要依靠原银行的自动贴标系统对存量客户的逾期和市场坏消息进行筛查，再根据风险程度不同转入不同部门跟进。交割后，工银土耳其自 2016 年末即按照总行标准对存量客户的风险情况进行了全面筛查，不仅关注表内，也关注表外风险，共发现潜在风险客户约 155 户，表内外余额约为 7. 7 亿里拉。2017 年，正式将潜在风险客户的认定标准和管理流程形成管理规定，以信贷管理部作为牵头管理部门，针对潜在风险大户还成立行领导牵头的专项跟进小组，协调各前台业务部门制订压降计划，对外与当地监管、其他各家参与行及政府、法院等机构充分协调沟通。在潜在风险客户余额原则上不增加的基础上，灵活采用增加抵（质）押物、压降授信限额、调整还款计划等方式，“一户一策”进行风险化解。前瞻性地把握客户的劣化趋势，采用拨备自评估方式，足额计提拨备，防患于未然；强化以往未引起足够重视的客户财务和运营状况分析、现金流流向分析、负债比例分析，他行行动分析；又严格了对不同抵（质）押物货款价值比（LTV）的要求，及时更新抵押物估值；还增加对宏观因素考量，关注汇率、利率和国际进出口政策对企业的影响组织专项排查。截至 2019 年，行动累计结清或移出潜在风险客户超 100 户，累计清收表内外金额超过 2 亿里拉。

① 资料来源：姜建清，《银行信贷退出理论和实践研究》，载《金融研究》，2004（1）。

三、清淤

银行不良资产大致分为三类：“冰棍类”是指资产随着时间推移而出现价值明显贬损，需要快速处置；“根雕类”是指具备盘活潜力、预期收益较好的资产，不宜盲目追求变现速度；“顽石类”资产是指预期回收价值较低的资产。要树立不良资产经营理念，针对三类资产的特点，分类施策。

重塑不良贷款处置流程。土耳其纺织银行的不良率过高，既与客户筛选标准较低和外部环境恶化有关，也与处置效率低下有关。存量不良贷款客户中，在账面停留时间超过 3 年以上的客户数占比达 70%，最老的客户可以追溯到 1999 年。当地不良资产处置方式包括传统非诉手段的现金清收、债务重组、以物抵债、转让第三方与批量打包等[①]，也可以采取法律追索手段实现诉讼清收（按照当地监管要求，一旦采取法律追索手段，客户需尽快纳入不良）。常规非诉清收适用于预期时间较短、债权债务关系清晰，且债务人具有较强偿债意愿或偿债能力的情况，但追偿不可控因素较多，需防范借款人藏匿和转移资产；通过诉讼等方式追索涉及环节较多，处理效率较低，增加回收成本，且抵债资产在房地产市场低迷时可能会出现流拍或低价成交，影响回收价值。以土耳其当地的诉讼清收为例，如需进入法拍程序，短则 3 ~ 4 年，长则 5 ~ 8 年。因为土耳其是从欧洲大陆法系引进的法律制度[②]，对于逾期未付应收款项的追偿诉讼主要有以下两种：一种是类似于欧洲国家现有的缺席审判制度。在这一程序中，原告可以独立于其他债权人单独向债务人提出偿还债务的请求，并最终通过清算该债务人的资产以实现自己的债权，即通过法院向债务人发出并送达“支付令”。如果债务人对“支付令”没有异议，债权人有权申请清算其资产；但如果债务人对“支付令”提出异议，则债权人只能就该事项向法院起诉来证明其债权的存在。在证明过程中无论是资料收集还是庭审辩论都非常耗时。只有在债权人获得了支持自己诉求的法院判决，才可以继续进行对债务人的资产清算程序。另一种是破产清算程序。

① 当地较少采用核销方式处理账目，主要因为没有明确的核销标准和规定，容易引起审计对利润操纵和税收规避的责问。

② 资料来源：中华人民共和国商务部网站，http：//policy. mofcom. gov. cn/page/nation/Turkey. html。

通过这一程序，债权人寻求清算债务人的资产以向所有的债权人偿还债务。但由于债务人的资产通常不足以清偿全部债务，债权人将按照各自的应收款项所占的比例获得相应的清偿。但土耳其的破产清算往往长达1~2年，且债务人往往可以以不出席、资料准备不齐全等方式拖延庭审时间。[①] 综合考虑清收时间（以5年为例），当地极高的利率（年化20%）和货币贬值率（土耳其里拉在过去5年贬值近70%），即便最终能实现账面本金100%清收，考虑时间价值与回收比例，其实际清收比例在折算成美元现值时也低于15%。为此，对采取何种处置方式需要进行更审慎综合的评估，需要专业部门对不良资产池单个客户进行精细化分析，并作出最优选择。在土耳其纺织银行建立的管理流程中，不良资产由两个部门分头管理，法律流程由法律部跟进，非诉清收由不良贷款跟进部跟进，两部门各行其是，各自申报审批，各自与客户谈判。2012—2014年，每年都有金额超40%的不良贷款在未进行充分未诉清收即进入法拍流程。受当地司法系统效率较低影响，清收时限过长，而其他清收方式使用较少。且因为法庭审理结果没有对外公开的查询系统，行内无法对法律追索情况进行及时有效的掌握，导致法律支出费用不明晰，贷款出现问题没有追责。基于以上问题，工银土耳其管理层推动相关部门进行了多次协调，同时部门间也通过分析报告、数据对比等模式反复沟通磨合，最终从部门职能、管理方案及审批授权等方面对整个处置流程进行了重塑。

新流程实施后，贷款在可疑类阶段以及转入不良的阶段，贷款发起方需制订清收方案提交不良贷款跟进部，不良贷款跟进部汇总各方信息，如启动法律追索可能涉及的法律费用、客户意见及贷款发起方意见等，审核修订该方案，同时由内控合规部启动合规调查，按照流程追究责任人责任。如不良贷款金额较大，方案需提交不良资产管理委员会审批，通过后据此执行。新流程与原流程相比，存在以下优势：一是对不良贷款形成集中管理，以非诉清收为主、法律手段为辅，有助于提高审批处置效率；二是风控前移，在贷款出现问题时即形成处置方案，及早采取行动；三是落实流程跟踪与信息汇

① 资料来源：潘峰，《从案例看土耳其法律追账》，http：//www. fdi - law. com/m/view. php? id = 99740。

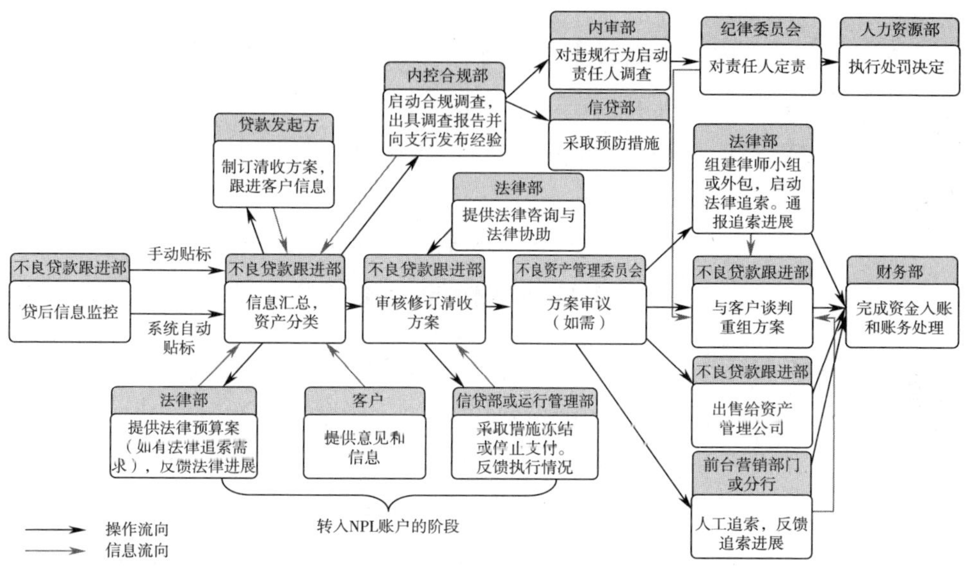

图 5.2 抵债资产出售流程

总职能，便于监督推动；四是实现问题贷款成因的调查及追责，在全行树立起责任意识与担当。管理流程的重塑，为后续提高不良处置能力，改善信贷资产质量奠定了基础。

灵活不良贷款处置方式：交割后，工银土耳其有效把握管理优势和市场环境变化，决策迅速，既保留了原处置方式中优势与灵活的部分，提高处置收益；又加大了批量处置力度，提高处置速率。实际上，当地常见的三种处置方式，与国内做法既有相似之处也有不同之处。

以物抵债：国内抵押物进行法律拍卖，银行方作为债权人一般不参与竞拍。而在土耳其，贷款行参与法拍竞价却是常见做法。如贷款行参与竞价后最终胜出，拍下后，法庭扣除费用部分（拍卖资产免收增值税），余下部分可由贷款行抵减对应的费用、本金和利息，形成事实上的以物抵债。这种方式的优势一方面是防止流拍后进一步拖延法律处置流程，额外增加工银土耳其的资源消耗；另一方面本行参与竞价的方式有利于在拍卖过程中提升报价，实现效益最大化。如果房产最终被银行方购入，则银行可以自用或者再择机销售，特别是在市场低迷时购入、恢复时出售，可以帮助获取额外收益。但银行自持有比例不宜过高，需要考虑维护管理和其他费用支出。而用协议方式抵入则不常见，因为当地法律中存在不利案例，即通过协议抵入后贷款行视同放弃了抵押权，这可能存在其他债权人申请查封资产，然后向法院申请取消抵入交易的风险。同时如何合理确定协议抵入价格也是一个操作难点，因此较少采用。

工银土耳其承接的抵债资产

2015 年交割时，工银土耳其拥有账面抵债资产近 40 栋房屋，账面价值逾千万里拉。购入日期最早可追溯到 2011 年。交割后，行内迅速明确主要负责部门，参考总行对抵债资产的相关管理和处置要求，拟定了处置流程和考核奖励办法，对各资产重新评估，并结合房地产市场进行合理预判。通过纸媒、展会、客户拜访等渠道推介工银土耳其抵债资产，2 年内共出售 24 栋，全部高于账面价值。其中最高单栋抵债资产销售逾千万里拉，既减轻了工银土耳其的历史包袱，也贡献了高额的利润。

转让第三方：土耳其当地关于不良资产单户转让属于本地不良贷款处置的通行做法。在土耳其关于银行业的通则（*Code of Obligations*）第 5 部分中第 183 ~ 194 条有如下建议，“可以在转让第三方比债务人自身偿付更有优势的情况下选择这一方式。例如，如果有第三方想买相关抵押物，或在抵押物本身有大量的法律查封的情况下。买家可以为法律实体或者个人。如为个人，则需要大于 18 岁”。国内银行不良资产转让在一级市场的受让方基本为资产管理公司，一般个人或企业只能参与到资产管理公司在二级市场的资产转让中，但土耳其的这种转让却很活跃，也经常有个人或企业主动上门要求购入此类不良资产。

批量打包：这种形式在本地不良贷款处置中是一种通行做法，始于 2008 年，2017 年土耳其当地的不良贷款市场销售总额是 86 亿里拉，年均增长约 20%，普华永道更预期 2018—2020 年私人银行的不良出售总额或达到 137 亿里拉，国有银行出售总额或达到 10 亿里拉。政府鼓励采用此类方式处置（资产管理公司在取得牌照的前 2 年有一定的税收优惠，一些公司为了持续享受税收优惠政策，常常在开了一两年后关掉再重新以另一个牌子申设），除银行外，租赁公司、保理公司等非银行机构都能参与。买家只能是当地监管规定的合格资产管理公司，由最初的5家增长到现在的16家，回收率视包内客户情况，无抵（质）押物客户一般为2%～3%，有抵（质）押物客户为5%～30%不等，2017年平均回收率为6.5%。相对来说，零售贷款打包比例较公司贷款更高。

土耳其当地对组包没有明确标准，但在法律上，一般下述几个类型的客户不能出售：

- 表外客户或客户的表外业务（土耳其债务法的规定，也是行业惯例）；
- 客户存在欺诈行为；
- 法律进程被取消/中止等；
- 法律拍卖后到钱款尚未结清期间的客户。

基于以上特征，执行时的组包标准便综合考虑了账龄、抵（质）押物情况、单客户未来预期回收年限和客户类型等多方面因素，优先考虑长账龄和回收比例及可能性低的客户，并通过公开化的市场操作，向所有合格资产管理公司发出邀请，参与公开竞价。由于土耳其的批量打包市场相较其他国家的市场来说已成熟，参与者众多，市场化程度高，通过这种方式有利于银行方充分了解市场环境，争取最优报价。经过一系列的努力，工银土耳其不良率、不良额连续多年“双降”，2016年起不良率低于行业平均水平，当地同业排名第一。此外，现金清收金额逐年增长，抵债资产出售也获得了可观收益。

四、固本

通过夯实信贷基础管理、培育专家治贷和从严治贷文化，来塑造质量之魂、培元固本。

落实从严治贷文化建设。从严治贷文化建设是银行信贷业务有效发展的思想基础，是防范信贷风险的重要防线。工行的信贷文化理念是“经济本源，审慎稳健，诚信合规，客户优选，专家治贷、责任落实”。其中，“审慎稳健”就是秉承“风险为本”的基本原则，真正回归信贷经营风险本质。牢固树立正确的发展观、业绩观和风险观，真正做到“放得出去，收得回来”，实现理性审慎经营，稳定健康发展。“诚信合规”，就是坚持“合规经营”底线不放松，把诚实守信作为信贷客户选择的先决条件，把防假反假作为信贷尽职调查和审查的重要内容；把依法合规、诚信可靠作为信贷从业人员的职业操守和行为准则，真正把信贷经营管理建立在认真履职、把控风险实质的基础上，坚决杜绝未迎合政策、制度、流程、审批的人为包装、弄虚作假，实现遵守规则与严格自律的统一。

剖析土耳其纺织银行信贷风险频发的原因，除外部汇率、利率和经济下行等不可控因素外，内部因素也不少。在内部因素造成的案例里，主要成因如下：未在尽职调查环节充分评估客户风险（未关注已有的风险提示、关联企业或国外子公司未进行风险评估、未对抵（质）押物进行实地考察、相关证明文件没有履行验证手续等）；在未落实贷款条件的情况下放贷［如未进行抵（质）押物登记、公正，支票到期的替换］；贷后管理不到位［包括对未监测抵（质）押物的保管，未对公司运营情况、财务状况及负债情况及时跟进，未将到账资金及时扣收等］。这些成因，反映出土耳其纺织银行信贷管理的制度和流程上还存在着较多薄弱环节，也体现出管理者和员工存在风控观念淡薄、合规意识不强等思想层面的问题。从严治贷文化建设要落实，必须建立相应的制度后盾，必须从“自上而下推动”上升为“自下而上的自觉行动”。

夯实信贷基础管理。工银土耳其在经过业务分析后，发现土耳其纺织银行在制度设计上对信贷管理的很多步骤环节没有明确的细化要求，这也导致相关管理部门在发现问题后无法落实责任人来定责。另外，土耳其纺织银行的信贷决策流程和信息采集与工行系统也大为不同。第一，作为一家本地化的银行，该行原来的尽调报告均为土耳其语版，受企业规模影响，很多信贷客户提供的财务数据的真实性、准确性、完整性、及时性难以保证，需要信贷人员人工比对，多渠道校准，而信贷人员往往会在发现差异后手工自行调整，没有任何审批复核流程，导致数据的真实性及唯一性存疑；第二，该银行原来信贷产品单一，数据基础薄弱，在贷前尽调方面，虽有必要的财务指标分析，但缺乏行业对照和未来现金流预测，对第一还款来源的分析不够重视；第三，土耳其纺织银行对一些贷款客户的指标限定没有量化要求，如不同抵（质）押物的抵（质）押比例、不同行业客户的负债率限额等，审议过程中存在较大的灵活性，这样虽然增加了可筛选客户的范围，但也无形中为后续不良追索增加了难度；第四，因为贷款规模小，股东结构简单，因此土耳其纺织银行的审批基本是单线程决策，从董事会授权给总经理、分管副总及部门领导不同权限后，即可在本人指定权限内进行贷款审批，缺少集体决策讨论和审议机制，也缺乏综合定价和全面风险评估的机制和能力。

对银行贷前尽职调查报告进行审阅分析，是银行了解企业的重要途径之一。如果在贷前尽职调查报告中，没能将当前借款企业资金以及运营存在的隐患予以清晰体现，将使银行在为借款企业制定系统化资产投资风险防范手段时参考不足，对于银行开展授信融资工作来说是非常不利的。此外，许多国际大银行在进行客户风险分析时都把行业风险度作为主要的判断依据，赋予其较大的分析权重，如美林银行权重为30%。行业分析能使投资管理行业准确、及时掌握国内外经济信息，为商业银行防范风险建立坚实的基础，有效避免不良资产的产生。为此，工银土耳其对标总行信贷管理体系、同业先进经验和本地监管要求，修订信贷管理手册，将信贷报告定制为格式化文本，规范关键内容，对修改内容规定授权限制，并将调查和审查报告合二为一，尽最大可能降低英文翻译工作量；规范和简化信贷调查审查报告，着力化解英语翻译造成的报审周期延长问题。同时，引进总行关键财务指标和行业标准值体系，贯彻总行风险偏好，遵循总行行业政策指导。在信贷审查实践中运用总行的关键财务指标体系，结合工银土耳其原使用的财务指标，增加未来现金流预测分析，强化客户信用风险分析和把控，引入内外部数据，快速建立土耳其行业标准值，用于信贷审查参考。

培育专家治贷。除此之外，工银土耳其还搭建了信贷与投资委员会—信用委员会—董事会的多层级信贷集体决策机制，实行专家治贷。为进一步将贷后管理流程规范化、制度化，工银土耳其制定发布了贷后存续期管理办法、潜在风险客户管理办法、不良贷款管理办法、不良贷款责任认定管理办法等系列细则，划定了部门职责、处置原则、管理流程，落实总行信贷制度的本地化，并通过内外部审计的方式组织各种形式检查，核查落实情况，实现信贷风险的全流程管理。工银土耳其的信贷与投资管理委员会构成涵盖授信审批部、信贷管理部、风险部、法律部、资金部等专业部门领导，信贷业务线的部门主管及管理层信贷从业经历全部超过 10 年，信贷中后台外派员工全部具备总行信贷 A 高级资质。工银土耳其与国际金融机构合作筹组银团，可获取国际宏观形势的一手数据及国际合作经验，聘请当地知名工程项目咨询公司审核项目贷款的关键技术指标，可提取政府专业监测数据进行模型推演并跟踪项目进度，与国际知名律师事务所合作把关跨境业务的法律问题，既锻炼了内部的人才队伍，又通过外部合作实现术业专攻。同时，工银土耳其通过参加并组织总行、工银土耳其乃至当地监管机构层面的各项信贷培训，进一步提升人才素质，5 年来累计组织参加各项培训超 15 场。

5.2 加强合规风险管理

1988 年巴塞尔协议在衡量银行信用风险时特别强调国家风险的影响，2001 年巴塞尔协议框架延续 1988 年巴塞尔协议中以资本充足率为核心、以信用风险控制为重点、突出强调监管国家风险的监管思路。[①] 有鉴于此，根据国际化发展战略在全球市场布局，工行对各国别机构制定特色化的经营策略和计划，即“一行一策”。工银土耳其直接受“一行一策”的管理，根据总行对土耳其市场的定位，每年与总行协商确定总体经营目标和各专业的具体经营计划。这使工银土耳其与工银集团全球资产发展配置的最优策略相一致，并有利于从全球战略角度控制系统性风险。同时工银土耳其还受到国别风险限额和信贷新增规模等指标限制。这使工银土耳其可以从外部层面摒弃超越风险控制能力的“规模情结”和“速度情结”，切实实现信贷业务发展与有效把控实质风险能力相匹配。

在内部管理上，按照当地监管要求及自身经营计划，工银土耳其搭建了

① 资料来源：毛晓威、巴曙松，《巴塞尔委员会资本协议的演变与国际银行业风险管理的新进展》，载《国际金融研究》，2001 年第 4 期。

全面风险管理框架。商业银行的全面风险管理框架应由相互联系的 8 个模块（要素）组成，这 8 个模块分别是风险管理环境、风险管理目标与政策设定、风险监测与识别、风险评估、风险定价与处置、内部控制、风险信息处理和报告、后评价和持续改进。[①] 工银土耳其通过这一框架性的搭建，重塑全面风险管理的决策机制，加强风险管理“三道防线”建设，继续实施风控提升工程。一是搭建了完善的风险管理组织架构，设立新的风险管理委员会及其子委员会。在对接总行风险管理框架的基础上，推进工银土耳其风险管理架构整合优化，明确了董事会、管理层下设的风险管理委员会职责。董事会下设风险管理子委员会和审计委员会作为董事会层级风险管理委员会；管理层下设风险管理委员会，并将原管理层下信用风险委员会、市场风险委员会和操作风险委员会调整为风险管理委员会的子委员会；风险管理委员会直接向董事会风险管理委员会汇报工作，定期召开例会，督导风险控制执行情况。二是明确风险管理“三道防线”的职责。与工银土耳其机构改革和人力提升项目相结合，充分利用改革成果，完善前中后台部门及辖属分行职能和岗位职责说明，增加“三道防线”建设的具体要求。同时，全面提升各层级风险防控能力，部门和机构负责人要提升风险防控能力，不仅要成为业务拓展的能手，也要成为风险管理的行家，关键岗位人员要提升风险防控的专业能力，全体员工要提升日常风险防控能力，形成“主要管理者狠抓风险，关键岗位精通风险，全体员工共管风险”的风险管理框架。三是推动规章制度和流程与集团整合。交割后，工银土耳其启动对现行的规章制度、工作流程、产品手册及岗位说明等文件进行审核，参考当地监管规定及总行管理要求，梳理、更新内控合规、风险及内部审计制度和工作流程等重要文件，每年对相关规章制度的适用性进行评估。四是不断强化各类风险日常管控，充分发挥风险管理各子委员会的督导协调职能。工银土耳其不断加大前台控制功能，强化中台对业务的审核检查力度，后台持续对内控机制进行再评估。风险管理各子委员会每月定期召开会议，研究审议出现的重要风险损失和潜在风险苗头，

---

① 资料来源：黄宪、金鹏，《商业银行全面风险管理体系及其在我国的构建》，载《中国软科学》，2004 年第 11 期。

部署风险的缓释、控制工作。五是开展业务自查，排除风险隐患。全面深入开展专业条线自查工作，充分揭示业务发展中的风险问题，加强整改，规范操作，增强政策及风险防控管理执行力。近年来，按照专业条线自查工作安排，陆续完成了运行管理、信贷风险、资金和零售条线的自查工作。同时，重点开展了不良贷款风险评估工作，将业务自查当作发现问题、分析问题、解决问题的契机，进一步强化员工合规操作意识。六是加强员工行为合规教育，明确违规行为和处罚规定。近年来，工银土耳其高度重视培育全员参与的良好合规文化，强化合规宣传教育和业务培训，积极开展内控合规主题教育活动，营造“主动合规”和“持续合规”的氛围。同时，执行严格的问责机制，建立了以纪律委员会、责任认定部门、风险管理部门为核心，责任认定和责任追究相衔接的组织架构和体系，重点对监管处罚、不良贷款、员工日常行为、客户投诉等涉及违规的行为进行问责，并给予相关责任人不同程度的行政处罚。

5.3 切实管理好汇率利率和流动性风险

土耳其经济的一个显著特点是本币里拉汇率大幅波动且长期贬值，这是在土耳其投资的中资企业不得不面对的问题。受土耳其地缘政治、国际国内宏观政治经济环境、2015—2018 年美元加息周期等因素影响，近年来里拉持续贬值。2018 年末，美元兑里拉汇率为 5. 287，与 3 年前工银土耳其交割日的里拉汇率 2. 581 相比，里拉跌幅达到 104. 8% ，特别是 2018 年 8 月土耳其遭遇货币危机，里拉短时间内大幅贬值，2018 年 8 月 13 日土耳其里拉一度跌至 1 美元兑换 7. 1326 里拉的历史新低，单月里拉跌幅超 30% 。里拉的持续贬值，对工银土耳其经营形成诸多冲击，给工银土耳其流动性风险和信用风险管理等方面带来了较大的挑战。

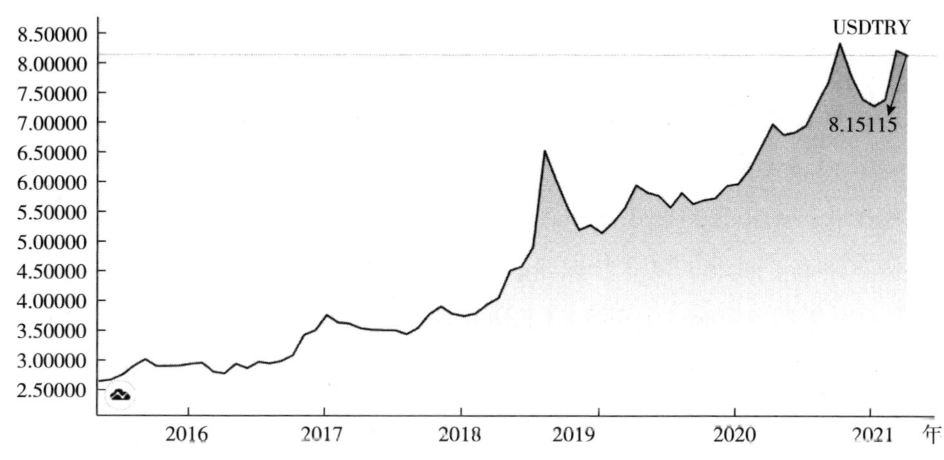

图 5.3　2015 年 5 月 1 日至 2021 年 4 月 1 日美元兑里拉走势

5.3.1　对银行经营的影响

流动性风险增大。市场流动性收紧，资金成本持续上升。近年来，全球经济金融形势复杂多变，全球经济增长乏力，新兴国家发展遇到困难和挑战。2015 年以来，土耳其经历了长时间错综复杂的选举局势变化、政变未遂、土美关系恶化、国内政治局势不稳、地缘政治复杂多变和国际金融环境等诸多叠加因素影响，市场环境恶化，国际评级机构 2 次下调土耳其主权评级，从 BBB－级下调到 BB－级，土耳其经济陷入困难期。在国际市场流动性收紧情况下，高通货膨胀、低储蓄、低外汇储备、经常性项目逆差扩大等经济结构性问题凸显，造成投资者和评级机构对土耳其经济过热的担忧，资本呈现外流，资金成本持续上升，偿债压力加大。为应对高通货膨胀压力，土耳其采取紧缩货币政策，国内市场流动性逐步趋紧。特别是 2018 年，为应对土耳其里拉大幅贬值，土耳其央行在维持基准利率 8% 多年后，连续加息共计 1600 个基点，推高了市场融资利率水平，资金成本飞速上升。此外，央行流动性支持方式从晚间窗口切换到每天上午的回购拍卖，对银行的流动性预测水平和管理能力提出更提高的要求。

受土耳其资本外流和评级下降因素影响，工银土耳其从市场融资难度不断加大。随着里拉汇率波动性加大，利率市场收益率大幅提高，加之土耳其经常性账户赤字和财政赤字扩大，国际市场和主要评级机构对土耳其的负面评论，投资者信心遭到损害，对未来不确定性的担忧加重。主要国际评级机构从2016年9月起将土耳其的国家评级从BBB-级先后2次下调至BB-级，同时市场收益率隐含的评级在B+水平，客观上对工银土耳其获取国际市场同业资金造成了困难。2018年以来，交易对手陆续收回对工银土耳其的全部6亿美元存量拆借资金，其间工银土耳其几乎没有机会从国际同业机构融到新资金，同时受总行负债依存度限制，从集团内融资受限，工银土耳其流动性管理受到极大压力。

财务收益下降。存款价格持续上升。近年来，由于流动性的紧缺，土耳其银行间对存款的竞争趋于白热化，存款期限集中于32~45天的短期存款，受过往经济危机发生银行倒闭、里拉大幅贬值等事件的影响，出于规避风险的原因，当地个人客户倾向于短期存款业务，因此在当地市场，长期存款利率较短期存款利率要低，但长期存款几乎没有。里拉短期存款价格从2015年交割初的10.5%左右上升到2018年末的23.5%左右，高点曾达到26%左右水平；主要外币美元短期存款价格从2015年交割初的2.05%左右上升到2018年末的23.2%左右，高点曾达到5.6%左右水平。在市场存款利率持续上升的过程中，随着客户存款的到期滚动，工银土耳其存款成本逐步上涨，对工银土耳其盈利能力带来挑战。

利差收窄。受里拉贬值影响，工银土耳其存款/融资成本上升，而贷款利率变动不大，导致里拉存贷款利差由从2015年交割初的2.47%左右下降到2018年末的-5.2%，出现倒挂现象；外币贷款利差从2015年交割初的3.58%左右下降到2018年末的1.07%左右。利差收窄甚至倒挂，严重影响到工银土耳其盈利能力。资产负债业务期限错配及其对利率变动敏感性差异，使工银土耳其净利息收入和净利润减少。由于工银土耳其里拉和外币生息资产的平均期限较长，对利率变动的敏感性较低，而付息负债的平均期限较短，对利率变动的敏感性较强，因此，在加息的情况下，短期内利息支出的增长大于利息收入的增长，造成利息净收入及净利润下降。

信用风险上升。土耳其里拉持续下跌使许多借有外债的土耳其公司还款压力渐增，特别是给未作汇率对冲企业的经营带来较大冲击，削弱了客户还款能力。工银土耳其交割以来不断转型发展，客户结构得到极大优化，客户抗风险能力普遍较强。交割后工银土耳其开启了与大型银行的直接贷款合作，工银土耳其的同业客户均为土耳其优质的代理行客户，其盈利能力、风险控制能力、合规水平均较为良好，比较顺利地应对了汇率和利率大幅波动。其他大型贷款项目客户，均为土耳其优质客户，应对汇率风险经验丰富，也都较为顺利地应对了2018年8月货币危机带来的冲击。2018年8月里拉快速贬值，使土耳其私人部门外债负担快速增加，工银土耳其客户中外币负债较多但外币收入相对较少的企业偿债负担加重。由于工银土耳其外币贷款以中长期为主，客户短期内偿债规模有限，总体信用风险得到了控制。

5.3.2 应对措施

交割以来，针对土耳其内外部政治经济环境的复杂多变，工银土耳其采取有效措施，积极应对加息、货币贬值等因素对工银土耳其经营和风控方面带来的挑战。

一、控制汇率风险

始终密切关注地缘政治经济风险及土耳其国内政局变化和汇率走势。工银土耳其始终密切关注全球经济、主要市场及新兴国家市场变化，关注土耳其地缘政治、土耳其国内政治局势的变化，不断加强对里拉汇率走势的研究分析，认真研判外部环境变化及汇率、利率市场波动对工银土耳其经营带来的影响，采取有效措施积极应对，并积极、及时做好汇报总行工作，保持良好顺畅沟通，寻求集团多方面的指导和支持，确保业务健康可持续发展。

充分发挥资产负债管理委员会作用，提高汇率风险管理水平，加强对市场的研判，实时关注汇率、利率波动情况，随时调整汇率风险管理策略，尽量避免汇率波动给经营造成损失。当外汇市场出现显著波动、里拉汇率大幅贬值时，启动汇率风险紧急预案。坚持稳健审慎的汇率风险偏好，不断加强汇率走势研判，把握市场发展大势，严守外汇风险敞口限额，确保汇率风险可控。严格在总行设定的外汇风险敞口限额内开展各项业务，定期做好汇率风险压力测试，并据以调整、改进汇率风险管理策略。

不断优化调整资产负债结构。工银土耳其一方面通过增加美元资产配比，有效降低里拉贬值影响，同时丰富资金来源渠道，扩大了美元、欧元、人民币等外汇资金来源渠道，实现筹资结构的优化；另一方面始终坚持择优发放贷款、扩大低风险债券投资，促进资产增值。交割前工银土耳其公司客户几乎都是中小企业，交割后工银土耳其积极扩大了与土耳其大型优质客户的合作，新增贷款基本投向了土耳其大型优质公司客户和大型同业客户，同时大量收回压低了中小企业客户贷款，扩大了低风险、高收益政府债券、政策性银行债券投资；为应对土耳其近年较高的通货膨胀率和里拉贬值预期，工银土耳其2016年底开始增加了与消费者物价指数（CPI）挂钩的政府债券，几年来均取得很好的收益，2018年平均收益超过30%。

叙做货币互换业务对冲汇率风险。通过多方努力，工银土耳其在中土两国央行签署的互换协议框架内争取到19.5亿里拉额度的互换资金，其中4.4亿里拉用于2017年完成增资，从而完全避免了新增资本金汇率风险问题；2018年新叙做的15亿里拉货币互换资金通过集团内拆借方式借入，期限1年，价格远低于市场利率，既提高了利差水平，又降低了工银土耳其对美元负债的依赖，同时降低了滚动套保成本，起到了对冲汇率风险的作用。

中土首次货币互换业务

中国与土耳其两国央行于2012年签署了规模100亿元人民币/30亿土耳其里拉的双边本币互换协议，2015年又进行了续签，互换规模扩大至120亿元人民币/50亿土耳其里拉。2016年之前两国从未使用过双边本币互换协议。为积极推进中土经贸、金融合作，2016年工银土耳其启动了双边本币互换协议业务项目，业务涉及人民银行、土耳其央行、工商银行总行等多方机构。工银土耳其迎难而上，反复沟通协调，在完成初期基础性工作后，时任总经理率队赴土耳其首都安卡拉，拜访了土耳其央行，双方就落实中土双边本币（人民币、里拉）互换协议、工行总行利用里拉资金完成对工银土耳其注资等议题进行了深入的交流和探讨，会谈取得了圆满的结果。此后工银土耳其及时积极跟进落实各项工作，逐步完成开户、合同、质押、汇款、转账等一系列工作，经过不懈努力，当年中国与土耳其两国央行顺利实现首次4.5亿里拉的货币互换业务，取得了突破性重大业务的成功落实。

此次货币互换成功，很好地落实了2016年中土领导双边会谈成果，有助于两国之间增进相互理解、促成共识，助力支持“一带一路”建设，推动两国关系更加深入发展。同时为双边本币国际化拓宽了道路，降低了双边贸易活动中面临的汇率波动风险，更加有利于双边贸易和投资，有力地促进了中土两国之间扩大金融业务往来。

加强预判，在货币危机前提前布局发力发展存款业务。通过对市场的准确研判，工银土耳其从2017年起大力发展存款业务，运用内部资金转移价格手段，提高财务考核激励，有效促进了工银土耳其存款增长。存款比重的增加对保持工银土耳其流动性起到了积极作用。同时工银土耳其在2015年末美元加息周期开始后，逐步延长美元负债平均期限，有限控制了美元持续加息后带来的成本和流动性压力。2018年8月货币危机时期，在土耳其整体对外偿还外债压力激增的情况下，工银土耳其仍然保持着较好的流动性，流动性指标完全满足监管要求。

在监管许可的范围内适度持有美元多头头寸。基于近年来里拉汇率贬值趋势，工银土耳其日常主动持有美元多头头寸2000万美元左右，以应对里拉波动。措施是将日间产生的美元收费收入以美元方式留存，前提是因此形成的外汇风险敞口不能超过监管规定指标（不得高于银行所有者权益的20%，按该比例工银土耳其可持有5000多万美元多头头寸）。工银土耳其持续严密观察市场变化，动态调整美元头寸，以采取合适的应对措施和办法。

大力发展簿记业务。截至2020年12月末，工银土耳其含簿记总资产为50.59亿美元，其中簿记资产占比为32.9%。2020年，工银土耳其簿记资产利润占比达到64%。由于簿记资产均为外币资产，且相关收益均以外币形式保留，故不受里拉汇率影响。近年来，里拉汇率持续下跌，工银土耳其通过开拓并持续扩大簿记业务，扩大簿记规模，从而实现在所有者权益 20% 的最大敞口限制之外尽可能地规避汇率风险。

不断提升全面风险管理能力和水平。工银土耳其在加强合规管理、强化风险管控的同时，不断提升对市场风险、流动性风险和信用风险的管理能力。始终坚持密切关注市场变化，加强对汇率、利率走势的研究和预判，运用金融衍生工具等手段，积极应对金融市场波动，防范市场风险。加强流动性风险管理，合理规划资金来源和运用，提高自身筹措资金和应对市场变化的能力。认真分析市场环境变化对工银土耳其企业和同业客户经营造成的影响，加大排查重大信用风险隐患的力度，强化信贷业务的全流程管理，防范和化解信用风险。

强化贷款准入和全流程管理。2018 年以来，工银土耳其对新发放外币贷款控制发放对象，停止发放适用于一般企业的外汇指数贷款；仅对有进出口业务的企业和大型项目融资发放外币贷款。针对外汇贷款集中度较高问题，工银土耳其研究从行业和产品方面制定限额，实行限额管理，防止由汇率风险引发的信用风险。对新发放外币贷款增强审查复核力度，严格控制汇率风险引发的信用风险。对跨域关联客户和代理行开始执行全球统一授信。按照总行要求，土耳其代理行客户融资全部报总行审批。取消分行的提款决定权，全部新增单笔业务均由工银土耳其授信审批部、工银土耳其总经理审批。

开办大额外汇资金交易

工银土耳其前身是土耳其一家中小规模的商业银行，服务客户也基本局限于中小企业和普通个人客户。工银土耳其在完成交割后，迅速调整战略、转变观念，依托工银集团优势，扩大宣传，通过提供丰富且有竞争力的产品服务，加强营销大型企业客户。

2016 年前工银土耳其外汇交易业务金额小、交易量小。2016 年初通过对本地及中资客户的深入挖掘与持续营销，获知在 Necatibey 支行开户与国家电网有业务往来的某大型公司有办理里拉兑换美元大额外汇交易需求，工银土耳其迅速跟进，前后台积极配合营销，并与客户高管层、资金部门多次进行交流探讨，其优质服务和专业实力令客户印象深刻，最终客户同意在 6 月初办理总金额达 1.615 亿美元的外汇资金交易。工银土耳其金融市场部迅速调度所有人力资源，集中了全部可使用交易限额，调整系统参数，最终成功高效办理了该项大额外汇资金交易业务。单笔大额外汇资金交易业务实现重大突破，树立了工银土耳其在当地市场的专业金融服务形象，为后续进一步拓展本地市场提供了有力支持，提高了金融市场业务在当地的影响力和竞争力。

二、促进资产保值

为应对里拉长期贬值趋势，经认真考证研究，工银土耳其全力推进以下两项应对汇率风险新措施。

其一，全力推进购买固定资产（办公大楼）项目，应对里拉长期贬值。结合土耳其国内的经济特点，工银土耳其全力争取采用购买房产的方式实现净资产的保值增值。土耳其经济结构较为完整，整体固定资产市场较为活跃，固定资产出售和租赁都有较为旺盛的需求，成交量较为理想，房价和租金都保持着较为良好的上涨势头。其中伊斯坦布尔在 2015 年全球房价上涨最快城市中排名第三，增幅为 25%；2016 年伊斯坦布尔房价增幅 17.7%，居全球第 19 位（前 20 位仅有 5 个城市不在中国，伊斯坦布尔作为其中之一）；2017 年伊斯坦布尔房价增幅 6.77%；2018 年受货币危机影响，伊斯坦布尔房价增幅急降至 0.35%；2019 年上半年跌幅 5.3%，至 9 月伊斯坦布尔房价跌幅缩小至 2.58%，目前处于筑底回升阶段。

当里拉汇率在短期内急剧下跌时，固定资产价格变化往往滞后于汇率变化。当里拉汇率下跌时，若工银土耳其购买房产作为自有资产，则可以实现资产较为长期的保值增值，且固定资产每年增值的部分计入工银土耳其所有者权益中的其他综合收益，将有助于工银土耳其对抗里拉贬值的不利因素，实现净资产的保值增值。

工银土耳其对购买方案也进行了详细比较与选择。初步购买方案包括工银土耳其直接购置不动产；通过工银租赁购买、工银土耳其承租；设立项目公司直接购买；通过工银土耳其资产管理公司设立不动产投资基金购买。经过对法律障碍、税收以及资产负债表的影响等方面的综合考虑，工银土耳其直接购买大楼，会面临较高的税收负担，并大幅减少账面可用现金，且大额非生息资产的配置会导致 ROA、ROE“双降”，影响工银土耳其经营效益；工银租赁购买具有法律障碍，根据土耳其当前法律，不允许外国公司在土耳其购置不动产，且外国金融租赁公司开展租赁业务需事先得到土耳其金融协会的许可；设立项目公司直接购买，同样会面临较高的税负，综合比较，通过工银土耳其资产管理公司设立不动产投资基金购买大楼，具有显著的税收优势，并对优化工银土耳其资产负债表机构具有优势。因此，基于法律、税收及对工银土耳其资产负债表的影响等方面综合考虑，最终选定以不动产投资基金购买大楼的方案，即通过工银土耳其资产管理公司设立不动产投资基金，工银土耳其投资不动产基金份额，工银土耳其以承租人的身份与基金签订租赁协议，向基金支付租金，并以投资人的身份享有不动产投资基金的投资收益。

表 5.1　　大楼购置方案比较

<table>
<tr><th></th><th>法律因素</th><th>税务因素</th><th>对资产负债表影响</th></tr>
<tr><td>工银土耳其
完全购买大楼</td><td>• 无法律障碍</td><td>• 购买价格 8% 的增值税（2019 年 12 月 31 日后税率为 18%）
• 交易双方各支付 1.5% 的契税（2019 年 12 月 31 日后该税率为 2%）</td><td>• 可用资金减少
• 由于非生息资产的配置，导致 ROA、ROE“双降”
• 100% 风险权重
• 可按资产增值计提利润（增值部分按公司所得税率征税）</td></tr>
<tr><td>工银租赁购买
大楼并租给
工银土耳其</td><td colspan="3">• 除非法律特别允许，契约法 2664 号不允许外国公司在土耳其购买物业
• 在土耳其，融资租赁公司不得将其子公司或 SPV 的资产租给其客户（租赁资产必须在金融租赁公司自己的资产负债表上体现），对于工银租赁能否在土耳其成立 SPV 用于购买物业仍需合规咨询
• 跨境融资租赁交易需得到金融机构协会（FKB）的批准</td></tr>
<tr><td>设立项目公司
购买大楼，
并租给
工银土耳其</td><td>• 无法律障碍</td><td>• 租赁适用 18% 的增值税税率
• 适用 20% 的公司所得税税率
• 对土耳其以外的投资者分红，适用 15% 的预提税率</td><td>• 合同期内的租金可根据国际财务报告准则第 16 条资本化（合同期内 100% 的风险权重）</td></tr>
</table>

续表

	法律因素	税务因素	对资产负债表影响
工银土耳其资产管理公司设立不动产基金购买大楼，基金再将大楼租给工银土耳其	• 无法律障碍	• 购买价格 8% 的增值税（2019 年 12 月 31 日后税率为 18%） • 交易双方各支付 1.5% 的契税（2019 年 12 月 31 日后该税率为 2%） • 房产投资基金不用申报公司所得税 • 房产投资基金分红不适用预提税	• 合同期内的租金可根据国际财务报告准则第 16 条资本化 • 50% 风险权重（如果工银土耳其回购基金份额）

其二，设立分行，节约资本。争取总行支持工银土耳其尽快申请到分行牌照，成立工商银行土耳其分行，以节约资本成本，提高资本回报率，同时排除资金来源所受各方面约束，拓宽低成本资金来源，更好实现资本的保值增值，提高流动性安全，支持工银土耳其高效、健康、稳健发展。

5.4 强化运营风险和操作风险防控

5.4.1 特色化管理

运营管理专业按照管理层和各风险委员会要求，在工银土耳其整体基础架构下，持续构建和完善运营风险和操作风险防控机制。同时，结合本地系统实际（无专业的运营风险防控平台、无专门事后监督团队和全量业务事后核查）、本地运营职能与集团的差异（非业务参数、业务核算的牵头管理部门）、本地业务实际（无核算印章、因而无须相应管理等），有针对性地开展特色化的专业风险防控管理，近年致力于事后风险防控的加强、着重开展专业自查机制的健全和完善。一是延续做好传统的专业自查（现场）检查工作。修订完善专业自查（现场）检查方案，通过突击检查和业务抽查方式，着重开展对流程控制（会计档案归档、日终轧账、运营主管日终履职、集中处理业务管理）和现金管理（现金查库、柜员库限额管理、主库出入库管理）等传统风险要点的持续管控。二是根据总行运营管理部统一工作部署，以 2019 年专业自查（非现场）为契机，全面加强工银土耳其运营自查与集团运营检查的管理融合。首先，对总行 9 大业务类别下共计 81 个检查要点进行细致梳理，逐一比对各检查要点中总、工银土耳其管理要求和标准，适当调整、合理明确本机构自查要点和内容；其次，结合工银土耳其业务实际，分析各检查要点涉及的管理范畴和层级（分行/总部运管，或工银土耳其无此业务、非运营管理专业牵头管理），相应明确各要点对应的自查范围等；最后，为确保日后各年度自查的长期一贯延续，实现与总行风控侧重点之间的有效联结，满足本地员工（基层行）语言、思维能力差异等，严格按照总行发文附件，对各检查要点进行伞形分类编码并建立中英对照的检查清单，以此编码为索引，在其下相应建立总部、分行自查要点，对检查内容进行适度本地化和翻译后，以表单方式、英土双语对照，直观清晰而全面地展示集团层面关注的运营风控要点和对应的工银土耳其层面具体执行标准。既为后续年度专业自查的开展制定标准和规范，同时也是运管条线就本专业风险防控与集团开展的首次、全面对标检阅，为日后向集团风控标准靠拢、逐步融入集团运管专业风险防控体系奠定基础。

此外，为强化分行运管考核，以工银土耳其《分行经营业绩和业务发展考核办法》附则方式，制定和发布《分行运营考核实施细则》，通过处理服务评价、业务管理评价、风险控制评价和协同发展评价 4 大类共 12 个具体指标的设置，进一步细化运营考核标准、丰富指标内容、规范口径和取数规则，为分行运营质效评估、管理效能提升和资源配置优化提供客观基础。

5.4.2 精细化管理

建立完善的操作风险管理制度体系。陆续制定了《操作风险政策》《操作风险监控规则》《操作风险缓释原则》《操作风险管理指南》《操作风险损失操作指南》《操作风险损失数据库数据采集手册》《操作风险执行指令》《操作风险管理委员会工作规则》等内部制度，逐步建立了工银土耳其特色的操作风险管理制度体系。

强化操作风险日常管控。充分发挥操作风险管理委员会的督导协调职能，不断加大前台控制功能，强化中台对业务的审核检查力度，后台持续对内控机制进行再评估。操作风险管理委员会每月定期召开会议，研究审议出现的操作风险损失和潜在的风险苗头，部署风险的缓释、控制工作。

严格执行责任追究机制。坚持“尽职免责、失职问责”原则，对操作风险事件和违规操作行为，工银土耳其将按照问责工作流程和相关规定，对相关责任人和责任机构进行责任认定，将责任落实到人。

5.5 强化信息安全管理

工银土耳其交割以来，由于历史原因及当地监管政策限制，工银土耳其使用的信息安全防控产品与总行不同，信息安全防护能力也与总行存在较大差距。但自交割后，在总行的指导和帮助下，工银土耳其重点加强对信息安全领域的投入，通过“技防”和“人防”相结合强化信息安全管理。

在管理方面，制订工银土耳其信息安全规划，并按照总行信息安全规章制度修订及完善工银土耳其本地制度，做到在规章制度方面与总行完全衔接、统一标准。同时加强信息安全相关宣传及培训，定期向全体员工发送信息安全宣传手册，并印制张贴信息安全宣传画、贴纸等，提升员工的信息安全防护意识。在系统建设方面，相继投产了 APT 网络防护系统、漏洞扫描系统、内网防火墙系统、静态和动态代码分析系统、关闭所有终端的 USB 端口、限制通过互联网远程登录、限制互联网访问，以及文件完整性监控系统、身份验证及访问管理系统、特权用户管理系统、网吧系统等，通过上述一系列安防系统的上线大大提升了工银土耳其信息安全防控水平，切实防范工银土耳其信息安全风险。

信息安全工作永远在路上。2017 年 8 月，总行信息安全团队赴工银土耳其现场对工银土耳其信息安全相关工作进行了检查及督导。针对总行发现的 9 个问题，工银土耳其制订了详细的整改计划，于 2018 年 6 月完成全部整改工作，进一步提升了工银土耳其的信息安全防护能力，实现工银土耳其防病毒、微软补丁及漏洞扫描 3 套系统安全基线配置符合总行的要求，且部分配置还高于总行要求。此后，工银土耳其继续部署了总行的新文档及终端安全管理系统，进一步加强客户端安全管理和文档保护。通过采购 CyberArk 产品实现了全行各类技术及业务应用的用户集中管理。

2020 年随着新冠肺炎疫情的全球传播，VPN 远程办公的需求急剧增加。在总行的帮助和专业指导下，工银土耳其实施了本地 VPN 系统的加固升级工作，在满足员工远程办公需求的同时，通过严格审批流程、落实安全基线、强化跟踪监控等管理措施，保障工银土耳其信息系统的安全性。

信息科技审计问题全面整改

工银土耳其并购交割伊始，信息科技监管审计问题有近百个之多，每年都产生监管罚款，且金额较大。交割后，工银土耳其即将合规管理作为工作重中之重，克服交割整合初期经营压力，重点支持与外部监管审计问题相关信息科技基础设施投入，同时加强对审计问题管理，实行部门负责制，责任落实到人。

工银土耳其对于每个审计问题都制订了详细的整改计划，“举一反三”制定详尽的整改措施，并自主研发了审计问题监控系统实时监测问题解决进度，通过邮件预警及各种委员会平台对监管审计问题进行全流程跟踪与管理。另外建立常态化、多层级的监管拜访机制，同当地监管机构保持常态化良好的沟通。通过新建灾备中心、替换老旧设备及对关键系统部署并行冗余架构等加大硬件基础设施投入，同时加强软件研发、强化信息安全管理以及规范内部流程管理，大力推进与总行在制度、标准、规范及系统等方面的全面融合对接，较好推进了 IT 架构转型及规范化管理要求；投入近千万美元，外部监管审计问题得到根本性解决。截至 2018 年底，成功解决了近 95% 的存量及新增外部监管审计问题，且新发现问题数量及级别也逐年收敛，监管罚款金额锐减，彻底扭转了交割前“以罚代管”的被动局面。

5.6 加强安全风险防控

土耳其横跨欧亚大陆，东邻高加索、中东地区，与叙利亚、伊拉克、亚美尼亚、伊朗等国家和地区接壤，处在国际安全热点地区；国内宗教与世俗力量冲突激烈，历史上多次发生政变，也有分裂主义的存在；同时由于土耳其存在东突势力，对中资企业来说，面临战争、政局动荡、恐怖主义等带来的安全挑战。如何在不利环境下做好安全管理，保障员工人身安全和机构的财产安全，推动稳健经营发展是工银土耳其成立之后面临的首要问题。针对当地安全形势，工银土耳其早行动、早部署，建立健全安全管理制度，建立安全事项沟通协调机制，加强安全信息收集，提前进行安全预警，做好安全防范，确保了人员和机构安全。

建立安全管理领导小组。面对土耳其境内复杂的形势，工银土耳其建立包含管理层及办公室（内辖保卫部）、人力部在内的安全管理领导小组。领导小组及时跟踪关注土耳其境内局势变化情况，保持与当地使领馆、政府机构、华人华侨团体的沟通联系，力求第一时间掌握局势变化，第一时间提示外派员工，第一时间做好防范工作，第一时间向工行总行汇报情况。

建立外派人员敏感时期外出报告制度。考虑到外派人员面临风险较大，对本地情况不够熟悉，要求所有外派人员在敏感时期，如无必要不得外出前往敏感场所（景点、警局、清真寺、维族聚居区等）。确需外出，不得单人前往，需向管理层及时报告前往地点、陪同人员、外出时间、往返路线、乘车情况、返回时间等。

定期开展全行安全管理情况调研与安全隐患排查。定期开展全行安全管理情况调研，详细了解全行消防器材、监控设备、金库、保管箱、押运、警局联网等情况，查找安全管理盲点，及时发现并纠正完善。针对当地情况，所有保安均持枪上岗，并实施枪弹分离制度，加强对安保人员的枪械管理，规范保安人员的枪械领用、使用与保管。

完善安全管理规章制度。梳理安全管理规章制度，对照工银集团安全管理要求，逐一查找不足，补充完善。同时结合土耳其当地实际情况，建立包括枪械管理、保安人员行为规范、分行安保全员分工、分行“一把手”负总责的规章制度，及时识别可疑人员、及时发现可疑物品、及时处置紧急情况、及时汇报安全情况。

加强本部及营业场所安保力度。要求所有进入本部办公楼的人员必须持卡，必须接受安检。访客进出办公区域均需要在前台登记，前台接待人员在得到行内员工确认后，方可指引访客前往指定区域。通过调研分行安全管理现状，评估是否需要安装安检设备、是否需要配备更多安保人员。所有分行建立了应急处置预案，全员安保，明确分工，并要求大堂经理、保安加强对可疑人员、可疑物品的检查力度，确保分行运营安全平稳。

开展员工安全培训，定期开展防抢、防盗及防恐演练。通过培训与演练，提高全体员工安全风险防范意识，提高使用消防器具、报警装备、自卫器械的能力，切实保障全体员工人身安全及工银土耳其财产保全。

定期开展安全管理监督检查。为督促全体员工严格遵守安全管理规章制度，工银土耳其定期开展安全监督检查，着重检查各类设备器械的运行维护情况，检查与测试分行应急预案。对存在问题的分行早发现、早整改，对开展安全管理工作不力的分行予以警告，对相关责任人进行追责，并将安全管理工作开展情况与职位晋升、年度考核、绩效奖励等挂钩。

5.7 结论与启示

工银土耳其坚持“未雨绸缪、见微知著、亡羊补牢、举一反三”，按照“主动防、智能控、全面管”原则，压实三道防线责任，落实管理细则，完善“全球、全员、全程、全面、全新、全额”的风险管理体系。了解客户、理解市场，增强风险管理的方位感，对风险动荡源、传染点、传导链、影响面做到心中有数，有的放矢；认识自身、尊重规律，增强风险管理的边界感，使业务创新和发展速度与风控能力相匹配。

工银土耳其信贷结构调整的实践经验，是一个逐步对当地市场加强认知的过程，是将总行信贷文化政策融入本地的过程，是取长补短、优胜劣汰的过程。在这个过程中工银土耳其所积累的一些整合经验，也是难能可贵的。

第一是作充分的准备。并购企业要进行一次成功的整合管理，首先必须在并购宣布前对目标企业进行全面的评估，企业并购的整合管理应该在并购前阶段开始进行。[①] 实际上，相比其他行业，金融机构交易的复杂性和多样性大大高于其他行业，仅对会计报表的关注远远不足以使并购方全面了解收购目标的状况，风险可能被隐藏很深[②]。交割前近 2 年，总行即派驻中方管理层提前参与原土耳其纺织银行日常的信贷决策中，虽无决策权，但有建议权。3 名外方高管与 3 名中方高管组成的过渡期委员会，每周一次的信贷审议，让中方管理层能否提前了解该行信贷审议的流程和结构，对该行信贷状况有整体把握，也对当地客户的特点有了一定了解，从而为后期的机构调整提供了比较充足的决策依据。

第二是对自身禀赋的充分把握。银行本身的经营成败，与自身内外环境、大的行业周期，乃至国际市场的波动都有密不可分的关系。工银土耳其在成立之初就不仅仅是从土耳其当地一家中小银行的角度着眼，而是把自身定位在“立足本地、辐射周边、联通欧亚”，从大处着眼，充分了解到自身背靠工行的品牌和资金渠道优势，也充分发挥了工银土耳其原有的商投联动牌照的优势。广义的商投互动是由商业银行自身信贷及投行业务与外界券商、基金合作形成的“商行 + 投行”模式；狭义的商投互动则是指商业银行综合化经营下内部资产信贷业务与投资银行业务之间相互扶持形成的“商行 + 投行”模式。商业银行开展投行业务的范围包括并购重组、财务顾问、结构化融资、资产管理、股权直接投资等领域，这就帮助一开始并没有大型企业融资经验的银行从投行角度打开突破口，介入一些复杂的融资项目中获得客户。

第三是循序渐进，长远规划。工银土耳其的改革调整不是一蹴而就的。最开始的调整客户方向、压缩存量客户，都在当地引起了一些不解和疑问。

① 资料来源：郑海龙、李树丞，《基于企业并购的整合管理研究》，载《中国管理科学》，2002 年 8 月第 4 期。

② 资料来源：《毕马威行业透视》，2013 年第 5 期。

这其实是由双方互相的理解差异以及对事件的长短期利益重视程度不同造成的。中国工商银行作为一个国际化的大型商业银行，风险偏好一直非常审慎，与短期利益相比，更注重长期的、可持续化的增长，是"穿越周期的稳健"。因此在工银土耳其成立之初便制订了3年规划，设定了各项指标的合理增幅，同时定期进行对业务发展的月度、季度、年度预测评估，这在并购前的土耳其纺织银行是没有的。作为一家家族式银行，土耳其纺织银行以往的经营更偏向企业式当期利润或者价值管理，缺乏对未来长期环境的预判或者关注。

案例1：咬定目标不放松，不良清收得始终

摘要

A公司成立于1988年，是土耳其知名房地产公司。从2004年起与工银土耳其前身的土耳其纺织银行建立业务联系，2014年从原纺织银行最后一次提款××万美元。2016年末，受土耳其本地房地产市场不景气及本币里拉贬值影响，公司出现还款逾期，中间虽努力催收，终因客户现金流紧张，于2019年9月转入不良贷款。作为并购前的存量客户和遗留贷款，工银土耳其发挥工行全球化、国际化的声誉优势，借势"一带一路"倡议带来的广阔市场机会，不断深化双边交流，加强高层沟通，获得了当地政府、监管机构、国有银行、企业等多方支持；同时深入贯彻总行24字信贷文化核心理念，在政策、流程、清收方案等方面得到了总行信贷管理部及相关业务部门的指导帮扶。经过多方参与协调，境内外上下联动，最终该笔贷款本金全部收回，实现11.75%的综合收益率，解决了工银土耳其最大一户不良贷款和交割前的历史遗留问题。截至2020年3月末，工银土耳其不良率仅为0.18%，不良贷款拨备覆盖率高达494%，资产质量排名土耳其同业第一。

业务背景

A公司成立于1988年，是土耳其当地知名房地产公司，也是一个家族型企业，注册地为伊斯坦布尔。土耳其纺织银行从2004年起与公司建立业务联系，2009年起与公司开展信贷合作，其间公司多次正常还款。2014年，公司最后一次从原银行提款××万美元的外币分期贷款，采用灵活还款方案，还

款期为6年。以10栋校舍和校舍对应的租金应收款作为抵押物，租约签订到了2025年末。2015年至2016年11月，公司归还了23期分期款项。

2016年末，受房地产市场不景气、里拉大幅贬值等外部环境影响，公司多次出现还款逾期，被纳入潜在风险客户名单。工银土耳其成立由行领导挂帅的大户追索团队，开始持续不断的追偿之路。先是检查公司多个楼盘，实际考察公司的房地产销售情况；从系统调取资料，跟进客户在各家行的信贷进展；了解当地行对客户的债务处理方式，并多次与公司负责人座谈和实地考察抵押物；采取现场催收、债务重组和增加抵质押等方式，持续压降客户LTV，坚守“重组必须使客户情况有所改善、余额有所下降”的原则，不放松谈判条件，持续施压，保证有不间断的现金支付。2019年9月，公司所有渠道现金流断裂，当期分期应还款无法支付，所有债项被转入不良。

清收难点

考虑到彼时该公司已没有还款能力和还款意愿，工银土耳其迅速决定采取诉讼手段展开清收，对债务人、担保人及作为租金支付方的校舍均发送警告信，启动法律追索程序，查封公司、股东相关资产，向4家大型资产管理公司询价并进行内部估价。但在实际执行过程中，面临一定困难，主要包括以下几个方面：

一是原土耳其纺织银行没有严格的信贷管理政策要求和集体审议机制，导致该户贷款本身的LTV较高，一度达到102%，且抵押物类型特殊，接受了一般不应该接受的校舍。尽管工银土耳其采取了各种可行的法律手段，但在实际执行过程中，除抵押物外未能找到其他可供查封的有效资产，且发起的每个执行环节均遭到了对手方的反对。按照当地法律程序，如债务人对该债权提出了异议，则债权人只能就该事项向法院起诉来证明其债权的存在，在证明过程中无论是资料收集还是庭审辩论都非常耗时。除工银土耳其外，还有至少3个法律主体（含银行及个人）也对公司发起了法律追索和查封。支付租金的学校本身也遇到财务危机，已无法正常发放员工工资，在他行也有大额逾期欠款。工银土耳其如想将抵押物拍卖出更高价值，需将校舍按照别墅用地（该片土地原规划为别墅用地）进行拍卖，售价才更高，但现在该楼群已全部改建为学校且本身有近千名学生在读，采取法律手段处置拍卖抵押物存在法律瑕疵，且强行要求关闭学校会造成负面的社会影响。

二是如继续坚持法律追索，即便能全部完成抵（质）押物的处置拍卖，预计回收金额也不能完全覆盖本金（房地产市场价格较为低迷，且该房产有其特殊性）。但考虑当地烦琐的法律程序及客户可能提出的反对情况，处置年限可能需要2~3年（因为土耳其是从欧洲大陆法系引进的法律制度）并且需持续支付法律费用，投入大量人力物力，并解决在读师生的迁移问题，考虑时间价值回收比例更低。

因此在持续推进诉讼的过程中，工银土耳其也没有放弃同时与债务担保人、当地监管、质押租金支付方，以及资产管理公司保持多方磋商，评估资产价值，探讨可行的筹款方案，力求能“以诉促谈”，通过谈判签订协议方式终结诉讼能更为高效地实现现金清收。

清收过程

通过持续的法律追索，该公司的各项财产均被查封，公司相关人员特别是主要负责人/董事长感受到较大压力。该公司属于家族企业，主要由董事长管理；董事长属于当地名流，有一定的政治影响力，所有重大事项均由其定夺。持续的资产查封行动让公司和股东个人外在声誉受到很大冲击，该公司董事长提出和工银土耳其进行谈判，了结债务以便工银土耳其停止追索行为。2019年10月第一次提出的方案工银土耳其未接受，一是公司报价远低于账面本息余额，二是公司被多家银行转入不良，根本难以在市场上融资，所提出的从他行借款归还贷款的可信度较低。工银土耳其要求，公司的初始报价必须覆盖账面全部的本息费乃至罚息。但该公司认为此金额已远超其原贷款所需支付金额，因而反复拉锯谈判。工银土耳其也毫不松懈，坚持推进法律追索，“以诉促谈”。重压之下，公司将还款金额提高10%，工银土耳其仍未同意。而后该公司请土耳其银行监理署BRSA参与协调，工银土耳其通过多种方式向BRSA详细解释了坚持报价的原因。2020年1月，工银土耳其向BRSA进一步表达了积极服务土耳其经济、产业和社会发展，为中国“一带一路”倡议对接土耳其“中间走廊”计划提供金融支持的愿景，表示多年来已全力支持企业发展，但本息全部收回是谈判底线。据此，经监管部门参与协调，综合考虑企业的行业影响与银行的正当诉求，从大局出发，工银土耳其提出了更新版本的本息全部结清方案，较原方案提升17.5%。公司最终按照该方案，从他行借款，最终归还了贷款。

案例启示

尽管是交割前发放的贷款，在管理过程中，工银土耳其并未放松监测和贷后检查力度，并就该企业转入潜在风险及不良的成因认真进行了剖析，作为反面典型举一反三，及时更新行内的规章制度，避免同样的错误再次发生。该案例风险启示有二。

一是做好汇率风险防控。以该客户为例，客户以美元贷款，销售房产也以美元计价，表面上看收入与还款的币种是相匹配的。但在实际经营过程中，一旦发生汇率风险，特别是遇到里拉大幅贬值的情况，对于房地产特别是奢侈型房产的消费，买家更倾向于持币观望，对应外币标价房产的本币售价，升值幅度也赶不上里拉贬值的幅度，还款能力显著劣化（同期土耳其市场多家房地产开发商出现风险）。交割后，工银土耳其外币贷款大多要求为客户安排衍生品授信进行对冲或者采取其他套保措施缓释该风险。

二是抵押物类型需要谨慎选择。由于该客户为交割前客户，彼时对抵押物种类没有明确限制。国内一般不允许将校舍作为抵押物。该抵押物所占土地原规划为别墅用地，但抵押物在建成后出租给当地私立学校，被改建成办公学习场所，并且有师生入住，签订了较长期租约。一方面由于目标客户有限，影响了对该房产的价值判断；另一方面增加了法律处置的难度，有可能造成不利的社会影响。工银土耳其目前的信贷政策规定可以接受的不动产抵押物类型包括住宅、工厂、仓库、商铺和办公楼等，不再考虑校舍类别。

处置经验

一是发挥工行的国际影响力，掌握监管沟通技巧。作为国际性大银行，工银土耳其借“一带一路”建设发展的东风，深耕本地市场，参与重大项目，支持本地龙头企业。在提升工银土耳其市场份额的同时，也赢得了市场的尊重，获得了“土耳其最佳商业银行”“土耳其最佳投资银行”等多个奖项，得到政府与监管机构的肯定。正因为如此，工银土耳其在面对交割前的不良贷款客户时，有底气不放低标准和要求，站在国有资产和工行角度保全资产、全力维权。在正式与监管面谈之前，工银土耳其通过邮件方式将客户的信贷历史、利息计算方式、采取的措施等与当地监管部门进行了详细沟通，为债权的正当性、合理性争取支持，使监管不会偏听偏信。在面临可能只有一次与监管部门高管面对面沟通的情况下，珍惜机会，摆事实、讲道理、列数据，保证获得监管的充分理解和认可。而 BRSA 经全盘考虑，协调相关方，为难以获得融资的客户安排合适的贷款渠道，支持了工银土耳其的合理诉求。

二是让总行信贷文化在当地生根发芽。为贯彻总行 24 字信贷文化核心理念，工银土耳其交割后完善了信贷决策机制，变个人单线决策为集体决策，搭建起信贷与投资评估委员会、信用委员会、董事会三级集体决策架构，参与成员包括信贷与投资管理部、授信审批部和法律部等部门主管，秉持经济本源的初心和审慎稳健的风险偏好，凝聚集体智慧，引入专家治贷，共同商讨解决方案，制定《工银土耳其不良信贷资产管理基本规定》，明确了各相关部门在不良贷款管理中的责任，以及可采取的处置方案及处置原则，使流程诚信合规，执行有据可依。起草《工银土耳其不良贷款责任评议手册》，开展对不良贷款的责任认定和追责工作，树立信贷条线全员风险意识和责任意识，督促全员尽责履职。在总行信贷管理及相关业务部门的指导帮扶下，工银土耳其顺利完成了政策制定、流程推动及方案设计等，为总行信贷文化在当地生根发芽打下良好基础。

三是“以诉促谈”是催收法宝。客户出现流动性危机后从一开始的配合还款，到后续逐渐开始拖延还款，既有客观原因，也有主观原因。土耳其当地对于失信人员的惩处手段相对较少，除了征信污点外，对日常生活基本没有影响。从实际追索情况看，工银土耳其推进法律进程也有流程缓慢、手续复杂等因素限制，客户也不断威胁要提出反对，拖垮法律进程。面对这种不利的情况，各部门各层级顶住压力，仍然坚持不懈地采取法律措施，特别是到客户的住处查封对应财产的措施给客户造成了比较大的压力，客户也从不配合、威胁吵闹到最终愿意坐下谈判，提供比较有诚意的还款方案。“以诉促谈”是非常有效的措施。

四是完善责任处理机制。工银土耳其建立了完善的责任追究机制，明确各违规行为责任人，坚持有责必究。责任追究流程启动后，由内控部首先进行责任评议，调查问题贷款成因及主要责任部门和责任人，判定是否存在未遵守规章和主观过错的情况，认定有主观过失后移交内审部进行责任调查和处罚建议。内审部根据案例具体情况、违规情节、负面影响和经济损失等确定具体责任人和处罚建议，并提交纪律委员会审议，由委员会通过民主投票方式决定相关议案，或对议案中责任人和处罚建议进行修订，最后由总经理签批后交由人力资源部门执行。尽管该户企业为交割前所放贷款，工银土耳其仍启动追责流程，在行内起到了良好的警示作用。

案例 2：依托集团互信，解决“融资难”

摘要

某中资企业 A 公司收购一家土耳其电缆生产企业 B 公司后，因 B 公司当时的财务状况表现不佳，在融资等方面存在较大困难。工银土耳其基于集团内兄弟行对该中资企业的了解，兼顾客户准入标准和发展前景，以动态和发展的眼光来评价客户，根据不同的发展阶段采取相应的担保措施，既防范了贷款风险，又解决了中资企业土耳其子公司在发展初期的融资难问题。

案例背景

B 公司成立于 1982 年，是一家从事高压、特高压电缆的生产企业，是土耳其电缆行业龙头，产品除供给当地市场外，还出口到美国、印度、沙特阿拉伯、冰岛等 60 多个国家和地区。1985 年，沙特电缆公司参股该公司，并于 1994 年完成全部股份的收购。虽然该企业产品销路广泛，但由于经营不善出现亏损。2018 年 9 月，A 公司收购该公司并全资控股。截至 2018 年末，B 公司总资产 4.41 亿里拉，所有者权益 9905 万里拉。2019 年全年实现总收入

1.92亿里拉，净利润-4840万里拉。因B公司财务表现不佳，存量授信额度有限，其中1家当地银行以资产质押的方式为其授信1000万美元，另外2家银行以存款质押的方式分别为其授信500万美元和380万里拉。

A公司成立于1996年，注册资本30.66亿元人民币，主营业务为光纤、光缆生产、销售与服务。2002年10月在上海证券交易所上市，2020年7月23日市值为353.53亿元。截至2020年3月末，A公司总资产407.8亿元，所有者权益215.5亿元。2019年全年实现总收入387.7亿元，实现净利润19.68亿元；2020年第一季度实现总收入88.93亿元，净利润3.437亿元。

业务经过

B公司的财务指标无法满足工银土耳其的准入标准，2018年11月，工银土耳其以存款质押的方式为其核定授信110万美元，主要开办保函等表外业务。同时，工银土耳其积极与集团内兄弟行进行联系，了解到其控股股东A公司与工行合作良好，信用评级较高。基于对其股东的信心和B公司在当地市场的行业地位和发展前景，工银土耳其要求A公司为其子公司提供保证，并按规定在当地外汇局备案，落实担保责任。2019年3月，工银土耳其为其核定授信1500万美元，其中，200万美元以下提供A公司担保，200万美元以上提供存款质押，并联动境内兄弟行将该公司授信额度纳入A公司统一授信。2019年第一季度，B公司扭亏为盈。期间，工银土耳其信贷前台会同中台人员一起对客户进行了现场走访，进一步了解了企业的经营状况。基于其经营情况和财务状况的改善，工银土耳其在原授信额度不变的情况下，对授信使用条件进行了变更，将A公司保证额度增加到1200万美元，其余部分仍为存款质押。截至2019年末，B公司总资产7550万美元，所有者权益3841万美元。2019年全年实现总收入5931万美元，实现净利润207万美元。2020年7月，该客户授信年审过程中，提出变更担保条件申请，将全部额度1500万美元的担保方式变更为控股股东A公司保证。根据企业的实际经营和合作情况，工银土耳其对客户的申请予以支持。

案例启示

一是有效担保方式选择问题。一般情况下，土耳其借款人仅在申请长期贷款或项目贷款时，才提供资产抵（质）押，申请短期贷款多采用信用或股东保证。相对弱势的借款人才会接受用资产质押的方式申请短期贷款。B 公司资产已设定抵押，在土耳其能提供的其他担保方式已经偏弱。在这种情况下，工银土耳其要求 A 公司提供担保，保证性更强。客观来说，即使 B 公司的资产质押可以提供给工银土耳其也未必优于 A 公司的保证。

二是集团内外联动的重要性。虽然 A 公司是上市公司，信息相对透明，但是真正了解一家公司还需通过日常的业务合作才能更加深入。工银土耳其在对该客户的评价过程中，正是通过借助集团优势，认可了 A 公司的担保能力和 B 公司的发展前景，并最终通过统一授信的方式来管控对该集团的整体风险。

三是用动态和发展的眼光看问题，以企业的实际状况作为评价依据。一方面，发挥外派员工对借款人国内股东的了解作用，多渠道为评价客户提供信息，以动态和发展的眼光来看待客户，而不是简单地在看到借款人不满足相关条件时拒绝。另一方面，虽然对 B 公司的发展前景有一定的信心，但仍不能脱离其在收购完成初期财务状况不佳的实际来开展授信工作。随着企业的发展，采取相应的风险管控措施，可以有效防范风险。

案例 3：从严治行　有效问责

交割以来，在总行的大力支持和指导下，工银土耳其克服当地市场环境变化、中土两国文化差异以及经营管理整合等多重挑战，积极适应外部监管形势，不断加强内控合规建设，自上而下层层压实合规风险管理责任，强化违规风险事件责任认定问责工作。5 年来，工银土耳其不良贷款率从交割之初的 6.67%压降到现在的 0.15%，资产质量从频频预警跃居当地同业第一；监管处罚率从交割年度的 0.11%下降到 2020 年中的 0.0069%，2020 年最新监管综合评级从“差等生”上升至行业前列，通过提升风险治理能力，实现了规模、质量、效益持续高水平发展，迅速发展成为当地同业标杆。

培育合规文化。工银土耳其不仅将责任认定和追究作为防控风险的重要方法和手段，也高度重视培育全员参与的良好合规文化。强化合规宣传教育和业务培训，积极开展内控合规主题教育活动，营造“主动合规”和“持续合规”的氛围，将责任认定和追究工作融入风险文化，在员工心里牢固建立一道风险防线，提高员工的风险意识、合规意识、责任意识和担当意识。坚持“权责一致、错责相当”“集体决定、分清责任”的原则，强调对部门主管及分行行长的监督检查，通过强化合规风险事前防范和事中控制，督促落实全面从严治行管理责任，督促各类问责主体齐抓共管合规工作。

构建组织架构。实现有效的责任认定和追究工作，必须按照权威性、独立性、全面性原则，以问责委员会、责任认定部门、风险管理部门为核心，建立责任认定和追究工作的组织架构和体系。一是构建问责委员会的集体决策机制。交割后，工银土耳其改组了工银土耳其的问责委员会——纪律委员会，由工银土耳其董事会成员、审计委员会主席任主任委员，由内控合规部履行委员会秘书处职责，组织协调委员会总体工作，委员会委员按“1+5+4”模式确立，其中“1”为主任委员，由行领导担任；“5”为内控合规部、人力资源部、风险管理部、法律事务部及运行管理部为常设委员；“4”为信贷与投资管理部、资产与负债部、办公室、行政事务中心为临时委员。二是建立独立的责任认定和追究部门，合理确定职能定位，明确权责及其独立性。工银土耳其责任认定工作由内控合规部和内部审计部按照责任认定流程换手开展。内控合规部负责责任评议，查清风险发生的历史过程，评价导致风险事件发生的违规问题。内部审计部负责界定责任部门和责任人，并拟定处分建议。风险管理部门负责提供专业风险管理意见。三是责任追究做到3个“覆盖”不留死角，即覆盖全行所有产品、覆盖每项业务的各个环节、覆盖全行所有员工。5年来，工银土耳其问责工作处理的案件包括信用风险、市场风险、操作风险、道德风险等多种风险类型，问责的业务领域包括了零售、公司、投行、运管及保卫等多个业务条线，纪律处分的对象不仅有部门主管、分行行长，还包括工银土耳其管理层成员。四是建立一支懂政策、懂业务、高素质的责任认定和追究队伍。工银土耳其责任认定工作从内控合规部发起调查，内部审计部开展责任认定和处罚建议，到风险主管部门提供专业意见都极其重视专业人员的全流程参与，既要充分发挥各部门熟悉政策法规和银行操作规程的优势，又要敢于坚持原则、敢于碰硬，才能达到责任认定工作的预期效果。

建立标准规范。工银土耳其制定了明确的责任认定和追究标准，当新产生不良贷款超过限定额度、不良贷款形成实际损失或受到监管机构处罚时，立即启动责任认定工作。首先由内控合规部进行责任评议，参考责任部门和责任人提交的《风险事件情况说明》，对风险事件发生原因进行评议，调查风险事件发生的全部历史过程，摸清导致风险事件发生或损失形成的主要违规问题，明确界定各层级、各环节人员应承担的责任，若发现存在违法违规或履职不当情形，案件移交至内审部，由其进行责任认定并提出初步处理意见，内审部依据档案资料（如贷款审批表、审批决策书）发放支付审批表等材料，针对发现问题确定责任人名单，根据工银土耳其纪律处分制度规定，初步确定各责任人应承担的责任和处分等级，将责任认定报告提交纪律委员会审议审定责任认定结果。纪律委员会根据责任人的问题性质和造成损失大小综合考虑，合理确定追究处理方式，做到罚责相当。

强化问责成果的运用。工银土耳其在问责过程中通过深入细致的思想教育工作，让被问责员工充分认识到遵纪守法的约束和刚性，更能感受到组织的严管与厚爱。做好问责工作“下半程功课”，建立问责决定执行、“以案促改”、对被问责员工跟踪回访等制度，充分发挥问责机制的引导作用。例如，受本地房地产市场不景气及本币里拉贬值影响，工银土耳其客户某公司贷款出现还款逾期，2019 年 9 月转入不良贷款，作为并购前的存量客户和遗留贷款，工银土耳其组织骨干力量全力清收，同步启动了问责流程，对客户管理行负责人扣减绩效，取消一定期限内晋升资格，并决定结合不良清收情况给予行政处分。通过工银土耳其上下通力合作、相互配合，在 2020 年 2 月底，成功收回 1.175 亿里拉（约合 1.34 亿元人民币）的结清汇款，加上前期还款，工银土耳其回收全部本金，并实现 11.75% 的综合收益，解决了工银土耳其最大的不良贷款和交割前历史遗留问题。鉴于分行负责人在后期清收工作中尽职尽责，贷款本息全额回收，经工银土耳其纪律委员会集体审议，未追究行政处分。通过对责任认定的正确使用，既对流程中的违规行为进行了处罚，也对后期催收过程中“履职免责”形成正面激励，推动不良清收实现最佳实效，确保全行利益最大化，进一步在全行普及责任意识、风险意识、合规意识和担当意识。

6. 中土文化融合之路——“家国”情怀，民心相通

民心相通是共建“一带一路”的人文基础。各国开展了形式多样、领域广泛的公共外交和文化交流，增进了相互理解和认同，为共建“一带一路”奠定了坚实的民意基础。习近平总书记指出，共建“一带一路”必须“在沿线国家民众中形成一个相互欣赏、相互理解、相互尊重的人文格局”，“坚持经济合作和人文交流共同推进，注重在人文领域精耕细作”，“加强同沿线国家人民的友好往来，为‘一带一路’建设打下广泛的社会基础”。[①] 这其中，中资商业银行是“一带一路”资金融通的直接主体之一，也是“一带一路”人文交流的重要载体之一。通过“走出去”设立分支机构，特别是并购整合当地银行，中资商业银行不仅把资金和服务带到“一带一路”国家，同时也把中国的管理制度、管理文化、经营理念传播到“一带一路”国家，并通过外派员工与当地员工合作共事、与当地人民日常交往，进一步促进中国文化与当地文化的长期、稳定、可持续的交融和互信。因此，中资商业银行在“一带一路”国家的并购整合，不仅关系到银行自身的经营成败，也是直接推动“一带一路”人文交流、促进民心相通的重要途径，是实现和平发展和构建人类命运共同体的微观载体之一。在这一章，本书通过对工银土耳其推动中土文化融合案例的分析，讨论中资商业银行在“一带一路”建设中如何开展文化交流互鉴、促进民心相通。交割以来，工银土耳其一直致力于从规模、质量、效益、管理、创新五个方面提升硬实力，从公司治理、队伍建设、企

① 李贞，《习近平谈“一带一路”》，2017 年 4 月 12 日。

业文化、社会责任、公司形象五个方面加强软实力，取得显著成果。

6.1 国内外研究现状

作为一项国际公共产品，“一带一路”既不是出于中国谋求霸权的意图，也并非自由制度主义者主张的制度输出，更非输出意识形态和价值观，而是一种融国家、市场和全球公民社会资源于一体的国际集体行动。强调互联互通，通过弘扬和平合作、开放包容、互学互鉴、互利共赢的“丝路精神”，逐步累积信任，凝聚共识，谋求不改变他国制度的全球发展和治理优化。因此，在推动“一带一路”建设方面，习近平总书记特别强调民心相通的意义，认为“国之交在于民相亲，民相亲在于心相通”。[①] 习近平总书记强调指出，民心相通是“一带一路”建设的重要内容，也是“一带一路”建设的人文基础。要坚持经济合作和人文交流共同推进，注重在人文领域精耕细作，尊重各国人民文化历史、风俗习惯，加强同沿线国家人民的友好往来，为“一带一路”建设打下广泛社会基础。

民心相通最大的挑战来源于不同国家文化差异造成的潜在文化冲突。只有通过文化融合，化解文化冲突，形成文化认同和交流互鉴，才能真正实现民心相通，保障“一带一路”建设行稳致远。“一带一路”倡议提出以来，学术界对实现民心相通的文化融合进行了大量研究，一方面是从理论和实证角度论证了文化融合对实现“一带一路”民心相通的关键作用，另一方面是基于文化冲突问题和区域合作机制探究文化融合的路径和方法。然而相关文献也指出，现有的研究没有对文化融合的主体进行细化和分层，因而研究结论过于宏观，难以提出具体的路径方法和对策建议。[②] 本书在对工银土耳其的案例研究中发现，文化融合并不仅仅依靠国家的文化外交和民间的文化交流，也不仅仅是文化产业的主要任务；文化融合对于任何参与共建“一带一路”

① 资料来源：赵可金，《“一带一路”民心相通的理论基础、实践框架和评估体系》，载《当代世界》，2019（5），第36～41页。

② 资料来源：郭鸿炜、高斌，《跨文化治理视角下的“一带一路”民心相通研究综述》，载《理论研究》，2019（2），第43～51页。

的企业，包括商业银行，都是重要命题，企业具有推动文化融合的强烈内在动机，并且是促进“一带一路”民心相通的重要微观载体。

从文化的角度讲，“一带一路”文化融合促进民心相通要解决的根本问题是运用文化的先进力量，合理地消除“他者”和“自我”之间的相互排斥，增进文化认同和包容。中国学者郭鸿炜和高斌（2019）指出[①]，早在18世纪末的欧洲，伊曼努尔·康德（Immanuel Kant）的“永久和平论”探讨了“自我”与“他者”的文化交流融合，也为欧洲一体化实践提供了理论背景。福山、塞缪尔·亨廷顿（Samuel P. Huntington）则建构了“自我”与“他者”的文化冲突框架。彼得·卡赞斯坦（Peter Katzenstein）从多元行为体、多元传统与多元实践三个方面建立理论框架，指出所有文明都是处于“多样性之下的统一性”状态。兰德尔·柯林斯（Randall Collins）的“文化竞争与威望区域”理论，分析了“差异与竞争下文明威望的文化吸引力以及文明威望区域内外的互动所带来的积极影响”。国际关系学家赵可金（2019）认为推进民心相通的基本理论框架是开放、包容、共享的网络运作平台。民心相通的重要通道是人文交流，借助人员交往、经贸交流、文化沟通、社会往来及跨国旅行等方式，实现不同国家民众间的沟通交流。需要重视加强基层推广。[②] 国际关系学家秦亚青和魏玲（2018）指出，“一带一路”倡议尊重各国的文化多样性，在推动各方经济和社会文化发展方面遵循和而不同的理念，包容共生，合作共赢。[③] 学者邢丽菊（2016）倡导建立平等交流、促进对话机制、鼓励民间力量、发展文化产业等人文交流机制和平台。[④] 学者甄巍然和刘洪亮（2018）提出以“民心”朝向为共同目标诉求，消解跨文化认知障碍；拓展交往互通模式，共建跨文化价值认同；强化参与感与获得感，共担责任共享

① 资料来源：郭鸿炜、高斌，《跨文化治理视角下的“一带一路”民心相通研究综述》，载《理论研究》，2019（2），第43～51页。

② 资料来源：邢丽菊，《推进“一带一路”人文交流：困难与应对》，载《国际问题研究》，2016（6），第5～17页。

③ 资料来源：秦亚青、魏玲，《新型全球治理观与“一带一路”合作实践》，载《外交评论》，2018（2），第1～14页。

④ 资料来源：邢丽菊，《推进“一带一路”人文交流：困难与应对》，载《国际问题研究》，2016（6），第5～17页。

权利。[①]

也有一些学者强调了经济建设与民心相通的相互推动作用。学者丁辉和周宇翔（2019）认为应注重民心相通建设与经济发展合作的共同推进与紧密结合，打造一批具有品牌效应的项目，引导经济合作更多面向基层民众，向扶贫、环保、医疗、救灾等民生领域倾斜，推动人的发展得到更好落实，使当地民众对“一带一路”建设更有获得感和认同感，为民心相通建设提供物质基础。[②] WANG 和 YAU（2018）认为“一带一路”倡议通过在欧亚大陆上提供基础设施互联互通，协调参与者之间的动态相互关系和环境治理，强调各种力量和资源的融合，促进文化交流对话。[③] 郭鸿伟和高斌（2019）强调“一带一路”沿线国家从基础设施、制造业为核心的工业化、合作进行相互学习促进民心相通。陈红梅和梁敏（2018）认为，“走出去”的中资企业通过文化移植，在其海外机构建立相同的企业文化，能够在不同文化背景的员工中间形成共同的价值观和行为准则。[④]

国内外的研究有助于理解文化交流、文化融合促进“一带一路”民心相通的重要作用，也较多地描绘了不同国家宏观上文化交流、文化融合的原理，但是比较缺乏微观层面的研究分析，尚没有形成具体可用于指导实践的方案和路径。如郭鸿炜和高斌（2019）指出，没有对民心相通的主体进行细化和分层次研究，这就很难真正了解民心相通主体的自身发展情况和现实需求，很难对其展开深入系统的调查研究，自然难以提出具有针对性的路径和建议。本书的研究恰好填补了这一空白，聚焦于一类民心相通的主体——商业机构；通过对工银土耳其的案例研究发现，文化融合本身就是银行海外经营的重要

① 资料来源：甄巍然、刘洪亮，《民心相通：基于文化交往的共同体图景——一带一路中文化认同的困境与破解》，载《出版发行研究》，2018（3），第5~10页。

② 资料来源：丁辉、周宇翔，《“一带一路”建设成果评估与政策建议》，载《当代世界》，2019（4），第58~61页。

③ 资料来源：James Jixian WANG，Selina YAU. *Case Studies on Transport Infrastructure Projects in Belt and Road Initiative*：*An Actor Network Theory Perspective.* Journal of Transport Geography. 2018（7）：213－223.

④ 资料来源：陈红梅、梁敏，《跨文化管理——“一带一路”背景下走出去企业的“软实力”》，载《对外经贸》，2018（9），第87~89页。

内涵，从内部企业文化的整合塑造到对外传播中华民族文化和扩大品牌影响力，是银行自身软实力建设的核心部分。

6.2 工银土耳其的文化融合

6.2.1 尊重和维护土耳其民族文化

跨国经营就需要企业在对所在国的文化、所在原生企业的文化进行研究分析，克服异质文化之间的差异，在尊重各国文化、政治制度和宗教习俗的基础上，找到符合本地化特色的组织结构和管理机制，重新塑造企业的独特文化，以达成超越文化、跨越语言的共同企业目标，维系整个企业稳健可持续发展。[①] 工银土耳其虽然是中国工商银行的子公司，但其员工队伍主体由土耳其人构成，并且在土耳其市场开展经营活动，因而承认中土文化差异、尊重土耳其民族文化、避免文化冲突，是工银土耳其成功经营的先决条件。土耳其是世俗化的穆斯林国家，世俗倾向明显，特别是在伊斯坦布尔等大城市，基本符合南欧地中海国家的生活方式。自建国伊始，土耳其领导人就推行世俗化运动，废黜哈里发制度、改革文字、向西方文明看齐。20 世纪 90 年代以来，土耳其加入了欧洲关税同盟，成功实现欧洲市场一体化；后又申请加入欧盟，一直在开展入欧谈判。土耳其是北约成员，设有北约军事基地。因此现代土耳其社会受欧美文化影响较大。但与此同时，其 99% 的国民都信仰伊斯兰教，过伊斯兰宗教节日，遵从宗教饮食禁忌。国民对服饰和礼拜等其他宗教规范的遵从行为分化较大。另外，突厥民族的历史传承和小亚细亚半岛上长期的欧亚民族杂居，也使现代土耳其社会保留了部分东方文化特征。除此以外，20 世纪 70 年代荷兰学者霍夫斯泰德（Geert Hofstede）在其以 IBM 员工为样本的跨国文化维度研究中对土耳其的文化特征描述如下：权力距离相对较大，即权力的分布较不平等；个人主义相对较弱，集体主义相对较强；

① 资料来源：陈晓萍，《跨文化管理》，2009。

刚性特征相对较强，即男性占据社会主导地位；规避不确定性的意愿较强，更倾向于规则确定的情境。[①] 中国工商银行并购土耳其本地银行后，充分地包容和尊重土耳其本地的民族文化，保持与当地民族文化相关的各类人事政策，确保当地员工维持原有的生活习俗，如斋月和斋戒，遵循当地的法定节假日。

6.2.2 整合企业文化，促进文化认同

文化整合是管理整合的关键。尽管在民族文化层面应保持差异、尊重差异，但企业必须有统一的企业文化。而工银土耳其作为一个跨国并购形成的商业银行，尤其必须整合企业文化，促进实现全面的管理整合。这与“一带一路”民心相通所经历的从文化冲突到文化认同再到文化融合的过程高度吻合。本书对工银土耳其的管理整合研究发现，虽然整合涉及方方面面，但涉及企业文化整合的主要包括以下几点。

扭转风险偏好，弘扬集团统一风险文化。工银土耳其的前身对资产质量要求较低，不良贷款率高达6.5%。并购交割以后，工银土耳其坚决遏制以往当地团队风险控制不利的弊端，通过定期的信贷集体审议会议，集合中土信贷专家集体审议评估大额信贷业务，严格控制新增信贷风险；同时大力调整信贷结构，加速不良资产清收处置等核心措施。经过2年时间，已将资产质量提升至同业较好水平。此时当地团队特别是风控团队认为资产质量已经很好，希望维持当前水平，并且担心继续收紧信贷审批标准会影响业绩增长。但工银土耳其的高管层并未就此止步，而是向工银集团的整体资产质量看齐，继续各项严格管控措施，并将高水平的资产质量列入年度经营目标。作为工银集团的成员银行，工银土耳其纠正了当地团队的风险控制理念，严格执行工银集团统一的风险偏好，树立了审慎的风险管理文化，这也使工银土耳其成为在2018—2019年的土耳其经济衰退中资产质量和经营业绩逆市上升、不良贷款率大幅领先当地行业的标杆。包括当地员工在内的经营团队付出了艰辛努力，成功取得了令同业意瞩目的资产质量和优良业绩，参与和成功使当

① 资料来源：斯蒂芬·P. 罗宾斯、蒂莫西·A. 贾奇，《组织行为学精要（第13版）》，2016，第78~80页。

地员工逐步接受新的理念、新的文化。

压实岗位职责，力促尽职履责文化。工银土耳其前身通常自上而下进行经营决策，部门和分行主要负责按照要求执行。交割后，工银土耳其大力革除以往岗位责任错位和弱化的弊端，利用4年时间逐步对组织架构进行了全面优化，压实各部门经营管理责任，建立自下而上流程化的经营决策机制；赋予分行较充分的人力、业务管理权力，突出分行的经营管理职能，释放经营活力。并且通过签订经营目标责任书、安全生产责任书等进一步增强各机构各岗位的经营责任意识。此外，原土耳其纺织银行的全面风险管理职能仅限于风险管理部门，前台部门只注重市场营销，却不关注风险防范。并购交割后，工银土耳其改革健全全面风险管理，把前中后台各部门均编入风险管理三道防线，特别夯实前台部门的风险管理意识。并且通过各类信贷风险评估或审议会议和前后台交叉业务培训，提高前台团队的风险管理能力和意识。再者，原土耳其纺织银行对于不良贷款从不分析成因，更不查找是否有员工不尽职应予惩戒。并购交割后，工银土耳其通过建立和落实追究不良贷款责任机制，逐笔分析新增不良贷款产生的原因，区分主客观因素，追究具体经办人员的履职不力主观责任，强化责任落实到各级员工、各个岗位，促进尽职履责。

建立轮岗和职级晋升机制，重塑职业发展文化。在人力资源管理方面，土耳其银行业的专业人才通常只在本专业条线发展，并且主要通过跳槽实现职业晋升。这种职业文化导致银行员工忠诚度低，频繁离职，并且在职时间可能与风险滞后暴露周期相冲突，不利于督促员工尽职履责。为重塑职业发展文化，工银土耳其专门聘请了全球知名的人力资源咨询公司，参照总行的做法和土耳其当地银行业的实践，重新设计了员工职级体系和薪酬标准，形成管理类和专业类双线职级晋升通道，并对各级岗位规定全行统一的薪酬标准，同工同酬。改革过程中，工银土耳其人力资源管理部和外部咨询公司对内部员工进行了广泛的问卷调查，重点面谈，并多次召开员工会议沟通解释。改革后，工银土耳其开始实行相近专业的轮岗，加强专业和管理能力的内部培养，并开展有计划的岗位竞聘，为有能力的员工提供晋升机会，切实打通人才的职业发展通道，提高员工的忠诚度。

6.2.3 加强软实力建设，推动内外部文化交流

宣传推广中国文化，强化员工认知体验。避免文化冲突首先要增加文化交流，使土耳其人了解和认同中国文化。因而工银土耳其针对内部员工队伍和当地社会采取多项举措努力宣传推广中国文化，促进中土文化融合。对内建设“文化工行·中国书架”，形成全方面介绍中国文化的内部图书馆。每年派遣两批次土耳其员工赴中国参加轮流培训、学习交流，促进土耳其员工对中国文化的认知、体验、理解，再通过干部和业务骨干传达到全行每位员工。依托双语（英语、土耳其语）办公系统，建设文化交流平台，组织行内中文、土耳其语学习竞赛和员工书画竞赛，推动双方的文化融合。

打造研究型智库提升软实力，形成推动中土文化融合的高端平台和基地。工银土耳其的企业文化整合是管理整合的有机组成部分，或者说是伴随管理整合发生的，并非独立的过程。然而随着其经营管理取得成功，其优良业绩获得当地社会、政府等各界的广泛认可和关注，政府和监管机构开始主动了解工银土耳其的经营方法和管理哲学。因而，在硬实力赢得尊重的基础上，工银土耳其相应地将软实力建设提到议事日程。该行建设软实力的方法是以经济研究为着力点，既以经济研究成果指导全行业务发展，又强调以研究成果促进与当地社会的交流互动，自觉、主动地扩大自身的影响力，推动中国文化在当地的传播推广。为此，工银土耳其邀请当地多位知名学者和政策专家组建了学术顾问委员会，开展对当地政府、高校、智库、银行等高水平的政策咨询、学术交流，社会影响力不断扩大；工银土耳其还单独设立了经济研究部，作为专职部门具体执行研究和学术交流工作，弘扬研究氛围和建设学习型组织。近年来，工银土耳其已在公开发行刊物上发表 3 篇论文，向土耳其相关政策部门提交了关于伊斯坦布尔金融中心的政策咨询报告，还多次参加中国驻土耳其大使和驻伊斯坦布尔总领事与土耳其政府高层的会议并提供政策咨询，应邀参加土耳其“第四届丝绸之路商务峰会”等多个当地大型经济金融峰会，与同业对话交流。工银土耳其还定期举办讲座，邀请中土两

国专家学者，介绍中土经济、文化交流和共建“一带一路”倡议。

积极参与和支持中国文化外交。工银土耳其作为伊斯坦布尔中资企业协会的会长单位，连续多年支持中国驻土耳其大使馆举办“土耳其华人华侨春节联欢晚会”、中东技术大学孔子学院举办“诗词歌舞话端午”文艺活动、上海爱乐乐团交响音乐会在伊斯坦布尔交流演出，让更多土耳其人欣赏和表演中国节目。工银土耳其支持2018年“中国文化旅游名人走进土耳其”活动、参加我国军舰访土耳其交流活动、组织赞助驻伊斯坦布尔外交机构间足球赛、赞助“汉语桥”世界大学生中文比赛土耳其赛区演讲比赛，以及爱心义卖、为土耳其孤儿院提供爱心捐助等。

6.2.4 积极承担社会责任，造福民生

工银土耳其收购的前身是一家以中小企业短期信贷为主的小银行。并购交割后，工银土耳其依靠总行的经营网络，充分运用强大的金融服务能力，积极支持“一带一路”倡议与土耳其“中间走廊”计划对接项目，服务土耳其当地企业和零售客户为其提供优质的金融服务。工银土耳其重点支持了当地一批关系土耳其国计民生、具有战略意义的基础设施建设项目，并积极支持当地的水电、风电、光伏电站项目，促进绿色能源发展；在当地汇率危机期间为其银行业提供融资支持，对其金融稳定作出重要贡献；支持土耳其医疗体系的更新改造工程，为3家新建医疗中心提供融资，并且为其中1家医院发行了土耳其市场首笔PPP项目债券。工银土耳其以有限的资产规模，优先支持了当地社会关注度高的重点建设项目，得到了土耳其社会各界的肯定，赢得良好声誉。

6.3 结论与启示

企业文化整合是实现文化融合的重要途径之一。企业文化既是一个国家社会文化的组成部分，又具有独特内涵。企业文化不仅仅是存在于商业惯例方面，而且反映着一国社会文化中各个方面的准则、价值观和信念。企业文

化并不独立于社会文化，而是与更普遍的社会文化交织在一起。[①] 因而企业文化的交流融合本身就是两国之间社会文化融合的组成部分。正如有关学者所指出的，对文化融合促进民心相通的研究需要对民心相通的主体进行细化和分层；“一带一路”建设中企业作为主体之一，其企业文化整合作为促进民心相通的微观机制之一，应引起理论与实务工作者的高度重视。这里的企业文化整合并不仅限于本书研究对象（工银土耳其）的管理整合情境；即使不是在“一带一路”国家并购设立机构，而是直接新设机构，抑或仅是在当地承包工程，都需雇佣当地员工，都需中外两方团队密切合作，因而都面临企业文化的整合塑造，也就都自觉或不自觉地起到了促进中外文化交流、文化融合的作用。习近平总书记指出，要坚持经济合作和人文交流共同推进，注重在人文领域精耕细作，尊重各国人民文化历史、风俗习惯，加强同沿线国家人民的友好往来，为“一带一路”建设打下广泛社会基础。企业在参与“一带一路”建设的过程中，应充分认识到企业文化整合的重要性，并在力所能及的范围内，自觉担起促进文化融合的职责。

企业文化整合是更高效的文化交流与融合。工银土耳其的企业文化整合实际是其管理整合工作的一部分，而管理整合是该行在土耳其并购设立机构、开展“一带一路”建设的基本工作。本书的研究以商业银行为主体展示了企业文化融合的微观机制。与两国社会文化交流机制不同，企业文化的交流融合是借助管理整合等机制进行的，是银行经营管理过程的一部分，具有更高的文化传播推广效率。一是因为企业文化整合是在银行管理层的控制下有计划地推进。通过更新制度、下达新的经营任务等整合措施，管理层通过管理权力推行新的企业文化，银行当地员工必须学习、接受，而不是自愿选择是否接受。二是成功的管理整合必然使当地员工深度参与，这加深了员工对企业文化的体验和理解，更有利于获得主观认同。

经营成功是赢得文化认同和尊重的决定因素。工银土耳其通过管理整合所传达的企业文化，最终依靠其稳健经营取得的卓越业绩和对当地社会的重

① 资料来源：陈晓萍，《跨文化管理》，2009。

要贡献得以证明其优势。内部员工分享到工银土耳其稳健发展产生的收益，当地社会、政府部门看到工银土耳其表现出的强大竞争实力，因而才最终认同其背后的企业文化特别是蕴含的经营管理哲学，形成文化传播、理解、认同的正反馈，并且吸引当地社会和政府机构显示出主动研究借鉴的愿望，达到主动交流、互鉴、融合。正如兰德尔·柯林斯的“文化竞争与威望区域”理论所指出的，文化差异与竞争下，文明威望的文化吸引力以及文明威望区域内外的互动能够带来积极的影响。世界各国不同的民族文化绚烂多姿、争奇斗艳，不能用优劣区分；但民族文化反映到经济商务层面，则需要用经济上的成功和实力去证明企业文化的优越性，去赢得所在国当地社会、当地员工的认同和尊重。

多元文化互鉴催生创新发展。相关研究指出，跨国企业建立自己的企业文化的过程并不是消除原有民族文化差异的过程，而是在遵照和保留民族文化的前提下，建立超越个别成员的文化模式的文化共享过程。多元文化使国际企业对某个问题进行多角度分析、多层次理解和把握，更深刻、更全面、更易产生新观点、新思想，增加了管理的弹性和解决问题的技巧。在创新阶段，企业应积极寻找多元文化的机遇和优势，不断推进文化创新，形成新环境下更具竞争优势的、风格独特的企业文化。① 工银土耳其在其所并购当地银行的基础上，通过管理整合，逐步导入总行的企业文化，通过新战略、新目标、优化的制度体系和外派员工的示范传导，在主要方面建立起能够与总行相融合的企业文化体系。这是工银土耳其的主流文化，最常体现在银行高管层与中层管理人员（部门和分行负责人）的互动中。同时，工银土耳其也十分尊重和维护土耳其当地民族文化，在土耳其当地员工团队中，体现其民族文化特色的企业文化得以保留。中方外派员工和部门主管对总行企业文化的传导与当地企业文化互相融合。这是工银土耳其的亚文化。工行导向的主流文化与本土导向的亚文化兼容并蓄，构成了工银土耳其独具特色的企业文化。这使工银土耳其既能够贯彻总行的全球战略、借鉴全球智慧，又能够对当地

① 资料来源：潘爱玲，《跨国并购中文化整合的流程设计与模式选择》，载《南开管理评论》，2004（7），第104~109页。

业务采取接地气的当地措施，融入当地市场。

案例1：中土心连心　工行一家亲

庚子年春，一场突如其来的新型冠状病毒肺炎疫情席卷中华大地，牵动着中国、土耳其乃至世界人民的心。工银土耳其高度重视、主动作为，坚决贯彻执行总行的决策部署，主要负责人明确要求提高政治站位，树立底线思维，时间就是生命、与时间赛跑，把做好员工防疫和支援国内抗击疫情作为全行首要工作，举全行之力，多管齐下，并肩作战，用行动诠释着大爱无疆、众志成城，用心感受着全行"一盘棋"的力量。

"严管就是厚爱，坚守底线思维，严防死守就是对员工、对企业、对社会负责。"

860名员工和家属，一个都不能少。适逢春节期间，员工与家属往来频繁，工银土耳其疫情防控压力巨大。工银土耳其管理层高度重视，把员工生命安全和身体健康放在首位，第一时间成立以工银土耳其管理层和部分外派同事组成的疫情防控应急管理小组，先后召开6次紧急会议，研究制定各项疫情期间制度要求，部署疫情防控及金融服务保障工作。严格落实疫情日报、居家防疫等制度，实现了春节和疫情期间的平安运营。

"病毒无情，人间有爱，线上金融有温度。与时间赛跑，开启'绿色通道'。"

服务不"隔离"，金融有温度。为保障疫情防控期间金融服务的快速响应，工银土耳其制订出台了金融专项服务方案、绿色捐款通道等多项措施，对向我国境内捐款或与本次疫情有关的医疗救治汇款免除汇款手续费，客户可通过网点柜面、网上银行、手机银行等多种渠道向国内汇款，充分强化疫情防控金融支持，有效保障金融服务顺利通畅。

"青山一道同云雨，明月何曾是两乡。中土心连心，工行一家亲。"

上下同欲者胜，同舟共济者赢。在总行发出致全行员工倡议书后，工银土耳其迅速响应，将倡议书译为土耳其语发布全行，积极开展"中土心连心，工行一家亲；抗击疫情，中国必胜！"捐款活动。这是一场没有任何仪式的捐款活动，这是一场不需要任何动员的捐款活动，这是一场风雨同舟、全员参与的捐款活动。一颗颗为抗击疫情作贡献的爱心在全体员工中迸发，不分国别、不论职务、无论姓名，每一名员工都争先恐后、主动捐款，一股强大的正能量在工银土耳其全体员工中激荡。

积力之所举，则无不胜也。作为伊斯坦布尔中资企业协会会长单位，在中国驻伊斯坦布尔总领馆的支持下，工银土耳其积极组织召开协会理事会会议，安排布置协会会员企业防疫工作，并推动协会调拨 14 万元人民币会费购买防疫物资支援国内，紧急购买抗菌手套 1000 副、外科口罩 17000 个、防护性口罩 2250 个、护目镜 100 个、防护服 1975 套，第一时间运抵湖北慈善总会。同时，号召在土中资企业、华侨华人发挥各自优势，踊跃捐款、捐物，为抗击疫情奉献爱心、贡献力量。

初心使命答考卷，疾风方知劲草力。一天，一则振奋人心的消息传来：“有一批 FFP2 医用防护口罩！”而这则消息的背后，上演着工银土耳其与时间赛跑的故事。

疫情暴发以来，国内各机构通过各种渠道在土耳其抢购医疗物资，部分土耳其人借机大量囤积急缺的医疗物资高价出售牟利，加之土耳其停飞大部分通往国内的航班，以致物价飞涨，运输困难。在这紧要关头，工银土耳其管理层明确指示“付款、提货、送一线”，按“特事特办、急事急办”的原则，采取紧急措施，迅速完成订单确认、签订合同及货款支付流程，同时，联系中国残疾人协会确认捐赠医院。由于时差问题，工银土耳其应急采购小组夜以继日反复沟通落实，一天上百条的微信记录见证着他们的艰辛；为确保特殊时期防疫物资的品质和准时交付，他们本着更加严谨与认真的态度逐个核实信用、追踪物流，而唯一支撑他们的动力，就是工银土耳其人为国家分忧、为民生担责的初心与使命。“现在一闭上眼睛，脑子里都是防疫物资的运送地图，就连做梦都是防疫物资到货了的场景。”员工笑说。运送物资如期由中国残疾人福利基金会提货并发往捐赠医院，商务部、中国驻土耳其大使馆第一时间向工行表示感谢。

一方有难，八方支援。为支援国内抗击疫情，工银土耳其管理层始终明确要求集全行之力，组织一批、采购一批、协助一批，千方百计组织医疗物资，运往抗击疫情第一线。工银土耳其挖掘员工及客户资源，积极寻求医疗物资，为总行和国内急需医疗物资的机构提供有效信息，协助渠道对接，促进交易达成，为疫情防控工作贡献了积极的力量。

爱无国界，心手相牵；同舟共济，风雨同心。每一个人，肩负责任；每一句话，激荡人心；每一个背影，义无反顾；每一个脸庞，坚贞无畏；每一个画面，展现必胜的信念。工银土耳其，我们在行动！

案例 2：丝路情相系　工银花正芳

“你中有我、我中有你”。“交流的价值在于影响人们的思想、行为，对于任何一个民族、国家，外来文化不仅是补充，还将激发出创造和发展的活力。”工银土耳其切实推动“文化工行·中国书架”项目落地，在本部设立专用图书室，制定图书管理制度，组织员工集体学习，加强中国文化传播。同时，依托双语（英语、土耳其语）办公系统、本地网讯系统等平台，鼓励员工建言献策，以文化交流促进文化融合。工银土耳其注重文化管理，积极组织本地雇员前往总行交流学习、实岗锻炼，邀请总行专家、高管层、行外专业人士为员工授课，并采取面授培训、在线学习等方式做好员工培训，加强对分支机构的调研指导，提高本地雇员对集团文化的归属感与认同感。

“相亲相爱、其乐融融”。“让爱去温暖四方，携手并肩一起走。困难我们一起扛，我们是那么的善良。火一样的热情献出爱的力量，就让正能量更辉煌。”工银土耳其持续加强团队建设，努力营造团结一心、奋发向上的员工队伍，通过积极组织中土员工参与驻地使领馆高访接待、“跨境连跑”、“伊斯坦布尔领区足球、篮球友谊赛”等活动，营造了辖内勠力同心、干事创业的良好工作氛围。

“内联外交，广结善缘”。“东方与西方在这里相会，传统与现代在这里交融。工银土耳其愿做两国文化的使者，联通欧亚，辐射周边。”工银土耳其与当地政府部门、监管机构、企业、媒体以及我国驻土耳其使领馆、中资企业等均建立良好的沟通、合作机制，逢重大项目落地，当地主流媒体及同业均高度关注，树立了工商银行良好的品牌形象，得到了土耳其政府和社会各界的高度认可。

与此同时，工银土耳其还积极参与对外文化体育、公益慈善等活动，展现了社会责任担当，为中土两国文化交融贡献了力量。例如，与来访土耳其的中国国际文化交流中心代表团座谈、参加我国军舰访土耳其交流活动、组织赞助驻伊斯坦布尔外交机构间足球赛、赞助“汉语桥”世界大学生中文比赛土耳其赛区演讲比赛、爱心义卖、为土耳其孤儿院提供爱心捐助等。通过一系列人文交流合作，推动了文明互学互鉴，构筑了友谊的虹桥，使命运共同体的理念通过实践落地生根。

“一带一路”建设中，来自中国的金融之水正缓缓流入中土两国合作的血脉，润物无声，却不断蓄势发力。而工银土耳其正沿着“‘一带一路’合作的典范，中土文化融合的名片”的方向，继续昂首阔步、奋力前行！

7. 组织机构再造之路——释放活力，人才兴业

“一带一路”倡议提出以来，中国企业迅速走出亚洲，走向世界。中国银行业积极布局“一带一路”国家和地区，改原有内生性增长模式为外延性增长模式。以中国工商银行、中国银行等为首的国有大行，积极响应“一带一路”倡议，主动设点、走线、联网、布局，完善国际化金融服务，通过并购外资银行，新设分行、办事处等方式，快速扩展。截至 2019 年底，中国银行业已在 29 个“一带一路”国家设立了 79 家一级分支机构，建立了层次清晰、初具规模的“一带一路”金融合作网络，逐步推动建立长期、稳定、可持续、风险可控的金融保障体系，为促进“一带一路”行稳致远提供更好的支撑①。在迈向国际化的道路中，借助国内银行业成熟模式、国内的政策优势、中资银行的国际化规模和影响力迅速扩大。但由于起步较晚、国际化经营管理经验和人才储备相对有限、文化背景差异等问题，中资银行仍然面临许多困难。仅从组织结构方面来看，由于各国监管模式不同，市场情况、商业模式、组织结构往往存在很大的差异。本章对工银土耳其的组织结构再造过程、存在的问题和成功因素进行了案例研究，希望为中资银行在跨文化背景下的人力资源管理提供经验借鉴和参考。

① 陈四清，《用金融创新推动“一带一路”建设》，载《中国金融》，2017 年第 19 期。

7.1 什么是组织再造?

7.1.1 组织再造理论发展历程

组织是把2个以上的人的各种活动和力量有意识地加以协调的体系。正式组织有3个基本要素：协作意愿、共同目标和信息联系。一个组织要持续存在，就必须既有有效性，又有效率；组织存在的实践越长，对二者就越是需要[①]。在此基础上，美国现代管理学家迈克尔·哈默（Michael Hammer）和詹姆斯·钱皮（James A. Champy）首次提出了业务流程重组（Business Process Reengineering，BPR）的概念，即“面对变化的竞争环境和客户需求，对业务流程进行重新进行思考并重新进行设计，以追求在速度、质量、成本、服务等各项绩效考核指标上取得显著的改善”。[②] 在此之后，达文波特（T. H. Davenport）、卡普兰（R. B. Kaplan）和洛文塔尔（J. N. Loewenthal）等学者又在业务流程重组概念的基础上对组织再造理论的发展和完善作出了巨大的贡献。这些不同概述所表示的意义在某些特征方面有所不同，但它们的着眼点都是通过改造企业的流程和组织结构，以实现企业绩效改变。

根据我国企业改革的现状，国内许多管理学家将企业组织再造的内涵作了扩展：芮明杰和钱平凡研究了企业流程的概念、基本要素及再造流程的具体操作过程。陈佳贵提出了企业再造不一定非是根本性的变革，也可以是改良式的再造。张金成提出了企业再造可以是系统性的再造，也可以是局部性的改造。任佩瑜也提出了应按国有经济调整的需要进行企业的战略性重构，其中包括企业的产权关系、组织结构、决策体系、人员管理、企业文化等的再造。[③]

---

① 切斯特·巴纳德（Chester I. Barnard），《经理人员的职能》，2007。

② 迈克尔·哈默（Michael Hammer）、詹姆斯·钱皮（James A. Champy），《再造企业——工商业革命宣言》，1993。

③ 龚志坚，《商业银行组织与流程再造研究》，2014。

7.1.2　中国商业银行组织结构设计与再造现状

中国国有商业银行传统组织结构是总分行制组织结构，其管理形式包括直线职能制或事业部制，即总行机关属直线型，总行和分行之间属事业部制，表现为典型的“金字塔”式结构，即管理责任关系和信息的汇报渠道均为总行、分行、支行、网点之间的层级关系。具体而言，总行机关按照职能的不同划分成若干个部门，而每一部门均由主管行长直接管理，形成“职员→经理→部门总经理→行领导”的报告路线；总行之下的各分行都是具有相对独立性的利润中心，分行及二级分行的各部门主要向分行行长报告，形成“支行→分行→总行”的报告路线。这种组织管理结构的形成源于中国四大国有商业银行建立初期，为适应计划经济体制的需要，按行政区划和政府层次序列进行分支机构设置，具有明显的与行政体制融合的特性。随着企业规模的扩大，科层制组织不可避免地面临沟通成本、协调成本和控制监督成本上升；部门或个人分工的强化使组织无法取得整体效益的最优；难以对市场需求的快速变化作出迅速反应等问题出现。

20 世纪 90 年代以来，伴随着高科技的日益发展，特别是计算机和信息网络技术的突飞猛进，银行强调以客户为导向，对传统的组织结构和业务流程进行全新设计，孕育出了网络化和虚拟化银行的发展新趋势，中国商业银行逐渐开始了事业部制改革和扁平化改革。事业部制改革的特点是在最高管理层的统一领导下，将整个组织划分为若干事业部，各个事业部实行相对独立经营、独立核算，拥有高度经营自主的权力，根据最高管理层的方针、政策和统一制度，全权指挥其所辖各单位的生产经营活动，对上级赋予任务全面负责。

在扁平化，即矩阵式管理结构组织模式中，普遍采用“总行—（地区性管理中心）—分行—网点”的管理模式。地区性管理中心是总行职能的延伸，帮助总行承担一部分审批和审计工作，总行一般直接管理数百家分行。这种模式强调减少银行机构层级和管理权限的归并调整，一方面减少内外部机构层级，另一方面将部分管理职能集中到上级机构进行管理，按照业务垂直化、结构扁平化构想，实现“一级管理、分级经营”。[①] 从20世纪80年代初期开始，西方商业银行矩阵式结构作为组织扁平化的一种重要表现形式，为越来越多的西方银行所采用，业务经营全球化、一体化和数字化成为主要特征。各商业银行为了更有效地在全球范围内开展业务，同时为增强银行内部相互之间的制衡机制，在全球各主要中心城市设立分支网络的基础上，分别按客户所分布的主要经济行业，从总行到分行自上而下地设立各个具体业务发展部门（关系经理），按银行经营业务种类，在各个业务区域设立各种产品服务中心（产品经理），为客户提供各类银行服务，形成关系、产品、区域三轮联动的运作架构，这就是通常所说的矩阵式结构。

银行组织是为了实现商业银行的目标所必需的要素，在经营环境、金融需求不断变化升级的情况下，银行规模、经营模式、目标客户也在不断变化，这就要求银行组织结构加以优化以适应这种变化，而扁平化和事业部制是商业银行目前的主流组织结构设计模式。整体来看，国内外对商业银行组织体系再造已有丰富的研究成果，但是对于跨境并购企业的组织再造仍然有所空缺。

7.2 土耳其银行业组织结构现状

土耳其共有银行52家，其中商业银行34家。主要的本地商业银行有实业银行（IS BANK）、担保银行（GarantiBankasi）、进出口银行、阿克银行（Akbank）等。主要外资银行有汇丰银行、花旗银行、富通银行（Fortis Bank）等。其中与中国银行合作较紧密的当地银行有担保银行和实业银行，这2家银行在上海设有办事处。中国工商银行于2015年成功收购土耳其纺织银行，设立工银土耳其。这是中资银行首次在土耳其设立营业性机构。此外，中国银行投资3亿美元在土耳其设立全资子公司工银土耳其已于2018年正式对外营业。中国国家开发银行在伊斯坦布尔派驻了工作组。

---

① 周善君，《国有商业银行组织结构扁平化研究》，2009。

本书调查了11家具有代表性的土耳其本土银行和外资银行，基本情况如下：土耳其国有大型商业银行因其与生俱来的本地优势和积累，依旧采取科层制（总分行制度）的组织架构，其管理形式包括直线职能制或事业部制，即总行机关属直线型，总行和分行之间属事业部制，表现为典型的“金字塔”式结构，即管理责任关系和信息的汇报渠道均为总行、分行、支行、网点之间的科层关系。具体而言，总行机关按照职能的不同划分成若干个部门，而每一部门均由主管行长直接管理，形成“职员→经理→部门总经理→行领导”的报告路线；总行之下的各分行都是具有相对独立性的利润中心，分行及二级分行的各部门主要向分行行长报告，形成“支行→分行→总行”的报告路线。这种组织模式的弊端和负面效应日益显现，总结起来主要有两方面问题。一方面是机构多，管理层次多，部门分工过细，易导致信息传递失真，不利于决策层的决策。在“金字塔”式的组织结构中，等级区分严格，下级机构的信息必须层层汇集向上级传递，这不仅导致信息传递效率低，而且层层截留，导致信息的失真，总行管理层无法及时、准确地取得完整的管理信息资料，及时作出正确的决策和实施有效的管理。另一方面是加大了银行内部管理成本、协调成本、沟通成本和交易成本，降低了风险防范能力，削弱了整体竞争力和资源配置力。传统的“金字塔”式结构会割裂部门间及职能间的联系、交流与学习，造成结构化的、互不信任和互相贬低的文化组织。层层考核的机制，使支行之间、部门之间和上下级之间因争夺尽可能多的企业资源，而造成内部无序竞争。加上商业银行中间管理层次过多、部门分工过细，导致各项资源在组织中流通不畅和传递时间过长，造成资源配置效率低下，同时管理缺乏针对性和决策滞后，机构分散，层层授权，缺乏对支行基本有效的内部制衡，导致风险点多面广，监管难度偏大。

中大型商业银行和大部分外资银行经过多年的发展已经逐步迈向了扁平化—矩阵式组织结构，这种结构在当地已经逐渐成为主流。这种组织结构的优点主要体现如下：一是管理层次少，有利于信息迅速透明地传递，减少了信息传递的损耗和变形，使高层决策周期缩短，决策质量提高。二是可以推动信息和观念在纵向和横向的迅速交换，解决“金字塔”式结构中的信息堵塞问题，增进部门间知识的交流。三是中间管理层被大量精简，人力资源得到合理配置，使用效率得到提高。四是组织内部利益冲突减少，命令统一、指挥一致，信息流的畅通使企业能灵敏、快捷地对顾客需求作出反应，增强了组织的灵活性和适应性。五是矩阵式结构打破了传统“金字塔”式结构，同时按多重管理目标建立管理和汇报关系，分支机构的负责人并不统管所在地的业务经营，仅以地区负责人的身份起协调和后台支持作用，克服了单一管理带来的风险。六是有助于降低经营成本，提高管理效率和市场竞争力。

银行组织结构变革实质上是针对业务模式转变的自我调整，而业务模式则是针对不同发展阶段和不同的目标客户，经过不断优化而重构的。本书认为土耳其银行业这种组织结构的发展和变化与其市场上出现的客户导向（重视年轻客户，运用金融科技，致力于提高客户体验）、效率导向（业务运营集中化，市场营销区域化）、敏捷导向（运用新型业务模式）、信息化导向（金融科技、电子支付大量运用）是密不可分的，这也是促使这些银行成为主流银行的重要原因。

7.3　工银土耳其组织再造

7.3.1　再造前的组织架构

工银土耳其原有组织架构基本承袭原土耳其纺织银行，共有 40 个一级板块/部室、44 家分行、1 家证券公司和 1 家资产管理公司，交割时共有员工 865 人，其中中方外派员工 35 人，土耳其本地员工 830 人。

由图 7.1 可知，工银土耳其的组织架构是一种混合了事业部制和直线职能制的组织结构。其特点是公司业务板块、零售业务板块、运行管理板块按照专业条线特点均形成了类似于事业部制的管理模式。这 3 个板块分别由总经理助理或资深主管负责，下设数个部室，拥有较为完整的运营体系与部分人事权力，相关业务条线人员由各板块自行调配，可独立开展业务。其余各部门按照传统的直线职能制进行管理。

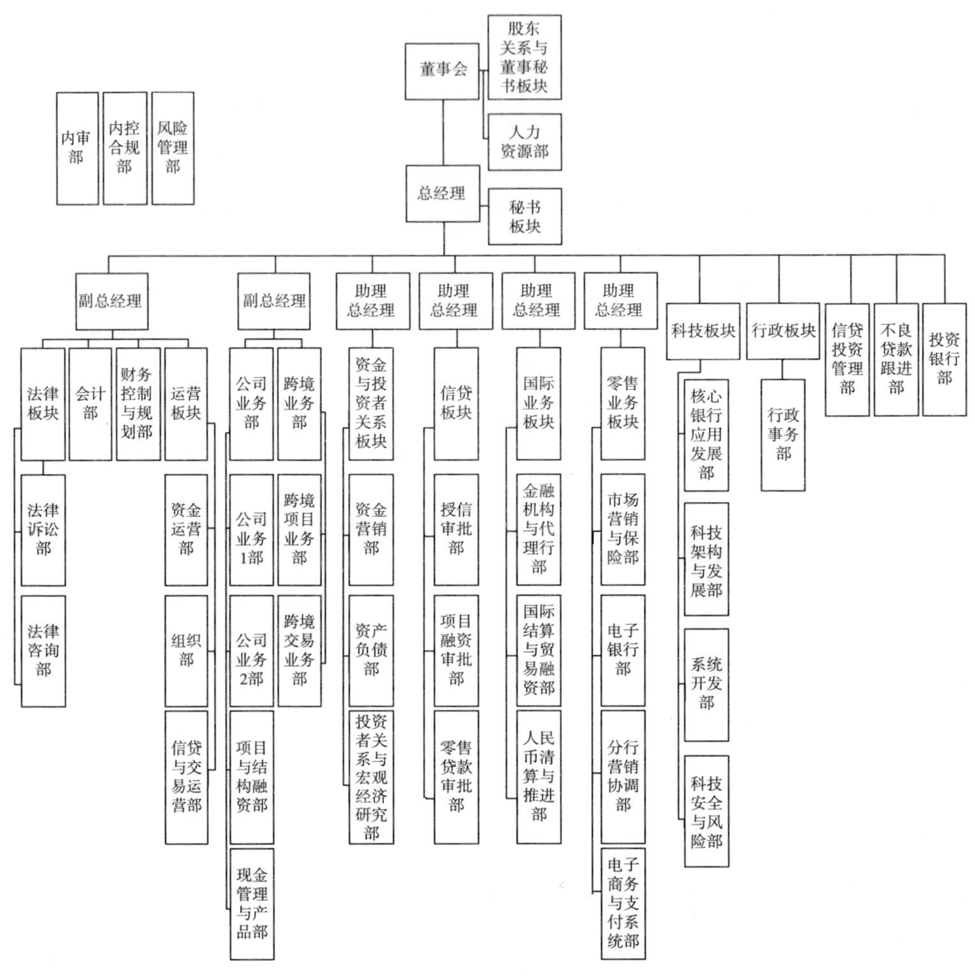

图 7.1　工银土耳其原组织架构图（2019 年改革前）

在这种组织结构下，3 个板块对于分行有着近乎绝对的控制权。公司业务板块、零售业务板块、运行管理板块在土耳其境内 44 家分行都有自己的专业团队，且 3 个板块对自己专业团队拥有完全的人事权，可决定其工作地点、工作岗位、职务职级晋升等。3 个板块均有自己专业线条的专项绩效激励办法，可自行决定专项激励绩效的分配。同时，在年终考核上，3 个板块不仅能够完全决定自己部门内部员工的年终考核结果，在分行相应专业线条员工的年终考核中，3 个板块也占有一半的权重。这使总部 3 个业务板块对于分行有着非常强有力的控制，能够直接对分行的业务人员进行管理，分行的业务人员都直接对总部板块负责。随着并购的完成，工银土耳其的公司治理、发展战略、目标客户都发生了较大的变化。如继续采用原结构，则存在以下问题：

公司治理规范性、专业性有待提升。原土耳其纺织银行最初是一家由个人设立的银行，缺乏完善的管理模式和规范的管理制度，公司治理更加偏向“人治”。这也在一定程度上促成了按照专业线条划分事业部的组织架构的形成。这种模式下，三大板块（公司、零售、运管）直接向最高负责人汇报，其余行内机构或直接接受三大板块指挥，或围绕三大板块提供服务，实现了最高负责人高效控制全行的模式，这在小型银行、私人企业阶段能够满足私人企业控制人完全掌控银行的目的。完成收购之后，这种家族式的管理模式已不能适应工商银行的业务发展。

按专业条线分类的准事业部，不利于推动全行战略实施。公司、零售、运管按照条线进行板块划分，而非按照目标客户、市场行业进行划分组建事业部，各个板块并没有建立完整的营销体系、核算体系和信息系统，不能够为客户提供全方位的服务。同时，每个专业板块由一名总经理助理进行管理，导致高管人员管理幅度过窄，客观上造成了本位主义情绪，竞争性远大于合作性，不利于专业板块之间的合作和知识共享。

总部对分行控制过于严格，削弱了分行自主开展业务的能力。工银土耳其在当地属于一家小型银行，资产规模、利润金额均在当地排名第二十位左右。由于公司业务、零售业务、运管业务均被各个专业板块直接控制，分行成为几个机构的“办事处”，分行行长成为一个组织协调而非全面领导的角色，分行内部在资源有限的情况下，没有统一的领导，各自为政，没有能力集中资源开展营销，没有空间按照各地情况自主开展业务。

中层管理团队管理缺位。因总部对分行有着强有力的控制，分行员工直接由总部 3 大板块指挥，分行行长被边缘化。同时，由于 3 大板块的强势，在事实上形成了总部其余部门围绕 3 大板块提供服务的状态，部分专业的决策权被让渡给 3 大板块，专业性和功能性被削弱。在这种情况下，分行行长被边缘化，部分专业部室的专业能力被淡化，银行愿意为其付出的人力成本也随之降低，导致高素质人才流失，现有的中层管理队伍整体素质和能力不足。

> **“半事业部”板块的人事权**
>
> 在组织架构下，几个“半事业部”板块对分行员工拥有绝对的控制力。例如，在某分行零售业务客户经理晋升中，由总部的零售业务板块直接向高管层提出晋升需求，高管层决定后，再交由人力资源部完成相关手续。在这一过程中，人力资源部、分行行长仅起到了业务操作的功能，没有参与决策的权力。

在2015年并购交割完成后，工银土耳其按照总行要求，对战略定位进行了明确。高管层结合当前的目标客户、当地市场情况和工银集团的优势资源，制定了“大同业、大客户、大项目”的发展目标，这使工银土耳其的发展战略、目标客户、公司治理模式都发生了深刻的变化，这让工银土耳其的组织再造变得十分必要。

公司战略的变化。工银土耳其的成立与“一带一路”倡议有密不可分的关系，中国工商银行总行对工银土耳其的战略定位是“立足本地，辐射周边，联通欧亚”。借着“一带一路”倡议的东风，工银土耳其以“大客户、大同业、大项目”为主要的客户群体，开启了“从本地银行向国际化、现代化银行转变”的进程。

目标客户的变化。随着“一带一路”倡议开展，大量的中资企业走出中国、迈向国际。土耳其作为连接欧亚的枢纽，吸引了大量中资企业的投资。工银土耳其作为本地首选的中资银行，也将中资企业客户作为最主要的目标客户群体。同时，借助工行的品牌优势和强劲实力，工银土耳其在本地的目标客户也由之前的以中小企业为主转而面向本土企业100强客户。

公司治理模式的变化。在上文中，本书提到了原土耳其纺织银行的治理模式更偏向于“人治”，没有完善的决策机制、管理制度。而工行作为经过数十年的发展和股改上市，已经形成了成熟的公司治理模式和管理制度。工银土耳其作为其子公司，承袭了总行现代公司治理模式，建立了“两会一层”

（本地市场并无监事会实践），摒弃原有“人治”模式的管理方式。

交割初期在机构变革中的“小试牛刀”

在交割初期，工银集团派出了17位外派员工（包括4位高管）经营这家与工商银行几乎同龄的机构。要在异国他乡带领800余名外国人迅速融入集团，实现工银土耳其的发展并不容易。当务之急就是要扭亏为盈，打赢打好第一仗，这是外派团队的共识。为了达成这个目标，仅靠17个初来乍到的中国人是不行的。为了让本地同事发挥主观能动性，工银土耳其的高管层决定在营销团队中引入“鲇鱼”，在原有公司业务板块的基础上，新设立了跨境业务板块和投资银行部。

尽管原则上跨境业务板块主要负责具有中资元素的企业，投资银行部主要负责投资银行业务，但由于业务范围的重叠，跨境业务板块和投资银行部可以在很大程度上，尤其是在一些高收益、高利润的项目上参与进来，从事实上威胁到了公司业务板块，人为地加大了对公营销的竞争激烈度，对交割初期提高积极性和盈利能力起到了支撑作用。从结果来看，工银土耳其在交割当年（事实上从5月22日交割到年底仅有半年）便实现扭亏为盈，并在接下来的2年利润实现了从3万美元到550万美元再到1677万美元跨越式的增长，很大程度要拜这次“小试牛刀”所赐。

7.3.2 组织机构再造过程及方案

经过对本地市场深入分析、对本地银行同业实践的广泛了解，结合自身发展战略、目标客户群体、公司治理模式转型的实际情况，工银土耳其在2019年对公司治理结构和全行的组织架构进行了全面的优化提升。一方面，在股东大会—董事会—管理层的三层公司治理结构的基础上，组建了管理委员会，由该行高管层担任委员，管理层决策议事机制得到了集中和加强。另一方面，对于各部门、板块间的组织架构，该行以原有的事业部机构为基础，纵向压缩管理层级，按照精简高效的原则，根据业务发展需要，将现有板块进行拆并、更名，梳理各部门职责，加强分行的经营作用，实现“一级管理，分级经营”。

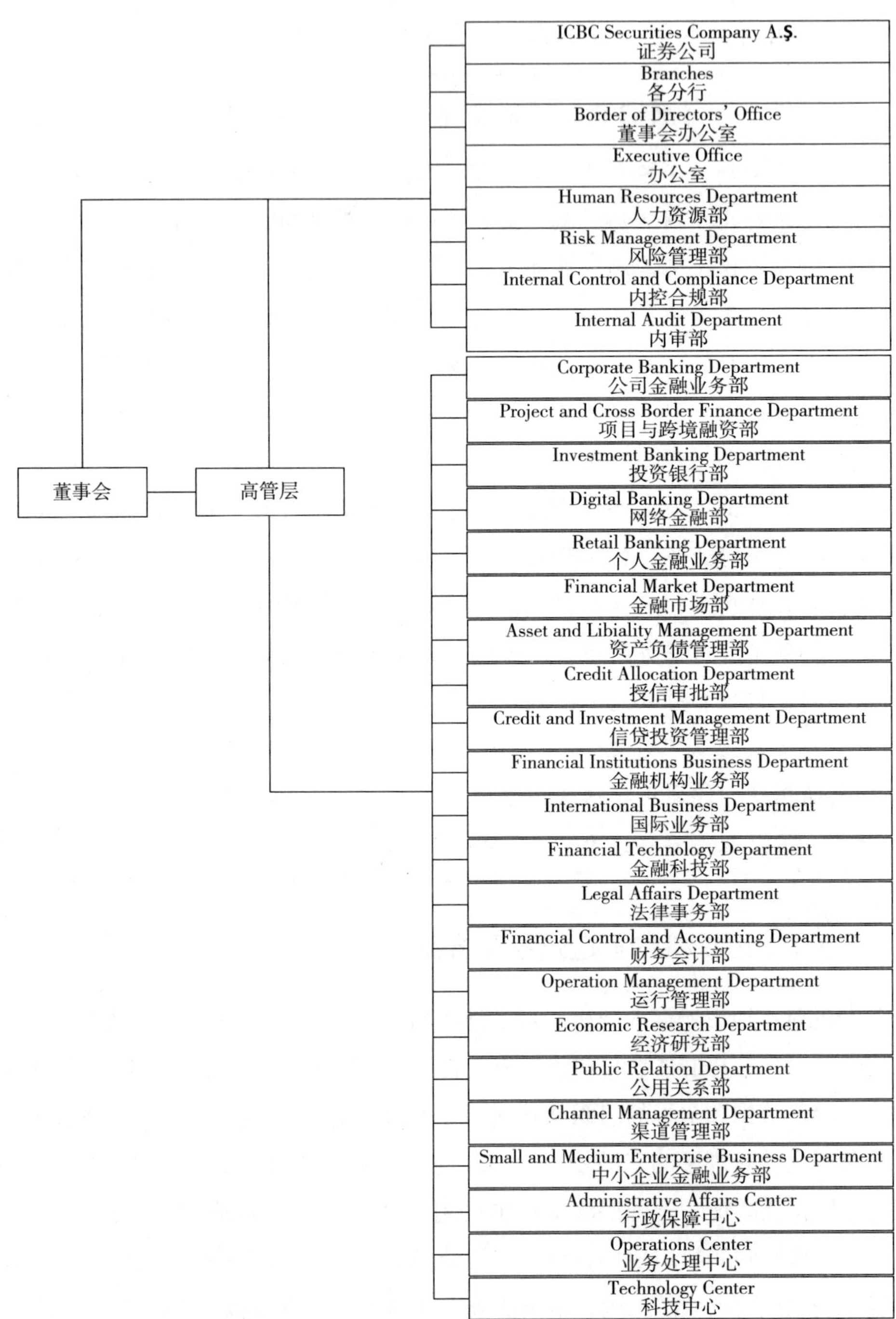

图 7.2　新组织架构图（2019 年改革后）

变革前的问卷调查

在开始组织再造之前，工银土耳其组织再造实施团队对管理层及员工进行了深入访谈和问卷调查。一方面充分了解各方意见，另一方面也减少了组织变革带来的冲击。

访谈共涉及23人，包括工银土耳其全部10位管理层成员（包括5位中方高管和5位外方高管），以及人力、财会、信贷、科技、运管、内控、公司、个金等部门负责人以及5家工作经验不同的分行行长。访谈内容主要包括了班子管理弱点、发展定位、目前工银土耳其急需解决的问题、重点和关键改革领域、发展要求等。

问卷调查则随机抽取了500名在职员工，范围覆盖了各层级、各部门和各分行。涉及问题包括班子满意度、发展满意度、人事制度满意度、改进意见等。在要求时间内回复的有效问卷459份，回复率92%，能够较为准确地从不同层级员工角度反映工银土耳其目前实际。从反馈结果来看，全行员工普遍对战略方向、资源支持表现出较高的认可度，但对工作架构和流程的满意度较低，仅为38%。主要反映的问题是，员工认可工银集团，为能在工银土耳其工作而感到自豪，但对于工银土耳其之前采取的组织架构缺乏信任，认为在这种情况下，自身的工作积极性被压抑，缺乏机会发挥潜能，难以更高效地工作。

具体组织再造方案：公司业务板块下原有4个部门，分别是公司业务一部、公司业务二部、项目融资部、现金管理和产品研发部。这4个部门被精简为3个部门，即公司金融业务部（Corporate and Commercial Banking Department）、项目与跨境融资部（Project and Cross Border Finance Department）和中小企业金融业务部（Small and Medium Enterprise Business Department）。其中，公司金融业务部全面负责公司客户相关业务；项目融资与跨境业务部负责项目融资业务并承接部分原跨境业务板块业务；中小企业部负责中小型企业客户相关业务。

个人金融业务板块下原有4个部门，分别是市场营销和银行保险部、电子银行部、分行协调部、电子支付系统部。这4个部门被精简为2个部门，即个人金融业务部（Retail Banking Department）和网络金融部（Digital Banking Department）。其中，个人金融业务部全面负责个人客户相关业务；网络金融部负责网上银行、手机银行、第三方支付等业务以及渠道经营、网点建设等。

国际关系板块下原有3个部门，分别是国际业务部、金融机构部、跨境人民币推进部。这3个部门被精简合并为2个部门，即金融机构业务部（Financial Institutions Business Department）和国际业务部（International Business Department）。其中，金融机构业务部全面负责同业业务，国际业务部负责贸易融资及部分原跨境业务板块业务。

信息科技板块下原有4个部门，分别是卡系统及支付部、IT架构与科技发展部、核心银行开发部、信息安全与风险部。这4个部门被精简合并为1个部门和1个中心，即金融科技部（Financial Technology Department）和科技中心（Technology Center）。其中，金融科技部负责统筹管理工银土耳其科技相关业务，科技中心负责按照金融科技部相关安排指导开展硬件维护、软件开发、数据维护等操作层面业务。

运行管理板块下原有3个部门，分别是机构组织部、业务集中处理部、资金运营部。这3个部门被精简为1个部门和1个中心，即运行管理部（Operations Management Department）和业务处理中心（Operations Center）。其中，运行管理部负责统筹管理开展工银土耳其运行管理业务，业务处理中心负责按照运行管理部相关指导安排开展运行维护、保障，业务审批等操作层面业务。

财务会计板块下原有2个部门，分别是财务部和会计部。这2个部门被精简合并为1个部门，即财务会计部（Financial Control and Accounting Department）。财务会计部全面负责工银土耳其财务收支预算、日常监测跟踪、财务绩效考评、财务资源配置等一系列全流程财务管理。

行政板块更名为行政保障中心（Administrative Affairs Center）。接受办公室指导安排，办公室负责统筹管理工银土耳其行政业务，行政保障中心负责按照办公室相关安排提供行政保障服务等操作层面业务。

法律板块更名为法律部（Legal Affairs Department），全面负责工银土耳其法律相关业务，主要包括法律顾问和法律诉讼业务。

授信审批板块更名为授信审批部（Credit Allocation Department）。负责工银土耳其对公、对私授信审批业务。

撤销跨境业务部。其业务由项目融资部和国际业务部承接。

撤销问题贷款跟进部。其业务由信贷投资管理部承接。

将办公室的公共关系部门独立出来，分为办公室（Executive Office）及公共关系部（Public Relationship Department）。办公室负责全行行政管理、日常工作等；公共关系部负责对外宣传、企业文化等。

董事会办公室（Border of Directors' Office）、内控部（Internal Control and Compliance Department）、内审部（Internal Audit Department）、风险部（Risk Management Department）、信贷投资管理部（Credit and Investment Management Department）、投资银行部（Investment Banking Department）、人力资源部（Human Resource Department）保持不变。

7.3.3 新组织架构带来的改变

一、优化顶层议事机制

经过组织再造，工银土耳其建立管理委员会，由董事长担任委员会主席，总经理、副总经理、执行董事担任委员，对行内“三重一大”事项进行审议决策，给予了管理层一个集体讨论决议的平台，对原有的“两会一层”治理结构进行了补充。管理委员会成员按照分工的不同，分管行内各个业务条线，这使原本仅分管各自部门的土方高管层与部门剥离，改善了原先 3 大板块各踞一方的态势，有助于其跳出部门层面思维，利用自己专业上的优势，站在全行的战略高度进行决策，提高管理层决策的科学性和实践性。

二、整体组织架构由“半事业部制”转向“扁平化—矩阵式”管理模式

将公司部、零售部、运管部直接全面管理分行条线脱钩，改为总部部室对 44 家分行全条线的业务指导，改目前的“半事业部制”架构为“扁平化—矩阵式”管理架构。从根本上改变了原先 3 大板块鼎足而立的态势，打破了潜在的“部门墙”。按照支持业务发展、为基层服务的定位，精简工银土耳其总部内设部门，将本部原有的41个一级部室精简为22个部门与3个中心，按照支持、管理、服务的职能重新进行职能划分，打破了潜在的“部门墙”。在客观上为部室之间信息共享、互相合作提供了便利的条件，同时也对各部门专业人员提出了新的更高的要求，对于专业部室人员素质的提升提出了要求。作为一家小型外资银行，能够共享资源、灵活应对市场变化和客户需求无疑为未来的发展提供了优势。

三、充分激发中层管理人员活力

随着整体组织架构的改变，原先以三大板块为主、其余部门为辅的势态得到改变，在组织架构上明确了各部室“同级不同工”。结构的调整带来了权力的下放，使中层管理人员有更大空间，使其重要性得到提升，也对中层管理人员提出了更高的要求。从专业角度来看，公司、个金、运管3个部门能够更加专注于本部门业务；其余部门能够充分发挥专业能力，加强对全行业务的指导；各个分行也脱离原先3大板块“办事处”的定位，分行行长有了更大的管辖权，对行内的业务、员工实际上有了管理的权力。从部室、分行内部来看，摆脱了原先副总经理或是3大板块的直接领导，中层管理人员对自己机构内部的人力资源、业务分工有了更大的权力，能够有更大空间，更加灵活地开展工作。从全行角度来看，组织结构的改变也将所有机构放到了统一的平台上比较，中层管理人员在获得更大权力的同时也背负了更大的压力，更利于全行在良性竞争中进一步发展。

四、部室内部管理扁平化

参考本地市场同业情况，对比同等规模、效益情况下员工编制，合理确定各部门人员编制数量，将单一部室人员基本控制在15人左右。15人以内的部门设置一名部门副主管，15人以上的部门设置两名副主管。部门内部取消原有“组”一级机构，推广柔性团队工作机制，以职能和业务为导向，参考具体职责的划分进行扁平化管理，提高部门内部合作效率。针对人数较多的部门，如科技中心、运行中心、行政保障中心、授信审批部等超过30人的部门，对其工作职责进行梳理，从岗位业务量、业务自动化程度、业务复杂程度出发，对标工商银行总行，参考本地同业做法，定岗定编，优化精减部门员工数量。

五、提升分行的主体经营作用

将个别条线对分行对应部室的直接全面管理脱钩，改为总部部室对44家分行全条线的业务指导，改目前的“半事业部制”架构为扁平化—矩阵式管理架构，增强总部对分行的全面指导的同时，明确和提升分行的经营主体作用。在分行增设副行长岗位，主要抓营销工作；将目前分行中公司事业部、零售事业部合并为营销部，负责客户营销维护；改运营事业部为营业部，负责业务处理，与营销部共同组成精简高效的两部制结构。将经营权从各专业部门手中下放至各分行手中，专业部门更加专注于对一线分行的业务指导。从而实现业务垂直化，结构扁平化，中后台集中化。将分行行长主要汇报路线由向公司部、个金部，更改为直接向董事会、高级管理层汇报，明确分行行长作为分行全面经营第一负责人、分行团队管理第一负责人的职责，避免了业务条线对分行管理过多的干预，为基层减负，创造更为宽松的干事创业空间。目前各分行中公司业务部、零售业务部合并为客户营销部，统一负责客户营销维护；改运营业务部为营业部，负责柜面业务收单和部分业务处理。

7.4 组织再造后带来的人员流动问题

组织结构再造所带来的变化会对行内的机构设置、岗位设置产生重大影响，某些机构、岗位可能会被精简、重设，其岗位职责和职能的变化会对员工带来一定的影响，一部分员工可能会因为岗位的拆撤而离职，一部分员工也可能因为自身岗位的调整或者整个组织架构的调整而受影响离职。工银土耳其在组织再造中对这一问题进行了充分的准备，以尽可能地降低不必要的离职。首先是将组织再造同薪酬调整同时进行。工银土耳其在进行组织再造的同时，也一并进行了标准化工资改革，对全行员工的基本工资按照标准化工资进行了重新定级定档。组织结构再造和薪酬调整同时进行，以薪酬上调来进行物质弥补，部分抵消岗位调整带来的影响。其次是在事前、事中、事后由不同层级管理者、咨询公司、人力资源部员工进行全面的宣传、个别谈话。在整个组织再造工作之前，工银土耳其做好了宣传谈话的准备工作。先是由工银土耳其董事长、总经理分别在全行大会上宣布项目开始，由第三方咨询公司和人力资源部讲解项目细节。在组织改造进行过程中，由人力资源部与各部门、分行员工仔细讲解实施步骤，部门总经理、分行行长针对员工一对一谈话。项目完成后，由工银土耳其高管层再次在全行大会上进行宣讲，人力资源部组织各部门员工收集问题，有针对性地进行一对一解答。通过充分的沟通，减少了内部阻力，降低了调整带来的负面影响。

8. 研究结论

在投身“一带一路”建设的5年时间里，工银土耳其成功走出了稳健发展之路，在东道国实现了良好的社会和商业效益，屡获殊荣。本书对工银土耳其经营发展中的几个重大和特色方面进行了较详细的案例研究，主要包括该行作为跨境并购设立机构的治理整合问题、“一带一路”市场开拓问题、“一带一路”经营的风险管理问题、应对土耳其的货币汇率风险和“一带一路”文化融合问题。前述各章节描述并分析了该行在这些重大经营管理问题上的做法和经验，本章将对工银土耳其的关键发展经验作出总结，以帮助解答中资商业银行如何成功开展“一带一路”建设，以及如何提升现代化治理能力。

8.1 中资商业银行的“一带一路”建设

一、充分发挥总行集团协同优势，打造“一带一路”建设的核心竞争力

原土耳其纺织银行是当地的一家中小商业银行，工银土耳其缺乏当地大型银行在存款规模、客户基础、网点数量等方面的先发优势，之所以能在短短几年内迅速发展成为当地行业标杆，其最核心的竞争力就是工银集团的协同优势。工银土耳其背后是全球银行业巨头。而工商银行在其“48字”工作思路中提出“国际视野、全球经营”的发展方向。当工银土耳其成为总行的全球网络中的一个节点，就能够借助总行网络，在全球市场优化负债资金配置，与优势互补的兄弟行跨国合作，对客户提供综合金融服务，全面满足客户需求，真正实现对“一带一路”项目和客户的高效资金融通。工银土耳其

的总行协同优势还表现在其成功整合了总行对大型工程项目、大型企业客户的先进服务理念、能力和技术，在短短 3 年时间内就已经将当地主要服务中小企业的经营团队改造为服务大型“一带一路”项目的生力军。工银土耳其因而一跃成为规模虽然不大，但在当地银团和项目融资市场非常活跃的领先银行之一。从工银土耳其的经验不难看出，中资银行、中资企业完全有理由有信心坚持“四个自信”，相信自己的竞争实力。但“走出去”开拓“一带一路”市场，最重要的是通过合理的经营机制安排，克服东道国的政策限制、市场差异和自己的后发劣势，把核心竞争力在当地市场充分发挥出来。

二、精心谋划“一带一路”建设长期发展战略，集中力量支持重大项目落地

作为工商银行海外机构的一员，工银土耳其遵循总行的全球资产布局，无论在业务规模还是增速方面均服从总行统一的经营计划。因而在总体财务资源预算约束下，工银土耳其在开拓市场、甄选客户时，始终从“一带一路”建设和自身发展战略角度出发，选择对当地具有战略意义的、关系土耳其国计民生的重大“一带一路”项目优先支持。迄今为止已在土耳其落地的所有重大“一带一路”项目，包括中国的前两大投资项目，土耳其胡努特鲁火电站和昆波港口、当地的战略性油气管道和交通基础设施、土耳其卫生部的医疗中心 PPP 项目等有该行的身影。这既是该行在预算约束下的必然取舍，又是该行在坚持长期稳健经营的方针下，对短期利益与长期利益、商业利益与社会效益的综合权衡。更重要的是，该行积极发挥中土经济金融合作的桥梁作用，与土耳其主权财富基金建立良好的合作伙伴关系，并成功促成该基金与中国出口信用保险公司签署基建融资合作谅解备忘录，协议金额 50 亿美元。双方计划在该框架下遴选能源、石化、矿业、物流运输等“一带一路”建设项目和中国投资者、中资总承包企业以及金融机构等，因而未来该备忘录有望成为中土在执行层面上，共建“一带一路”的具体治理机制，从而使“一带一路”倡议在土耳其的落地执行更加稳定、有序、可持续。工银土耳其的做法体现了对“一带一路”建设进行长期规划的思路，既做事，又谋势，这种经营策略一方面向当地市场证明了该行的综合金融服务实力，另外在当地社会形成良好声誉、引起土耳其政府的高度重视。这种经营策略为该行的长久发展打下了坚实的基础；并且该行在业务稳健发展后又把软实力建设提至战略高度，从公司治理、队伍建设、企业文化、社会责任、公司形象等方面的进一步全方位打造软实力硬核。工银土耳其的经验表明，“一带一路”建设企业应该扎根当地市场，树立良好形象，谋求长远发展。

三、整合各方专长严守风险底线，确保融资项目商业可持续性

商业可持续是共建“一带一路”倡议的基本原则。一些“一带一路”项目是企业等商业主体主导的，还有一些“一带一路”项目虽然是当地政府主导的，但政府并非商业主体，风险评估和经营决策需要企业自己作出。“一带一路”倡议的商业可持续原则很大程度上依靠企业去贯彻落实。作为商业银行的工银土耳其更是将风险控制视为经营成败的生命线。自并购交割伊始，该行就开始了对信用风险和信贷资产质量的系统性治理，随后加强内控合规管理，并逐步建成全面风险管理体系。经过 5 年的努力，工银土耳其的资产质量指标已经从并购前的大幅落后当地同业平均水平，蜕变为遥遥领先当地同业，成为当之无愧的同业标杆，并且无重大合规风险事件发生，风险控制取得丰硕成果。从工银土耳其的经验来看，做好风险防范和控制需要全方位的努力，但其中最关键的是成功整合总行的风险控制理念、方法和当地团队的信息与经验。对工银土耳其来说，总行的风控理念和风险偏好相对当地团队原有的理念更加审慎，因而该行利用制度、会议、培训等沟通途径推动总行的理念和偏好在本机构落地并有效贯彻执行。同时工银土耳其十分重视中土双方专业知识方法和经验的互补、互鉴和共享，建立信贷集体审议机制，通过各信贷专业委员会集中外派和当地团队中的信贷专家，集体评估分析具体信用风险，研究不良贷款清收措施。因此，有效利用本地信息和经验也是保障高水平风险防控成效的重要因素。除此以外，工银土耳其克服各方面困难，成功与总行的风控体系特别是信用风险控制体系对接，使总行能够直接帮助评估超过其决策权限的大额信贷业务，并由总行的全球风险配额控制体系直接管理，从而为其风险控制守护最终底线。可以说，工银土耳其对风险控制的高度重视，正是对其总行中国工商银行极其审慎的风险文化的传承和发扬。实际上股份制改革以来，中国的银行业整体风险控制水平大幅提高，资产质量不断改善；其中大型商业银行的资产质量在全球银行同业中处于较好水平。工银土耳其的案例说明，中国工商银行的审慎风险文化，在其“一带一路”建设中得到进一步推广传播，说明中国国有企业在落实执行中国政府的共建“一带一路”倡议时，依然严格防控风险。也就是说，国有企业对共建“一带一路”倡议这一大政方针的落实担当与防控风险确保商业可持续并不矛盾，反而方向一致。风险控制始终是商业银行乃至企业开展“一带一路”建设的一项关键性工作，决定其项目建设的成败，企业自身有强烈动机去防控风险以维护商业利益；这与“一带一路”倡议的商业可持续原则相一致，也是该原则的主要执行机制。中资企业的“一带一路”建设既符合国家的愿景和倡议，也符合自身商业利益。

四、自觉推动文化融合，促进“一带一路”民心相通

开展“一带一路”建设以来，工银土耳其对内在治理整合的过程中，实施大量措施用于当地推动企业文化融合，并且向当地员工介绍推广中国文化；对外该行积极开展公共外交和研究合作，不遗余力地推动中土两国政府、企业和社会文化交流。从其经验来看，工银土耳其的文化融合为其并购后的顺利整合起到重要推动作用，也有利于营造中土两国合作共建“一带一路”的市场环境，与其自身的经营发展密不可分。而同时，通过与当地员工、员工亲属和朋友、顾客及社区、监管机构乃至政府的接触，工银土耳其的管理文化、中国的商业文化、中国的民族文化层层传递、不断扩大。2018 年以来，工银土耳其不断获得土耳其乃至第三国机构颁发的各类奖项，受到当地财经媒体的关注，显示了该行推动文化融合的巨大社会效益。工银土耳其的做法说明从事“一带一路”建设的中资企业不但是项目建设的主体，也可以成为推动中国与东道国文化融合、促进民心相通的主体。企业推动文化融合的动机来自其经营需要，应与其经营活动有机整合。企业推动文化融合能够产生巨大的正向外部性。

8.2 境外中资商业银行的现代化治理

一、建立现代化治理体系的基础是完善现代化的经营管理制度体系

为推进我国治理能力和治理体系现代化，党的十九届四中全会提出坚持和完善14个领域的中国特色社会主义制度。贯彻落实全会精神，就要在党中央统一领导下，紧密结合本单位实际，推进制度创新和治理能力建设。上至国家下至企业，完善的制度体系都是提升治理能力的基础设施。尤其是对于参与“一带一路”建设的“走出去”企业，面对东道国市场和东道国雇员，没有明确的制度规定，难以正常运转。工银土耳其十分重视制度建设，由内控合规部门牵头，各业务部门负责对全行原有的500多项制度按计划分批次实施翻译，并对标总行的各项对应制度，进行内容更新与修订。由于信贷专业的制度繁多，原有的力量薄弱，工银土耳其还专门成立了信贷管理部加强重要信贷制度的制定完善。从其经验来看，制度建设始终为经营管理服务，以整合总行先进的全球智慧和原有团队丰富的当地经验为原则，既移植前者并使其本地化，又嫁接后者并使其现代化。因此，在制定或修订制度时，中方外派团队和当地团队通常共同研究讨论找到最优的条款设计。

二、推进治理能力现代化需要竞争激励和参与式治理

健全的制度体系是基础，但要把制度体系转化为高效的执行力才能真正体现现代化的治理能力。为此，治理体系中还必须设计制度执行激励和监督机制。工银土耳其在强化执行力方面，进行了系统性的改革。从其改革情况来看，该行推行了正向的绩效奖金激励，将员工收入分成岗位工资和绩效奖金，并逐步加大后者比重。同时针对营销等可量化的业务，单独设立项目奖金，进一步加大激励力度。除此以外，工银土耳其也采取了反向激励手段，即责任监督和追究机制。包括内控合规部门和审计部门的定期检查审计，落实全面风险管理框架，以及针对不良贷款实施专门的不良贷款责任评议追究。然而从实际执行情况来看，仅仅这两方面并不足以推动执行力的有效提升。原因可能与跨文化的管理整合有关，也可能与改革创新形成的业务转型难度

大有关；当地团队一度对新制度的可行性持观望态度。因而在上述通常的激励机制的基础上，工银土耳其又推行了两项更关键的机制改革。

第一项是通过扁平化组织结构和分权，建立全面的内部竞争机制。首先是重组原有的营销团队，增至五大营销部门开拓市场。其次是取消各前台部门排他性的细分市场管辖权，在各有侧重的前提下，允许一定程度上共享市场资源，从而打开了前台部门间的营销竞争格局。再次是削弱总部各业务条线对分行的直接控制权，夯实各分行的经营责任，推动各分行更积极主动地开拓市场，形成百花齐放、百舸争流的局面。最后是在人才选拔方面实行岗位竞聘、差额选拔，通过职业发展调动员工的积极性、主动性。从工银土耳其的实际推行情况看，上述 4 个政策组合打造的内部竞争机制，使其经营潜力、经营活力得以激活和释放，从而绩效奖金得以真正兑现，反过来强化了经营的活力，使新制度体系更全面执行，新任务目标更有效达成。

第二项是通过推进民主决策、专家决策和以当地团队为基础的业务流程，全面深化参与式治理。在经营决策上，工银土耳其在确定的战略和目标下，一方面推行自下而上的决策流程，要求每一环节都提出负责任的意见和建议；另一方面强化各专业委员会的决策支持功能，推动不同层级、不同专业的业务专家共商共治。在业务执行方面，总体以当地团队为主、外派员工为辅形成业务流程，但外派员工负责培训当地团队学习新业务模式，并辅导当地团队在新业务模式下履职尽责。从工银土耳其的实际推行情况看，由于当地团队占绝对多数，必然是该行开展经营的主体，因而当地团队广泛深入的业务参与保障了该行的成功经营。并且借此，当地团队收获了良好的经营成果，增强了认同感、凝聚力，进一步提升了执行力。

三、推进治理能力现代化需要系统性地开展硬实力和软实力建设

从并购交割伊始扭转发展战略，到层层推进管理整合，再到全面健全治理体系，工银土耳其一直在以稳健的节奏走一条不断提升银行治理能力现代化水平的道路。其经验是从战略入手，然后从经营目标、业务制度、管理机制、组织架构、文化传导等方面系统性地开展整合；在此基础上，从经营的第四年开始，更加明确地提出了硬实力和软实力两个发展维度，前者包括规

模、质量、效益、管理、创新，后者包括公司治理、队伍建设、企业文化、社会责任、公司形象等共十个方面，全面促进该行的治理水平和稳健发展。工银土耳其的经验展现了系统性经营思维和策略的重要性，没有哪一项发展成果是依靠单一措施可以获取的。即使在一些具体经营目标上，如对资产质量的治理，该行是从开发优质新增客户、清退原有高风险客户、加速原有不良贷款清收三个方面开展工作才取得在当地同业遥遥领先的优异成绩。

工银土耳其的另一个经验是对软实力的高度重视。如上所述，工银土耳其将公司治理、队伍建设、企业文化、社会责任、公司形象归为软实力范畴。从其发展来看，在经营的早期，该行就已经对软实力的方方面面开始着力，形成硬实力与软实力相辅相成的发展态势。软实力当然是以硬实力为基础，没有过硬的经营业绩，一切都是空中楼阁；但软实力却是银行发展的灵魂，强大的软实力能够促进硬实力跳跃式加速发展。随着经营发展步入正轨，工银土耳其的软实力建设也进入 2.0 阶段，通过大力推进经济研究工作、对内进一步激发团队活力、建设学习型银行、对外不断提升社会影响和品牌声誉，更加强化该行在当地社会的重要地位。

附表 1 **“一带一路”国家 GDP 情况**

地区	国家和地区	GDP（亿美元）	GDP 增长率（年百分比）	人均 GDP（美元）
东欧地区	乌克兰	1121. 54	2. 52	2639. 82
东欧地区	俄罗斯	15775. 24	1. 55	10743. 10
东欧地区	保加利亚	582. 21	3. 81	8227. 96
东欧地区	克罗地亚	552. 13	2. 92	13382. 72
东欧地区	匈牙利	1391. 35	3. 99	14224. 85
东欧地区	塞尔维亚	414. 32	1. 87	5900. 04
东欧地区	拉脱维亚	302. 64	4. 55	15594. 29
东欧地区	捷克	2157. 26	4. 29	20368. 14
东欧地区	摩尔多瓦	81. 28	4. 50	2289. 88
东欧地区	斯洛伐克	957. 69	3. 40	17604. 95
东欧地区	斯洛文尼亚	487. 70	5. 00	23597. 29
东欧地区	波兰	5264. 66	4. 81	13863. 18
东欧地区	波斯尼亚和黑塞哥维那	180. 55	3. 19	5148. 21
东欧地区	爱沙尼亚	259. 21	4. 85	19704. 66
东欧地区	白俄罗斯	544. 56	2. 42	5727. 51
东欧地区	立陶宛	471. 68	3. 83	16680. 68
东欧地区	罗马尼亚	2118. 84	7. 26	10817. 83
东欧地区	阿尔巴尼亚	130. 39	3. 84	4537. 58
东欧地区	北马其顿	112. 80	0. 24	5414. 61
东欧地区	黑山	48. 45	4. 70	7782. 84
中亚地区	乌兹别克斯坦	496. 77	5. 30	1533. 85
中亚地区	吉尔吉斯斯坦	75. 65	4. 58	1219. 82
中亚地区	哈萨克斯坦	1628. 87	4. 10	9030. 38
中亚地区	土库曼斯坦	379. 26	6. 50	6586. 63
中亚地区	塔吉克斯坦	71. 46	7. 62	801. 05
亚洲及大洋洲地区	东帝汶	29. 55	－8. 00	2279. 25
亚洲及大洋洲地区	印度尼西亚	10155. 39	5. 07	3846. 86
亚洲及大洋洲地区	韩国	15307. 51	3. 06	29742. 84
亚洲及大洋洲地区	文莱	121. 28	1. 33	28290. 59
亚洲及大洋洲地区	新加坡	3239. 07	3. 62	57714. 30

续表

地区	国家和地区	GDP（亿美元）	GDP 增长率（年百分比）	人均 GDP（美元）
亚洲及大洋洲地区	新西兰	2058.53	3.03	42940.58
亚洲及大洋洲地区	柬埔寨	221.58	7.10	1384.42
亚洲及大洋洲地区	泰国	4553.03	3.91	6595.00
亚洲及大洋洲地区	缅甸	670.69	6.76	1256.66
亚洲及大洋洲地区	老挝	168.53	6.89	2457.38
亚洲及大洋洲地区	菲律宾	3135.95	6.68	2988.95
亚洲及大洋洲地区	蒙古国	114.34	5.30	3717.47
亚洲及大洋洲地区	越南	2237.80	6.81	2342.24
亚洲及大洋洲地区	马来西亚	3147.10	5.90	9951.54
南亚地区	不丹	25.28	4.63	3130.23
南亚地区	印度	26008.18	6.68	1942.10
南亚地区	孟加拉国	2497.24	7.28	1516.51
南亚地区	尼泊尔	248.80	7.91	849.01
南亚地区	巴基斯坦	3049.52	5.70	1547.85
南亚地区	斯里兰卡	873.57	3.31	4073.74
南亚地区	阿富汗	195.44	2.67	550.07
南亚地区	马尔代夫	48.66	6.91	11151.07
西亚地区	也门	312.68	-5.94	1106.80
西亚地区	亚美尼亚	115.37	7.50	3936.80
西亚地区	以色列	3508.51	3.33	40270.25
西亚地区	伊拉克	1920.61	-2.07	5017.97
西亚地区	伊朗	4540.13	3.76	5593.85
西亚地区	卡塔尔	1669.29	1.58	63249.42
西亚地区	土耳其	8515.49	7.44	10546.15
西亚地区	巴林	353.07	3.88	23655.04
西亚地区	格鲁吉亚	150.81	4.83	4057.29
西亚地区	沙特阿拉伯	6867.38	-0.86	20849.29
西亚地区	科威特	1201.26	-2.87	29040.36
西亚地区	约旦	400.68	1.97	4129.75
西亚地区	约旦河西岸和加沙	144.98	3.14	3094.73

续表

地区	国家和地区	GDP（亿美元）	GDP 增长率（年百分比）	人均 GDP（美元）
西亚地区	阿塞拜疆	407.48	0.10	4131.62
西亚地区	叙利亚	—	—	—
西亚地区	阿拉伯联合酋长国	3825.75	0.79	40698.85
西亚地区	阿曼	726.43	-0.27	15668.37
西亚地区	黎巴嫩	535.77	1.53	8808.59
非洲及拉美地区	南非	3488.72	1.32	6151.08
非洲及拉美地区	埃塞俄比亚	805.61	10.25	767.56
非洲及拉美地区	巴拿马	622.84	5.32	15196.40
非洲及拉美地区	摩洛哥	1097.09	4.09	3007.24
非洲及拉美地区	埃及	2353.69	4.18	2412.73
非洲及拉美地区	马达加斯加	115.00	4.17	449.72

注：部分国家和地区数据缺失。下同。

资料来源：世界银行数据库（截至 2017 年 12 月 31 日）。下同。

附表 2　“一带一路”国家人口、失业、通货膨胀及外资净流入情况

地区	国家和地区	人口总数（人）	总失业人数占劳动力总数的比例	按消费者价格指数衡量的通货膨胀（年通货膨胀率百分比）	外国直接投资净流入（占 GDP 的百分比）
东欧地区	乌克兰	44831159. 00	9. 45	14. 44	2. 52
东欧地区	俄罗斯	144495044. 00	5. 20	3. 68	1. 81
东欧地区	保加利亚	7075991. 00	6. 16	2. 06	3. 75
东欧地区	克罗地亚	4125700. 00	11. 21	1. 13	3. 70
东欧地区	匈牙利	9781127. 00	4. 16	2. 35	-9. 69
东欧地区	塞尔维亚	7022268. 00	14. 10	3. 13	6. 95
东欧地区	拉脱维亚	1940740. 00	8. 71	2. 93	3. 76
东欧地区	捷克	10591323. 00	2. 89	2. 45	4. 27
东欧地区	摩尔多瓦	3549750. 00	4. 45	6. 57	1. 98
东欧地区	斯洛伐克	5439892. 00	8. 13	1. 31	6. 18
东欧地区	斯洛文尼亚	2066748. 00	6. 56	1. 43	2. 22
东欧地区	波兰	37975841. 00	4. 89	2. 08	2. 03
东欧地区	波斯尼亚和黑塞哥维那	3507017. 00	25. 56	1. 17	2. 56
东欧地区	爱沙尼亚	1315480. 00	5. 76	3. 42	6. 00
东欧地区	白俄罗斯	9507875. 00	0. 48	6. 03	2. 34
东欧地区	立陶宛	2827721. 00	7. 07	3. 72	2. 52
东欧地区	罗马尼亚	19586539. 00	4. 93	1. 34	2. 81
东欧地区	阿尔巴尼亚	2873457. 00	13. 87	1. 99	7. 84
东欧地区	北马其顿	2083160. 00	22. 38	1. 35	3. 38
东欧地区	黑山	622471. 00	16. 07	2. 38	11. 57
中亚地区	乌兹别克斯坦	32387200. 00	7. 18	—	0. 19
中亚地区	吉尔吉斯斯坦	6201500. 00	7. 28	3. 18	-1. 42
中亚地区	哈萨克斯坦	18037646. 00	4. 90	7. 44	2. 86
中亚地区	土库曼斯坦	5758075. 00	3. 40	—	6. 10
中亚地区	塔吉克斯坦	8921343. 00	10. 28	—	1. 50
亚洲及大洋洲地区	东帝汶	1296311. 00	3. 43	0. 56	0. 23

续表

地区	国家和地区	人口总数（人）	总失业人数占劳动力总数的比例	按消费者价格指数衡量的通货膨胀（年通货膨胀率百分比）	外国直接投资净流入（占GDP的百分比）
亚洲及大洋洲地区	印度尼西亚	263991379.00	4.18	3.81	2.11
亚洲及大洋洲地区	韩国	51466201.00	3.73	1.94	1.11
亚洲及大洋洲地区	文莱	428697.00	7.08	-0.17	3.86
亚洲及大洋洲地区	新加坡	5612253.00	2.02	0.58	19.65
亚洲及大洋洲地区	新西兰	4793900.00	4.88	1.85	1.04
亚洲及大洋洲地区	柬埔寨	16005373.00	0.22	2.89	12.58
亚洲及大洋洲地区	泰国	69037513.00	1.08	0.67	1.77
亚洲及大洋洲地区	缅甸	53370609.00	0.79	4.57	6.99
亚洲及大洋洲地区	老挝	6858160.00	0.67	0.83	9.49
亚洲及大洋洲地区	菲律宾	104918090.00	2.35	2.85	3.21
亚洲及大洋洲地区	蒙古国	3075647.00	6.96	4.05	13.07
亚洲及大洋洲地区	越南	95540800.00	2.05	3.52	6.30
亚洲及大洋洲地区	马来西亚	31624264.00	3.41	3.87	3.02
南亚地区	不丹	807610.00	2.43	3.86	-0.65
南亚地区	印度	1339180127.00	3.52	3.33	1.54

续表

地区	国家和地区	人口总数（人）	总失业人数占劳动力总数的比例	按消费者价格指数衡量的通货膨胀（年通货膨胀率百分比）	外国直接投资净流入（占 GDP 的百分比）
南亚地区	孟加拉国	164669751.00	4.37	5.70	0.86
南亚地区	尼泊尔	29304998.00	2.74	3.23	0.79
南亚地区	巴基斯坦	197015955.00	4.04	4.09	0.92
南亚地区	斯里兰卡	21444000.00	4.08	7.70	1.57
南亚地区	阿富汗	35530081.00	8.84	4.98	0.27
南亚地区	马尔代夫	436330.00	4.99	2.70	10.64
西亚地区	也门	28250420.00	14.04	—	-0.86
西亚地区	亚美尼亚	2930450.00	18.23	0.97	2.16
西亚地区	以色列	8712400.00	4.22	0.24	5.18
西亚地区	伊拉克	38274618.00	8.16	0.18	-2.62
西亚地区	伊朗	81162788.00	12.52	9.99	1.11
西亚地区	卡塔尔	2639211.00	0.12	0.41	0.59
西亚地区	土耳其	80745020.00	11.26	11.14	1.28
西亚地区	巴林	1492584.00	1.20	1.39	1.47
西亚地区	格鲁吉亚	3717100.00	11.60	6.04	12.13
西亚地区	沙特阿拉伯	32938213.00	5.52	-0.83	0.21
西亚地区	科威特	4136528.00	2.14	2.17	0.09
西亚地区	约旦	9702353.00	14.92	3.32	5.07
西亚地区	约旦河西岸和加沙	4684777.00	27.40	0.21	1.40
西亚地区	阿塞拜疆	9862429.00	5.03	12.90	7.04
西亚地区	叙利亚	18269868.00	14.90	—	—
西亚地区	阿拉伯联合酋长国	9400145.00	1.67	1.97	2.71
西亚地区	阿曼	4636262.00	3.25	1.60	4.02
西亚地区	黎巴嫩	6082357.00	6.64	4.32	4.78
非洲及拉美地区	南非	56717156.00	27.33	5.18	0.39
非洲及拉美地区	埃塞俄比亚	104957438.00	5.20	9.85	4.99

续表

地区	国家和地区	人口总数（人）	总失业人数占劳动力总数的比例	按消费者价格指数衡量的通货膨胀（年通货膨胀率百分比）	外国直接投资净流入（占 GDP 的百分比）
非洲及拉美地区	巴拿马	4098587.00	4.49	0.88	7.75
非洲及拉美地区	摩洛哥	35739580.00	9.33	0.75	2.44
非洲及拉美地区	埃及	97553151.00	12.08	29.50	3.14
非洲及拉美地区	马达加斯加	25570895.00	1.80	8.28	4.04

附表 3　　　　　　“一带一路”沿线各国税率及储蓄率

地区	国家和地区	国内总储蓄占 GDP 的百分比	总税率（占商业利润的百分比）
东欧地区	黑山	7. 073379	22. 1
东欧地区	阿尔巴尼亚	8. 594127322	37. 3
东欧地区	塞尔维亚	12. 18844191	36. 7
东欧地区	斯洛伐克	26. 14097642	50. 1
东欧地区	爱沙尼亚	28. 42082021	48. 7
东欧地区	捷克	33. 55036574	46. 1
东欧地区	拉脱维亚	20. 1398807	35. 9
东欧地区	保加利亚	23. 74782888	27. 1
东欧地区	克罗地亚	23. 17502991	20. 6
东欧地区	马其顿	19. 20677911	13
东欧地区	罗马尼亚	22. 31185676	40
东欧地区	波斯尼亚和黑塞哥维那	1. 164995526	23. 7
东欧地区	立陶宛	19. 4676944	42. 7
东欧地区	乌克兰	13. 08697518	37. 8
东欧地区	白俄罗斯	30. 51568931	52. 9
东欧地区	斯洛文尼亚	28. 9439839	31
东欧地区	波兰	23. 72651257	40. 5
东欧地区	摩尔多瓦	—	40. 5
东欧地区	俄罗斯	29. 63408593	47. 5
东欧地区	匈牙利	30. 36338933	46. 4
中亚地区	土库曼斯坦	—	—
中亚地区	哈萨克斯坦	37. 23529664	29. 2
中亚地区	塔吉克斯坦	-0. 379705401	66. 3
中亚地区	乌兹别克斯坦	20. 27665306	38. 3
中亚地区	吉尔吉斯斯坦	1. 502652994	29
亚洲及大洋洲地区	新加坡	53. 50235365	20. 3
亚洲及大洋洲地区	蒙古国	37. 35004738	24. 7
亚洲及大洋洲地区	柬埔寨	21. 41773267	21. 7
亚洲及大洋洲地区	老挝	21. 89608039	26. 2
亚洲及大洋洲地区	缅甸	28. 74257015	31. 2

续表

地区	国家和地区	国内总储蓄占 GDP 的百分比	总税率（占商业利润的百分比）
亚洲及大洋洲地区	越南	25.45799769	38.1
亚洲及大洋洲地区	文莱	53.04716121	8
亚洲及大洋洲地区	菲律宾	15.20391822	42.9
亚洲及大洋洲地区	马来西亚	32.50025861	39.2
亚洲及大洋洲地区	印度尼西亚	33.58923562	30
亚洲及大洋洲地区	泰国	34.83477063	28.7
亚洲及大洋洲地区	韩国	36.57058186	33.1
亚洲及大洋洲地区	新西兰	—	34.5
亚洲及大洋洲地区	东帝汶	33.68086803	11.2
南亚地区	马尔代夫	—	30.2
南亚地区	斯里兰卡	29.4639534	55.2
南亚地区	印度	29.51339179	56.2
南亚地区	巴基斯坦	6.777115075	33.9
南亚地区	孟加拉国	25.32925144	33.4
南亚地区	尼泊尔	11.94827603	29.6
南亚地区	阿富汗	7.155705365	71.4
南亚地区	不丹	30.79734057	35.3
西亚地区	叙利亚	—	42.7
西亚地区	格鲁吉亚	20.42389127	16.4
西亚地区	阿塞拜疆	30.8608671	39.8
西亚地区	以色列	—	27
西亚地区	约旦	1.402247971	28.1
西亚地区	黎巴嫩	0.449711574	30.3
西亚地区	阿曼	35.80882958	23.9
西亚地区	阿拉伯联合酋长国	52.76884741	15.9
西亚地区	亚美尼亚	8.433638124	18.5
西亚地区	巴林	—	13.8
西亚地区	约旦河西岸和加沙	-14.8736731	15.3
西亚地区	土耳其	26.4566264	40.9
西亚地区	伊朗	38.94624957	44.7

续表

地区	国家和地区	国内总储蓄占 GDP 的百分比	总税率（占商业利润的百分比）
西亚地区	卡塔尔	58. 3883019	11. 3
西亚地区	沙特阿拉伯	34. 20132033	15. 7
西亚地区	科威特	31. 72642263	13
西亚地区	也门	—	26. 6
西亚地区	伊拉克	16. 44762533	30. 8
非洲及拉美地区	巴拿马	38. 6597222	37. 2
非洲及拉美地区	埃塞俄比亚	24. 142006	37. 7
非洲及拉美地区	马达加斯加	11. 5	38. 1
非洲及拉美地区	埃及	1. 783861671	45. 3
非洲及拉美地区	摩洛哥	23. 07906446	49. 8
非洲及拉美地区	南非	19. 63908398	28. 9

参考文献

[1] 李贞. 习近平谈“一带一路”[N]. 人民网，2017-04-12[2021-02-07]. http://world.people.com.cn/n1/2017/0412/c1002-29205867.html.

[2] 徐策. 我国银行业的并购与整合模式研[J]. 金融会计，2018(8)：51-56.

[3] 张伟华. 并购整合的制胜之道[J]. 中国外汇.，2016(8)：30-35.

[4] 陶瑞. 企业并购后整合的一般机理分析[J]. 企业经济，2015(5)：33-37.

[5] 李晓宏. 攻克并购整合难题[J]. 中国外汇，2016(8)：46-48.

[6] 李蕾. 以迂回机制推进企业跨国并购后的整合[J]. 国际经济合作，2014(3)：30-35.

[7] 王洪章. “一带一路”战略中的银行机遇[J/OL]. 中国金融，2016(5)[2016-03-04]. http://www.ccb.com/cn/ccbtoday/media/20160304_1457081427.html.

[8] 王俊寿. 引领银行业服务“一带一路”[J]. 中国金融，2016(12)：70-71.

[9] 王问，曹明弟. 绿色金融与“一带一路”[J]. 中国金融，2016(16)：25-27.

[10] 魏国雄. 对商业银行信贷结构调整的理性思考[J]. 商业银行经营管理，2003(21)：36-37.

[11] 陈友滨. 银行跨国并购战略与整合管理研究[J]. 金融论坛，2007(12)：16-23.

[12] 赵春秀. 商业银行信贷风险分析与管理研究 [D]. 天津: 天津大学, 2009.

[13] 王勇, 希望, 罗洋. "一带一路" 倡议下中国与土耳其的战略合作 [J]. 西亚非洲, 2015 (6): 70-86.

[14] 姜建清. 提升工商银行核心竞争力 [J]. 中国金融, 2008 (3): 13-15.

[15] 姜建清. 银行信贷退出理论和实践研究 [J]. 金融研究, 2004 (1): 1-18.

[16] 何华平. 一本书看透信贷 [M]. 北京: 机械工业出版社, 2018.

[17] 王克华. 再论银行信贷资金来源与运用的关系 [J]. 金融研究, 1986 (3): 42-45.

[18] 寇乃天. 两大"误区"、三大"理论"、六大"对策"——信贷经营视角下行业信贷风险的对策分析 [N/OL]. 资产界, 2018-07-15 [2021-02-07]. http://www.zichanjie.com/article/318159.html.

[19] 张新霞. 建设信贷合规文化, 促进业务有效发展 [J]. 现代金融, 2007 (4).

[20] 朱广德. 对当前银行信贷文化偏轨问题的思考 [J]. 金融纵横, 2014 (5): 36.

[21] 李君仕. 合规: "信贷文化之基石" [J]. 黑龙江金融, 2010 (8): 71-73.

[22] 黄宪, 金鹏. 商业银行全面风险管理体系及其在我国的构建 [J]. 中国软科学, 2004 (11): 50-56.

[23] 毛晓威, 巴曙松. 巴塞尔委员会资本协议的演变与国际银行业风险管理的新进展 [J]. 国际金融研究, 2001 (4): 45-51.

[24] 郑海龙, 李树丞. 基于企业并购的整合管理研究 [J]. 中国管理科学, 2002 (4): 64-69.

[25] 岳小勇. "商行+投行" 盈利模式: 做大资本市场业务 [J/OL]. 中国银行业, 2015 (3) [2016-08-12]. http://www.sinotf.com/GB/News/

1001/2016 - 08 - 12/xOMDAwMDIwODIxOQ. html.

[26] 门洪华，刘笑阳．中国伙伴关系战略评估与展望［J］．世界经济与政治，2015（2）：65 - 158.

[27] 联合国开发计划署．人类发展指数与指标（2018 年统计更新）［R］．2018.

[28] 商务部国际贸易经济合作研究院，中国驻土耳其大使馆经济商务参赞处，商务部对外投资和经济合作司．对外投资合作国别（地区）指南：土耳其［R］．2018.

[29] 路继业，张冲．欧美国家宗教文化与储蓄率差异研究——来自 OECD 国家的证据［J］．理论经济研究，2017（1）：23 - 28.

[30] 国家信息中心一带一路大数据中心，大连瀚文资讯有限公司．"一带一路"贸易合作大数据报告 2018［R］．2018.

[31] 赵可金．"一带一路"民心相通的理论基础、实践框架和评估体系［J］．当代世界，2019（5）：36 - 41.

[32] 郭鸿炜，高斌．跨文化治理视角下的"一带一路"民心相通研究综述［J］．理论研究，2019（2）：43 - 51.

[33] 秦亚青，魏玲．新型全球治理观与"一带一路"合作实践［J］．外交评论，2018（2）：1 - 14.

[34] 邢丽菊．推进"一带一路"人文交流：困难与应对［J］．国际问题研究，2016（6）：5 - 17.

[35] 甄巍然，刘洪亮．民心相通：基于文化交往的共同体图景——"一带一路"中文化认同的困境与破解［J］．出版发行研究，2018（3）：5 - 10.

[36] 丁辉，周宇翔．"一带一路"建设成果评估与政策建议［J］．当代世界，2019（4）：58 - 61.

[37] 陈红梅，梁敏．跨文化管理——"一带一路"背景下走出去企业的"软实力"［J］．对外经贸，2018（9）：87 - 89.

[38] 陈晓萍．跨文化管理［M］．北京：清华大学出版社，2009.

[39] 斯蒂芬·P. 罗宾斯，蒂莫西·A. 贾奇．组织行为学精要（第 13

版）［M］. 北京：机械工业出版社，2016.

［40］潘爱玲 . 跨国并购中文化整合的流程设计与模式选择［J］. 南开管理评论，2004（7）：104－119.

［41］Graebner M E, Eisenhardt K M. Seller's Side of the Story：Acquisition as Courtship and Governance as Syndicate in Entrepreneurial Firms［J］. Administrative Science Quarterly, 2004, 49（3）：366－403.

［42］Kathleen M, Eisenhardt L J. Politics of Strategic Decision Making in High－Velocity Environments：Toward a Midrange Theory［J］. The Academy of Management Journal, 1988, 31（4）：737－770.

［43］Wasserstein B. Merger Integration［J］. Chain Store Age, 1998, 74（1）：7－9.

［44］PWC. Turkish NPL Purchasing Market Overview and the Way Forward［Z］. 2018.

［45］Jones Lang La Salle. The Real Estate Sector in Turkey［M］// Investment in Turkey By Republic of Turkey Prime Minister Investment Support & Promotion Agency, 2018.

［46］International Labor Office. World Employment Social Outlook－Trend 2018,［Z］. International Labor Organization, 2018.

［47］Baniya S, Rocha N, Ruta M. Trade Effects of the New Silk Road：A Gravity Analysis［R］. World Bank Group Policy Research Working Paper, 2019.

［48］"One Belt, One Road"：An Economic Roadmap［Z］. The Economist Intelligence Unit, 2016.

［49］Wang J J, Yau S. Case Studies on Transport Infrastructure Projects in Belt and Road Initiative：An Actor Network Theory Perspective［J］. Journal of Transport Geography, 2018（7）：213－223.

后　记

“太平世界，环球同此凉热。”2013 年，习近平主席提出共建丝绸之路经济带和 21 世纪海上丝绸之路，一带一路”倡议构想应时而生。加强通道建设，实现基础设施的互联互通，是“一带一路”倡议构想的重要组成部分。“一截遗欧，一截赠美，一截还东国。”中国是海陆两栖的国家，背靠昆仑山，面对太平洋，可以倚陆向海。中国经济发展最大的回旋地带在中西部，向西开放是国家的重要区域战略布局，向南循南海，向东结合台湾发展，将使中国赢得经济领域、政治领域与海洋领域发展的关键地位，有利于进一步整合充满活力的东亚经济圈，推动其成为继欧洲、北美之后的第三大发达经济圈。“人间正道是沧桑。”向西扩大陆权作为，向东与向南扩大海权的支撑，“一带一路”陆权与海权发展兼顾是中国迈向世界发展的大方向。

六年过去，弹指一挥间。2014 年，我肩负“联通欧亚，辐射周边”的光荣使命来到土耳其。2015 年，中国工商银行乃至中国金融业首次在欧洲大陆并购的一家金融机构———工银土耳其成立。我亲历并见证工银土耳其经营发展从理念转化为行动，从愿景转变为现实。这是“一带一路”伟大构想在土耳其的成功实践，是中西方文化的深度融合，连接历史与未来，沟通中国和世界，借鉴古丝绸之路留下的宝贵启示，为世界提供一项充满东方智慧的共同繁荣发展的方案。

“可上九天揽月，可下五洋捉鳖。”六年来，工银土耳其已经从中国倡议发展为土国强音，赢得广泛共鸣。在从规模、质量、效益、管理、创新五个方面发展“硬实力”，从公司治理、队伍建设、企业文化、社会责任、公司形象五个方面提升“软实力”，加快自身发展、不断完善自我的同时，以“大客户、大项目、大同业、大行业”为战略目标，着力满足客户综合化金融服务需求，大力支持中资企业“走出去”、“一带一路”重大项目落地、实施，服务土耳其实体经济，稳慎推进人民币国际化，有序扩大跨境人民币在清算、结算、投融资、风险管理等领域的使用，受到中土两国相关政府机构、当地社会及企业的广泛赞誉。

“雄关漫道真如铁，而今迈步从头越。”展望未来，工银土耳其将胸怀中华民族伟大复兴中国梦和积极面对世界百年未有之大变局，更加注重从讲政治高度贯彻新发展理念、做好金融工作，不断增强“四个意识”、坚定“四个自信”、做到“两个维护”，提高政治判断力、政治领悟力、政治执行力，不折不扣落实总行各项决策部署，坚持底线思维，保持战略定力，勇于担当作为，以优异成绩庆祝建党100周年，并向全面建成社会主义现代化强国的第二个百年奋斗目标勇毅前行。

这是一本关于国有商业银行践行“一带一路”倡议，开展高质量国际化发展理论与实践的实用性指南，站在推动“一带一路”建设的政治高度，从公司治理、发展战略、业务拓展、资产质量、文化融合等方面进行全景式的分析，引用大量生动的案例来帮助读者获得对银行经营管理的全面认识，揭开了“一带一路”中西方文化差异下如何办好银行的神秘面纱，描述了商业银行的规划和举措，并解释了它们在实际应用中所采用的方法。

本书结论建立在细致的实证数据分析和扎实的理论模型基础之上，研究成果有利于促进中国银行业国际化战略迈上新台阶，对于中资金融机构，特别是商业银行的跨国经营发展具有直接应用价值；为志在进军商业银行界学生的入门必读书籍；对有志于跨国金融机构的专业人士的职业生涯发展提供了诸多经验和启发。

本书在编写过程中，得到了中国工商银行总行党委的亲切关怀。特别感谢各位领导：陈四清董事长、廖林行长、黄良波监事长、派驻纪检监察组王林组长、郑国雨副行长、王景武副行长、张文武副行长、徐守本副行长、张伟武副行长，感谢领导们的赏识、栽培与指导。

特别感谢工银土耳其全体同事为银行发展做出的贡献，他们在工作中强烈的责任感和勇往直前的开拓精神铸就了工银土耳其六年来的辉煌。

特别感谢北京大学刘俏教授、路江涌教授，香港大学林晨教授，清华大学于永达教授在研究和写作过程中给予的宝贵学术指导。

特别感谢中国金融出版社，没有他们的不断激励和辛勤工作，本书不可能顺利出版。在本书写作过程中，张珂、连靖文、曹跃、覃颖、张景铭等同事帮助收集案例和整理数据，在此一并致谢。

希望本书能够为读者提供有价值的参考。行文中，如行文逻辑、文字运用、数字数据等方面存在一些错误或不当之处，由著者承担。书中所著内容存在局限性在所难免，请广大同仁和读者批评指正，以便未来加以改进和完善。